韓国歴史ドラマの再発見

可視化される身分と白丁《ペクチョン》

朝治 武

解放出版社

関係地図

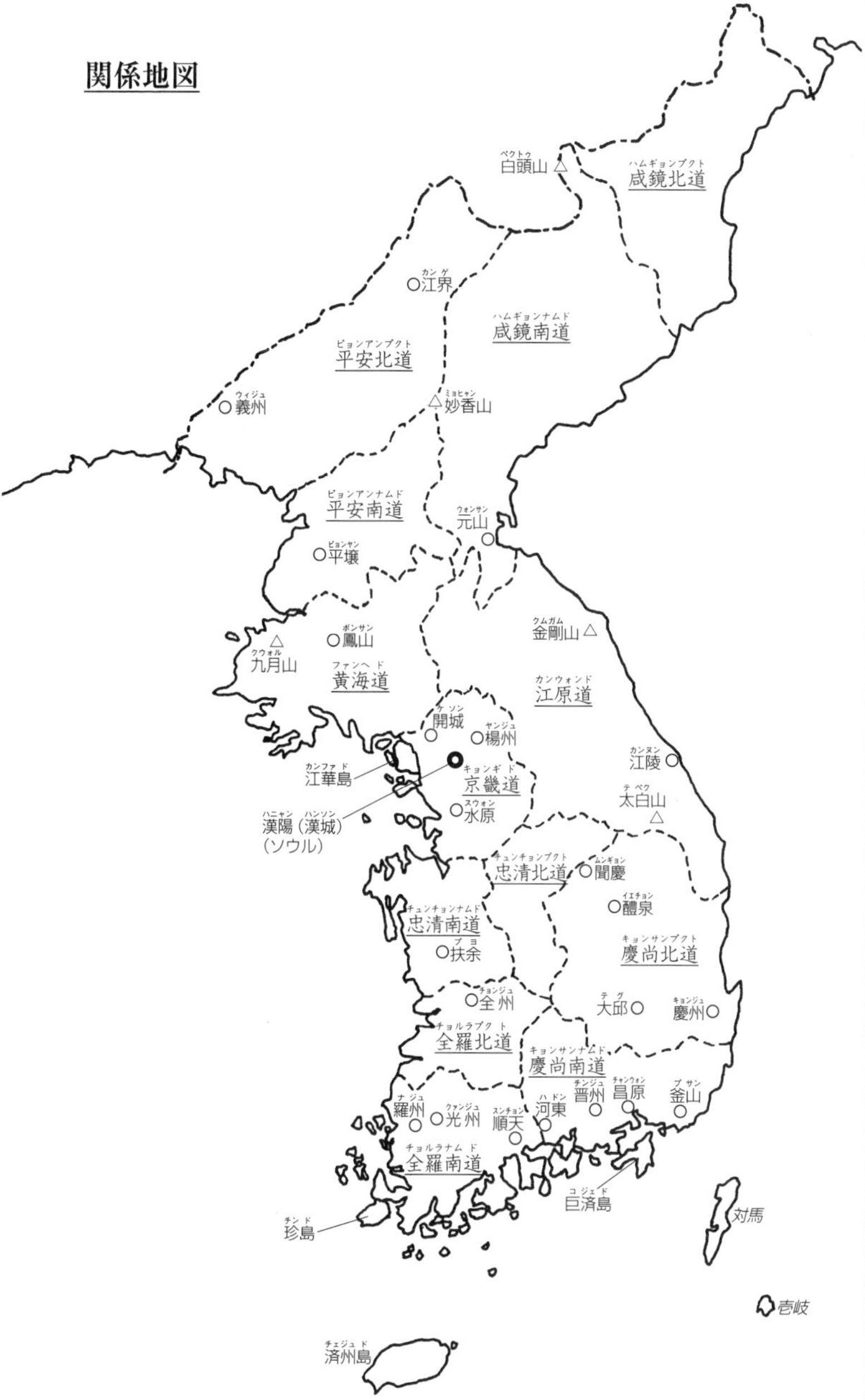

白頭山《ペクトゥ》
咸鏡北道《ハムギョンブクト》
江界《カンゲ》
咸鏡南道《ハムギョンナムド》
平安北道《ピョンアンブクト》
義州《ウィジュ》
妙香山《ミョヒャン》
平安南道《ピョンアンナムド》
元山《ウォンサン》
平壌《ピョンヤン》
金剛山《クムガム》
鳳山《ボンサン》
九月山《クウォル》
黄海道《ファンヘド》
江原道《カンウォンド》
開城《ケソン》
楊州《ヤンジュ》
江華島《カンファド》
京畿道《キョンギド》
江陵《カンヌン》
漢陽《ハニャン》（漢城《ハンソン》）
（ソウル）
水原《スウォン》
太白山《テベク》
忠清北道《チュンチョンブクト》
聞慶《ムンギョン》
醴泉《イエチョン》
忠清南道《チュンチョンナムド》
扶余《プヨ》
慶尚北道《キョンサンブクト》
全州《チョンジュ》
大邱《テグ》
慶州《キョンジュ》
全羅北道《チョルラブクト》
慶尚南道《キョンサンナムド》
羅州《ナジュ》
光州《クァンジュ》
順天《スンチョン》
河東《ハドン》
晋州《チンジュ》
昌原《チャンウォン》
釜山《プサン》
全羅南道《チョルラナムド》
巨済島《コジェド》
対馬
珍島《チンド》
壱岐
済州島《チェジュド》

韓国歴史ドラマの再発見——可視化される身分と白丁《ペクチョン》　もくじ

第二章　朝鮮王朝の身分を描いた作品……70

第三章　朝鮮王朝を生きた白丁……100

序章　韓国歴史ドラマの再発見とは何か

1　『宮廷女官チャングムの誓い』から始まった

韓流ブームへの戸惑い

いわゆる韓流《かんりゅう》ブームが日本で本格的に起こったのは、『冬のソナタ』（KBS、二〇〇二年、全二〇話）からであると言われている。『冬のソナタ』は純愛物語であることは知られ、主役はペ・ヨンジュン（裵容浚、一九七二～）とチェ・ジウ（崔志宇、一九七五～）が演じた。日本では二〇〇三年四月にNHK－BS2で初めて放映され、二〇〇四年四月からのNHK総合テレビをはじめ、今日まで多くの民放やBSなどでも広く放映されるようになった。

そして『冬のソナタ』が何故に絶大な人気を誇っているのかが気になって少しは観てみたものの、ベタ過ぎて甘ったるい恋愛物語のストーリーには容易に馴染《なじ》むことができなかった。何よりも彫刻のような端正な顔立ちで胸に手を当てて「日本の皆さん、愛してます」と優しく語りかけて年配のおばさま方を熱狂させてやまなかった、崇《あが》め奉《たてまつ》るように「ヨン様」とも呼ばれたペ・ヨンジュンには、さしたる理由もなく大いなる違和感を抱かざるを得なかった。しかし後に『太王四神記《だいおうしじんき》』（ＭＢＣ、二〇〇七年、全二四話）でペ・ヨンジュンが高句麗《コグリョ》の第一九代王として著名な広開土大王《クァンゲドテワン》を演じたのを観ることになり、ようやく彼が韓国を代表する魅力的な俳優であることが理解できるようになった。

もともと私は大学生の頃から部落問題と関わって在日コリアンに対する差別に関心をもち、その延長線上で韓国の政治と社会に対して多大な関心を寄せていた。しかし韓国料理の美味しさには早くから馴染むことになったが、『冬のソナタ』などの韓国現代ドラマ、東方神起やＢＩＧＢＡＮＧ、ＫＡＲＡ、少女時代らのＫ－ポップなどの韓流ブームという文化現象に対しては、何かと韓国が置かれている深刻な状況に反して、軽薄さが滲《にじ》み出た一過性の奇異なブームに過ぎないのではないかという偏見も手伝った印象をもち、また言葉の壁も関係してか戸惑いを隠すことができなかった。

『宮廷女官チャングムの誓い』を観る

そんな私の韓流ブームに対する戸惑いを見事に打ち破いたのが、韓国歴史ドラマの『宮廷女官チャングムの誓い』（ＭＢＣ、二〇〇三～二〇〇四年、全五四話）であった。この作品を私が初めて観たのは、二〇〇五年一〇月からＮＨＫ総合テレビで放映された日本語の吹き替え版であった。ノーカットの字幕版を観たのは二〇〇七年一月からＮＨＫ－ＢＳ2であり、観るなら声優の誇張した日本語の吹き替え版ではなく、必ずや俳優の演技や声質、台詞《せりふ》まわしなどの個性がストレートに伝わる字幕版であると痛感することになった。

この作品の原題は『大長今《テジャングム》』というタイトルであり、韓国では放映された当初から大きな注目を集め、日本でも人気を博して韓国歴史ドラマが定着する重要な契機となった。最初は何気なく観ていたが、回を追うごとに料理と医療を軸とした興味深いストーリーに引き込まれていった。そして主役を演じた可愛さのなかにも凛《りん》とした美しさが光る〝酸素のような女性〟と形容されるイ・ヨンエ（李英愛、一九七一〜）のファンになるだけでなく、韓国歴史ドラマに魅了されてしまった。

二〇〇八年からは憑《と》りつかれたようにテレビやレンタルショップ、インターネットなどで作品を探しては観ることになり、これが日常生活の重要な柱の一つとなる趣味になった。また作品の内容を深く知るため韓国歴史ドラマに関する文献やムック本、そして歴史的事実を確認するために朝鮮史に関する文献などにも目を通すようになった。さらに韓国歴史ドラマへの関心が高まってくると、二〇〇九年から何回か韓国の史跡やロケ地などをめぐり、二〇一三年の春には北朝鮮へ訪れることにもなった。その頃は周りには韓国歴史ドラマを観る者が少なく、その面白さを説くことによって宣伝マンの役割を果たすようになっていた。つまり私は、韓国歴史ドラマを発見することになったのである。

韓国歴史ドラマの多様な作品

そして私は現在では、観ることが可能な韓国歴史ドラマの作品をほぼすべて観ることになった。なかで私が最も好むのは、朝鮮王朝の建国を描いた『龍の涙』（KBS、一九九六〜一九九八年、全一五九話）をはじめとして、高麗《コリョ》の建国を描いた『太祖王建《テジョワンゴン》』（KBS、二〇〇〇〜二〇〇二年、全二〇〇話）、朝鮮王朝の末期を描いた『明成《ミョンソン》皇后』（KBS、二〇〇一〜二〇〇二年、全一二四話）、高麗の中期を描いた『武人時代』（KBS、二〇〇三〜二〇〇四年、全一五八話）、渤海《パルへ》の建国を描いた『大祚榮《テジョヨン》』（KBS、二〇〇六〜二〇〇七年、全一三四話）など、概して朝鮮における激動期をダイナミックに再現しようとした重厚かつ長大な作品である。

観ていて単純に楽しいと感じられ、また最も感情移入できるのは、悪女と呼ばれる女性が激しい権力闘争に自ら積極的に関わる、いわゆる悪女物の作品である。その代表格は、朝鮮王朝の第一一代王である中宗《チュンジョン》の王妃である文定王后《ムンジョンワンフ》に仕えた鄭蘭貞《チョンナンジョン》を中心として描いた『女人天下』（SBS、二〇〇一〜二〇〇二年、全一五〇話）であろう。ほかには朝鮮王朝の第一〇代王である燕山君《ヨンサングン》の側室である張緑水《チャンノクス》を描いた『王妃チャン・ノクス〜宮廷の陰謀』（KBS、一九九五年、全五二話）、朝鮮王朝の第一九代王である粛宗《スクチョン》の側室である張禧嬪《チャンヒビン》を描いた『張禧嬪』（KBS、二〇〇二〜二〇〇三年、全一〇〇話）、朝鮮王朝の第一六代王である仁祖《インジョ》の側室である昭容趙氏《ソヨンチョ》を描いた『花たちの戦い〜宮廷残酷史

～』（JTBC、二〇一三年、全五〇話）などもあり、男を翻弄する狡猾《こうかつ》な悪女を応援している自分に気づいてしまうほどである。

しかし奴隷としての奴婢《ノビ》などが生きる民衆社会を描きながら朝鮮王朝の中央政治をも捉え直した『チュノ～推奴～』（KBS、二〇一〇年、全二四話）のような、テンポは速いものの歴史的背景を正確にふまえた骨太のストーリーの作品にも魅《ひ》かれる。かつては、歴史的事実に忠実であろうとする重厚な作品が主流を占めていた。しかし観る者の多様なニーズにしたがって作品としての幅も広がり、朝鮮王朝における王と巫女《ムニョ》との愛を描いた『太陽を抱く月』（MBC、二〇一二年、全二〇話）など、全編がフィクションのみで構成された作品も生み出されるようになった。また高麗末期を描いた『奇皇后―ふたつの愛 涙の誓い―』（MBC、二〇一三～二〇一四年、全五一話）はほとんどが中国の元《げん》王朝でのストーリーに終始していたので、あたかも中国歴史ドラマの様相さえ呈するほどの作品であった。

また韓国歴史ドラマの作品は幅広く、朝鮮王朝の時代に著された物語や伝説などに基づいたユニークな作品も生み出された。代表的な作品としては、韓国と北朝鮮で知らない者がいないと言われている両班の側室から生まれた庶子《ソジャ》の洪吉童《ホンギルドン》が義賊として活躍する姿を描いた『快刀ホン・ギルドン』（KBS、二〇〇八年、全二四話）と『逆賊―民の英雄ホン・ギルドン―』（MBC、二〇一七年、全三〇話）、義賊の一枝梅《イルジメ》を描いた『イルジメ～一枝梅～』（SBS、二〇〇八年、全二〇話）、義賊の田禹治《チョンウチ》を描いた『チョンウチ 田禹治』（KBS、二〇一二～二〇一三年、全二四話）、両班《ヤンバン》の息子と恋に落ちる妓《キー》生《セン》の春香《チュニャン》を描いた『春香伝《しゅんこうでん》』（KBS、一九九四年、全二話）、半人半獣の妖怪として知られる九尾狐《クミホ》を描いた『九尾狐伝～愛と哀しみの母』（KBS、二〇一〇年、全一六話）を挙げておこう。

近年では朝鮮王朝の医師が現代へとタイムスリップして行き来する『イニョン王妃の男』（tvN、二〇一二年、全一六話）や『医心伝心～脈あり！恋あり？～』（tvN、二〇一七年、全一六話）、逆に現在の医師が朝鮮王朝へとタイムスリップする『Dr.JIN〈完全版〉』（MBC、二〇一二年、全二四話）などの斬新な作品も、競い合うように制作されるようになった。そして何ともユニークな異色の作品が、『通じたのか？』という意味深な原題をもつ『朝鮮絵巻「艶物語」』（E Channel、二〇〇八～二〇〇九年、全四〇話）である。この作品はケーブルテレビで放映された過激なタイトルを前面に出した単発もので構成され、エロに終始しながらも社会風刺と笑いの要素も盛り込まれた上質な出来映えと評価されている。しかし日本では一度だけCS放送のアジアドラマチックTVで放映されただけで、DVD化されていないのが誠に残念で仕方ない。

韓国人の自国の歴史に対する旺盛な意欲

韓国歴史ドラマの作品は約五〇〇年あまりの朝鮮王朝に関するものだけでなく、高句麗《コグリョ》、新羅《シルラ》、百《ペク》済《チェ》など古代の三国、これを引き継ぐ統一新羅と渤海、さらには高麗に関する作品も多く制作されるようになった。ここからは長きにわたる朝鮮史を韓国歴史ドラマで描き尽くそうとする、韓国人による自国の歴史に対する旺盛な意欲が感じとられる。これらの歴史は朝鮮王朝の歴史と同様にダイナミックであったため、また依拠する史料が少ないことも関係して、高句麗の建国と初代王を描いた『朱蒙《チュモン》』（ＭＢＣ、二〇〇六～二〇〇七年、全八一話）や新羅の第二七代王を描いた『善徳《ソンドク》女王』（ＭＢＣ、二〇〇九年、全六二話）、そして高麗の初代王を描いた『太祖王建』などのように、フィクションを多分に交えた優れた作品が生み出されるようになった。

韓国歴史ドラマは韓国現代ドラマにも影響を及ぼし、朝鮮王朝が現在の韓国に存続していると仮定して制作された、『宮《クン》～Love in Palace』（ＭＢＣ、二〇〇六年、全二四話）や『マイ・プリンセス』（ＭＢＣ、二〇一一年、全一六話）、『キング～Two Hearts』（ＭＢＣ、二〇一二年、全二〇話）などの奇抜な作品もある。これらの作品で現在の韓国に存在するという王と王族が登場するのは、王朝体制こそが国家と国民統合にとって最も有用であるとの認識が少しでも反映されているからと思われる。これは現在の韓国社会における王朝体制へのノスタルジーを感じさせるだけでなく、現代日本における象徴天皇制の意義と役割を考えるうえでも重要であろう。

韓国歴史ドラマには、観る者をして飽きさせない描き方が多い。例えば主人公はことさらに数奇な運命を辿ることになり、多くの魅力的な人物と出会いながら悩み、また困難を乗り越えながら成長していく。また人との会話は飲食とともにあるという認識なのか、やたらと酒を飲んで話し合う場面が多く、食事の場面も少なくない。そして主人公や重要な人物が高い断崖から飛び降りるかもしくは突き落とされ、また川に身を投げるかもしくは投げ込まれる場面が目につくが、当然に自力で助かるか、もしくは助けられることによって生きのび、新たな姿でストーリーを引っ張っていくことになる。いつものことかと思ってしまうが、不思議と感情移入していくのも確かである。

当然に韓国歴史ドラマは秀逸な作品だけでなく、観るのに苦痛を伴うような駄作と思われる作品もあるが、ここで紹介することはやめておこう。また近年になって韓国歴史ドラマが多様化すると、わざわざ歴史ドラマでなくても現代ドラマで描くことができるのではないかという作品も登場し、とりわけK―ポップで活躍する歌手や人気の高い若い俳優らを起用して甘ったるい恋愛を描くことに終始している作品も見受けられる。このような作品は私が好むところではないが、そこは韓国歴史ドラマについては可能なかぎり観尽くそうと決意している私だけに、実際には我慢して観ているのが実状である。

現在では韓国歴史ドラマを観るペースはピーク時からすると落ちたが、それでも私の日常生活に根づいたものとなっている。しょせんは楽しいから観るのが中心であるが、新作については必ず追いかけ、内容を確認するため必要に応じて二度、三度と観る作品もなくはない。ここ数年は韓国現代ドラマと映画でも面白そうな作品については観る機会が増え、白丁《ペクチョン》と多様な賤民もしくは被差別民、それに関係する仕事などとの関係を描いた可能性がある作品についてマメにチェックし、関連している場面が少しでも出てこようものなら、それはもう嬉《うれ》しくて仕方がない。

2　韓国歴史ドラマが発散する魅力

魅せられた『宮廷女官チャングムの誓い』

私は四〇あまりの作品を観た時点で、韓国歴史ドラマに関する全体像について少しずつ理解が深まってきたので何かを論じたくなり、「韓国歴史ドラマの魅力を探る試論的考察」（『大阪人権博物館紀要』第一三号、二〇一一年三月）という粗雑な文章をまとめた。そこでは『宮廷女官チャングムの誓い』（MBC、二〇〇三〜二〇〇四年、全五四話）に関して、「何に嵌《はま》ってしまったのかと振り返って思いつくままに挙げると、人間の命や生活という根本的な問題であって興味をそそる料理や医術は言うまでもなく、王朝内の陰謀と権力闘争、明《みん》に代表される中国の大国的対応、済州島《チェジュド》への倭寇《わこう》など日本との関連、身分を超えた禁断の愛、白丁《ペクチョン》や奴婢《ノビ》など賤民《チョンミン》身分の登場」（六頁）と述べた。

これは単純すぎる意見であることは承知しているが、あえて私の記念碑的な見解として紹介した。また頻繁に作品で描かれる身分制と被差別民について述べた「韓国歴史ドラマに描かれた身分制と被差別民衆」(『部落解放』第六五五号、二〇一二年一月)では、韓国歴史ドラマに関して「また一〇〇話をこえてもなおハラハラ・ドキドキの連続である奇抜なストーリー展開、善玉と悪玉という境界を越えた人物設定、主役級だけでなく脇役級、端役級さえもが魅力的な個性的俳優の演技、絢爛《けんらん》豪華なセットや衣装、迫力ある戦闘シーンやきれいな映像などの作品が多い」(六五頁)とも述べたこともあった。

このように韓国歴史ドラマには多様な魅力が満載されているという私の認識が、現在でも基本的に変わっているわけではない。とくに多くの韓国歴史ドラマを観続けていると、多くの俳優に対する思い入れも強くなっている。ある時は善人を演じたかと思えば、ある時には悪人さえ演じ、俳優の個性を表現する演技の幅広さには実に驚かされる。なかでも最高齢の俳優と思われるイ・スンジェ(李順載、一九三五〜)は今でも韓国歴史ドラマで安定した演技を見せ、現役として一線で活躍しているのが嬉《うれ》しい。またチョン・テウ(鄭泰祐、一九八二〜)やキム・ユジョン(一九九九〜)らは幼少の頃から多くの韓国歴史ドラマに出演し、現在に至るまで活躍しているので、あたかも俳優としての成長過程を見守っているような気分にさえなってくる。

これ以外にも韓国歴史ドラマの魅力を何点も挙げることができるが、とりわけ作品で使用される音楽を収録したオリジナル・サウンドトラック(OST)に対しての出来映えに素晴らしさを感じ、これを聞いて意識を高揚させながら原稿を執筆することが少なくない。韓国歴史ドラマでは、かつては『林巨正―快刀イム・コッチョン』（SBS、一九九六～一九九七年、全四四話）のように古めかしい演歌調の歌が使われ、『龍の涙』（KBS、一九九六～一九九八年、全一五九話）などのように伝統的な民族楽器とクラシック調の重厚な音楽が使われることもあった。しかし近年の『快刀ホン・ギルドン』（KBS、二〇〇八年、全二四話）では、名曲との評価が高い挿入歌の「もしも」を人気のある少女時代のメインボーカルであるテヨン（泰妍、一九八九～）が歌うように、多くの作品で歌唱力のある若い歌手の歌も好んで使われるようになった。

軍事独裁政権の意向に沿った韓国歴史ドラマ

言うまでもなく韓国歴史ドラマは、主として地上波のテレビ局で放映されてきた作品である。韓国での地上波のテレビ放送は、純然たる公共放送の韓国放送公社（KBS）で一九六一年から始められ、民間放送から出発して後に政府が出資する半官半民の放送となった文化放送（MBC）と民間放送のSBS（旧のソウル放送）がテレビ放送に参入した。

韓国歴史ドラマとして初めて放映されたのは、『国土万里《ククドマンリ》』（KBS、一九六三年、全一六話）という記念碑的な作品であり、長きにわたって韓国歴史ドラマを牽引することになった〝スター監督〟と呼ばれるキム・ジェヒョン（金在衡、一九三六～二〇一一）が演出を担当した。この作品を私は観ることができていないが、高句麗《コグリョ》の王子である好童《ホドン》と楽浪《ナンナン》国の王女との結婚を利用して高句麗が楽浪国を滅ぼすが、ついには好童が無実の罪を着せられて自害するという、『三国史記』＊に記された有名な自鳴鼓《チャミョンゴ》説話に基づいた作品であったと思われる。

その後に各局で韓国歴史ドラマが制作されるようになったが、韓国では「史劇《サグク》」と呼ばれている。この史劇とは歴史劇の略語であり、歴史的事件や人物から題材を借りてきた戯曲または演劇であるため、過去の物語を劇化するために劇性が強く、比喩と象徴の度合いも強いと言われている。当初は正史からはずれた野史などを基本として物語を描いていたが、徐々に『朝鮮王朝実録』＊などの正史に基づく歴史的事実の考証による作品も生まれるようになっていった。

もともと韓国のテレビ放送は、その成立から朴正熙《パクチョンヒ》から全斗煥《チョンドファン》へと続く軍事独裁政権から強い統制を受けていたが、それは韓国歴史ドラマも例外でなかった。韓国歴史ドラマが広く放映されるようになったのは一九八〇年代であったと言われ、それを象徴するのが史料の考証に基づいたKBSの「大河ドラマシリーズ」とMBCの「朝鮮王朝五〇〇年シリーズ」の対抗であった。

一九八一年から始まって現在まで断続的に続いているKBSの「大河ドラマシリーズ」は、古代から近代朝鮮までの歴史を広く対象としていた。とりわけ一九八〇年代は、古代に関する作品が約七％、朝鮮王朝に関する作品が約二七％に対して、近代朝鮮と植民地朝鮮に関する作品が約六七％を占めていたという。これら近代朝鮮と植民地朝鮮を描いた作品では、国難や苦難、迫害、貧困などからの脱出に焦点を当てることによって、抵抗と解放につながっていく自尊的かつ集合的な民族意識を高揚させようとするものであり、結果的には軍事独裁政権の正当化に寄与したものであったと言われている。

かたやキム・ジェヒョンのライバルとなって、後に『宮廷女官チャングムの誓い』などの作品を手がけて〝史劇の巨匠〟と呼ばれるイ・ビョンフン（李丙勲、一九四四〜）を中心に、〝カリスマ性のある演出家〟と評されているキム・ジョンハク（金鍾学、一九五一〜二〇一三）も演出を担当したのが、MBCの「朝鮮王朝五〇〇年シリーズ」である。この「朝鮮王朝五〇〇年シリーズ」は『太宗《テジョン》大王《テワン》――朝鮮王朝の礎』（MBC、一九八三年、全二七話）から『大院君《テウォングン》』（MBC、一九九〇年、全三二話）まで、『朝鮮王朝実録』を基にしながら歴代王と関係した人物を中心として描いた一一の作品群である。これら多くの作品には朝鮮王朝において国難や不正などの連続に対して立ち向かった王や政治家、学者などの〝ソンビ精神〟、つまり朱子学に基づく学徳を備えた礼儀正しい指導者の精神と事蹟を再評価するという、朝鮮に独自な民族意識を見直そうとする制作の意図が込められていたが、これ

『朝鮮王朝実録』　朝鮮王朝において起こった出来事や王権内で交わされた議論などを詳しく記録した正史で、歴代王ごとに編年体によってまとめられた

『三国史記』　新羅・高句麗・百済の三国時代に関する歴史で、一一四五年に金富軾によって編纂された最古の正史

さえも結果的には軍事独裁政権の意向に沿うものであったと評価されている。

民主化によって迎えた韓国歴史ドラマの黄金期

一九八七年に民主化が宣言されたものの軍人政治家の盧泰愚《ノテウ》が大統領に就いたため一定の閉塞感が生まれ、一九九〇年代に入って韓国歴史ドラマは極度に作品の数が減るという状況に陥ることになった。しかし一九九二年の金泳三《キムヨンサム》、一九九七年の金大中《キムデジュン》が相次いで大統領となり、本格的な文民政権が安定した一九九〇年代後半から、民主化の進展に伴って新たな関心からの韓国歴史ドラマが次第に増加するという状況を迎えることになった。

民主化に対応した韓国歴史ドラマを象徴するのが、『宮廷女官チャングムの誓い』や『女人天下』（SBS、二〇〇一～二〇〇二年、全一五〇話）、『明成皇后《ミョンソン》』（KBS、二〇〇一～二〇〇二年、全一二四話）、『チェオクの剣』（MBC、二〇〇三年、全一四話）などの女性を主人公とした作品の増加であろう。これによって韓国歴史ドラマは、高い視聴率を獲得してテレビ放映において確固たる地位を占めることになった。しかし基本的には以前の韓国歴史ドラマがもつ古い形式による制作が踏襲されたため、いまだ若年層の多くにとっては縁遠い存在であったのも事実である。

そして二〇〇二年に盧武鉉《ノムヒョン》が大統領になって民主化と北朝鮮との融和の流れが加速した二〇〇四年から、多様で優れた韓国歴史ドラマが制作されるようになり、いわば黄金期とも称される時期を迎えることになった。おりからの高句麗と渤海《パルヘ》など朝鮮史を中国史の一部に組み込もうとする、一九九七年からの「東北辺彊歴史与現状系列研究工程」（略称は「東北工程」）と呼ばれる中国による歴史研究の国家プロジェクトに対抗する意味も関係して、現在では北朝鮮の国土に一部が属する高句麗と渤海さえも対象とする、『朱蒙《チュモン》』（MBC、二〇〇六〜二〇〇七年、全八一話）や『淵蓋蘇文 ヨンゲソムン』（SBS、二〇〇六〜二〇〇七年、全一〇〇話）、『大祚榮《テジョヨン》』（KBS、二〇〇六〜二〇〇七年、全一三四話）など一連の作品も生み出されるようになったという。

とりわけ注目されるのが、企画から制作まで五年をかけた『死六臣《サユクシン》』（KBS、二〇〇七年、全二四話）であろう。この作品は韓国のKBSと北朝鮮の朝鮮中央テレビとの合作で制作されたことに見られるように、南北対話と民主化を象徴する韓国歴史ドラマと評価することができる。また従来から主たる対象とされていた王や支配層などによる政治に関する動向だけでなく、民主化の推進によって浮かび上がった多様な社会の動向や無名に近い人びとにも焦点を当てるなど、作品の題材を大幅に拡張させることになった。

さらに若手の俳優を起用して、奇抜で斬新な手法で描く完全なフィクションなど実に多様な作品も生み出されるようになったため、若年層の多くを含めた広い層の視聴者を獲得するようになった。あえて個別の作品名は挙げないが、このような傾向が現在まで続いているのは、まさに韓国歴史ドラマの黄金期に相応しい時期が到来したと評価することができよう。この多様な社会の動向や、名もなき人びとや女性を主人公とする作品については、各身分に即して作品を紹介する第二章で詳しく述べることにしよう。

今日の日本で観ることができるのは、そのほとんどが一九九五年頃から制作された韓国歴史ドラマの作品である。そして現在では二〇〇六年に開局したｔｖＮや二〇一一年に開局したＪＴＢＣなどの新しいテレビ局でも韓国歴史ドラマの作品が制作されるようになり、いわば韓国は日本より以上に歴史ドラマの大国になった。これを反映して日本では地上波だけでなく衛星放送でも韓国歴史ドラマの作品が放映され、また多くの作品がＤＶＤもしくはブルーレイとして販売され、さらにはレンタルショップで作品を容易に借りることができ、私たちは韓国歴史ドラマを観るには情報さえ手に入れば基本的に何の苦労もいらない状況となっている。

韓国歴史ドラマの延長として北朝鮮の歴史ドラマが気になっていたので、二〇一三年の春に北朝鮮へ訪問した際に、宿泊したホテルと観光地の売店などで売られていたＤＶＤを買った。そのうち『洪吉童　ホン・ギルドン』（キム・ギリン監督、一九八六年）は日本でも販売されている日本語字幕が付された歴史映画であり、ホン・ギルドンが民衆らとともに忍者風の倭寇を成敗し、朝鮮王朝では得られない貴賤と貧富のない社会を求めて旅に出るという物語に仕上がっている。他の三作品は朝鮮語だけでなく英語と中国語の字幕も付された、国営の朝鮮中央テレビで放映されたと思われる歴史ドラマである。

一つめの『温達伝《オンダルジョン》』（二〇一一年、全一話）では、高句麗の第二五代王である平原《ピョンウォン》王の治世下で愚かだと蔑まれながらも武功を挙げて将軍に上り詰めた温達と、平岡《ピョンガン》と呼ばれる王の娘との恋が描かれた。二つめの『春香伝《チュニャンジョン》』（二〇一二年、全二話）は、春香を有力な両班《ヤンバン》の息子から求婚される、さほど裕福でない家の娘として描いた。三つめの『八嬢とシン将軍』（二〇一二年、全二話）は、朝鮮王朝において若い女性が密《ひそ》かに男装し、互いに慕う若い男性とともに将軍になることを描いたオリジナルの物語である。いずれも年はＤＶＤに記されたものであるが、古めかしい映像からして実際の放映は、それ以前かも知れない。

まず二つの作品はともに著名な物語を素材としているが、結果的には『温達伝』は外敵の侵略を阻止すること、『春香伝』は横暴な地方官吏の悪政を正すことにつながった。また『八嬢とシン将軍』は、若い男女が協力して外敵から国を守ることに帰結した。これら三つの作品だけを英語の字幕で観たに過ぎないので容易に即断することはできないが、娯楽としての歴史ドラマを通して国家への忠誠と社会的な正義を確認しようとする意図が感じられ、ある意味では韓国より以上に歴史から重要な教訓を引き出そうとする北朝鮮の意志と姿勢さえもがうかがわれる。

朝鮮王朝をダイナミックに描く

韓国で制作された韓国歴史ドラマが韓国だけでなく日本でも広く受け容れられているのは、韓国歴史ドラマそのものに魅力を感じているからである。その魅力を探ろうとすれば、何よりも作品が対象とした朝鮮の歴史に関する内容に着目する必要があろう。そもそも朝鮮の歴史にとって最も古いとされる古朝鮮《コジョソン》は中国王朝の後漢《ごかん》と関係していたし、高句麗や百済《ペクチェ》、新羅《シルラ》の三国は中国の歴代王朝の圧迫を受け、新羅が三国を統一したのも唐《とう》の支援によるものであった。また高麗は北方諸民族からの脅威にさらされ、強大な中国王朝である元《げん》から圧迫を受けた。これらに加えて、三国時代から朝鮮は日本と交流と軋轢《あつれき》があり、高麗は元の日本侵攻に協力させられることになった。つまり朝鮮の歴史は、中国と日本との関係を抜きにしては正確に捉えられないのである。

本書の趣旨からして、朝鮮王朝に関して詳しく述べることにしよう。朝鮮王朝は一四世紀末の成立からして、中国の巨大な王朝である明《みん》に大きな影響を受けていた。国号の「朝鮮」は明の許可を受けて名乗るようになり、王と跡継ぎである世子《セジャ》も明の許可を受けなければならなかった。いわば朝鮮王朝は世界の中心であるという中華思想を基本とする明の冊封体制のもとにあり、小が大に事《つか》えるという意味での明に対する事大主義を基本としていた。一七世紀初めに中国において明から清《しん》に王朝が交代したが、清を「野蛮」と見なされた女真族《ヨジンジョク》という北方民族の建てた国家であるとして蔑視したため、朝鮮王朝は二度も侵略をされ、さらに過酷な要求と圧迫を受けることになった。

また高麗王朝の時代から、朝鮮は倭寇《わこう》の略奪行為に悩まされてきた。そして日本との関係において最も深刻であったのが、一六世紀末の豊臣秀吉による二回の朝鮮に対する侵略戦争であった。これによって国土は極度に荒廃し、政治や社会にも大きな混乱がもたらされたが、朝鮮王朝は朝鮮通信使を再開させて、日本との友好と善隣を築くようになった。しかし近代朝鮮になるとふたたび日本の圧迫が強まり、一九一〇年には大韓帝国が滅亡して日本の植民地とされた。このように朝鮮王朝は中国と日本に挟まれていたため、何かと軋轢や対立などが生じることになり、これが国家の存立基盤を揺るがすことが少なくなかった。つまり朝鮮王朝は、東アジアにおける従属や協調、亀裂、戦争などを含んだ不安定な地政学的位置に置かれていたのである。

このような朝鮮王朝の地政学的位置は、王を中心とした政権内部において採るべき外交方針だけでなく、内政においても激しい対立を生じさせることになった。もともとあった王権と臣権の対立や王位の継承をめぐる血生臭い殺戮《さつりく》などに加えて、王権を支える身分の両班による朱子学の解釈も関わって、各派閥に結集した有力な両班は互いに激しく対立した。そして時として王の政治的思惑とも絡んで謀反を引き起こしたとの理由から粛清までして、対立する派閥を弱体化もしくは消滅させようとした。これは一面では政治における活気と躍動であったが、他面では政治の腐敗と停滞をもたらし、結果として有能な人材の多くを失うことになった。また特定の派閥が政権を握ると、自らの権力と特権にしがみつくようになり、在地の両班らの地域的特権とも絡んで、厳しい民衆支配を招くことにもなった。

朝鮮王朝では生産に携わる農民と流通に携わる商人など常民《サンミン》が社会を支えていたが、政治の腐敗と停滞によって社会に大きな混乱がもたらされるようになり、農民や商人など民衆の生活は全般的に疲弊していくようになった。これを背景として次第に群盗と呼ばれる民衆の反乱が起こるようになり、後には農民による組織的な抵抗運動も起こされるようになった。しかし何よりも社会を停滞させることになったのは、人の社会的地位を生まれによって決めるという身分制に基づく支配であった。一部の支配的身分が圧倒的大多数の被支配身分を抑圧することになり、とりわけ社会的に重要な役割を担っていた賤民《チョンミン》とされた人びとに対して過酷な差別がもたらされることになった。

しかし朝鮮王朝では、その時期ごとに科学や技術、芸術、文化などの多方面で画期的な進歩を築くことになった。それを代表するのは、第四代王の世宗《セジョン》が創製したハングルであり、また第二二代王の正祖《チョンジョ》によって興隆することになった実学であろう。これまで朝鮮王朝は停滞した時代であったと考えられてきたが、見方を変えれば他の時代と同様に矛盾が複雑に錯綜したがゆえに、実に活気のある時代でもあったと言えよう。このように外交や政治、軍事、経済、社会、科学、技術、芸術、文化などは活気がありつつも複雑に関係して矛盾をもっていたのが朝鮮王朝であり、まさに約五〇〇年にわたる朝鮮王朝はダイナミックな歴史そのものであったと言えよう。

つまり韓国歴史ドラマの魅力とは、朝鮮王朝のダイナミックな歴史を基本としつつ、フィクションを交えながら多様な側面を複合的に絡ませながら独自のストーリーとして再構成された、その躍動的な描き方にあると私は考えている。したがって韓国歴史ドラマでは恋愛や何気ない民衆の生活を描いていても、朝鮮王朝における外交や政治、社会などの矛盾と結びつけられていない作品は、極めて少ないのではないかと思われる状況にさえなっている。

人物についての深い洞察

韓国歴史ドラマもドラマであるかぎり、人物に即したストーリーが展開されることになる。朝鮮王朝で言えば、偉大な人物とされる第四代王の世宗や第二二代王の正祖らに光が当てられることが多い。しかし第七代王の世祖《セジョ》に仕えた策士の両班である韓明澮《ハンミョンフェ》や第一〇代王である燕山君《ヨンサングン》の側室であった張緑水《チャンノクス》らの悪女らが、主人公となることさえあった。この他の作品にも悪人とされる人物が登場するが、注目すべきは人物の描き方である。いわゆる善人もしくは悪人となるには、それ相応の背景と理由があり、それを韓国歴史ドラマは徹底的に掘り下げようとしている。それゆえに主人公となる人物に関しては出生から最期まで描ききることに力を注いでいるだけに、長い話数になることも不思議ではない。

朝鮮王朝に生きる人は時として数奇な運命に翻弄されることになるが、これをもたらすものとして韓国歴史ドラマで重視されているのが、出生の秘密や禁断の愛などの仕掛けによるストーリーであろう。例えば実質的には奴隷である奴婢として生きているが実の生まれは両班であり、それを本人や周りが知ることによって本人の生き方が大きく変化していき、定められた運命に逆らってまで自らの意思を貫くことになる場合も多い。またドラマにとって恋愛は必要不可欠なアイテムの一つであるが、身分など越えられない壁によって阻まれる禁断の愛は人を不幸のどん底に陥れ、逆に恋愛の成就への強い情熱を生むことになる。

つまり韓国歴史ドラマは朝鮮王朝における複雑な背景をもつ政治と出来事、そして人物を描きながら、実のところ人間は歴史社会において如何に生きるべきかという主題をもっていると言える。したがって主人公のみならず関係した人物、周辺に追いやられた人物の生き方や喜怒哀楽などにも焦点を当て、それを主役だけでなく脇役と端役に至るまでも生き生きと表現した演技に徹している。つまり韓国歴史ドラマの魅力は、次には人として如何に生きるべきかという視点に基づいて、善悪の評価に左右されることなく人そのものを深く掘り下げて描こうとしていることにあろう。

それ以前に人は、さまざまな感情をもって日常を生きている。生きるには希望が必要であり、ひたむきな努力を重ねたとしても、その希望が必ずしも叶《かな》えられるわけではない。また人間関係のなかで生きているかぎり、対人関係などにおいて喜びや怒り、哀しみ、楽しさなどを味わうことになる。また人間の間には友情や愛情が生まれることになるが、これがこじれると感情の亀裂と対立、そして嫉妬や憎悪なども生じさせることになる。このような人の多様な感情について歴史社会を舞台として描いているのが、韓国歴史ドラマの魅力でもある。

ただし韓国歴史ドラマに関しては、何ら問題がないわけではない。歴史的事実の再現ではストーリーが面白くないため、極度に誇張された架空の事件や人物などが挟み込まれることが多く、全編が歴史的事実に基づかない、構想力を駆使したフィクションだけの作品も生み出されている。そのため近年では歴史考証が疎《おろそ》かにされる傾向があり、時として登場する人物の末裔《まつえい》からは人物を貶《おとし》めているという批判にさらされることもあるという。

したがって作品によっては容易に末裔が分からない人物を選定するか、最初に「このドラマは史実に基づくフィクションです。登場する一部の人物・団体は架空のものです」のように断っておくことが多くなっている。また製作に関しては必要以上に絢爛豪華な衣装が目を惹き、スタジオ内での撮影だけでなくロケ地でのパノラマのような壮大なスケール感を彷彿とさせる画面が再現されているが、これらの度を越した演出は歴史考証の甘さとともに歴史の歪曲《わいきょく》であるとの批判も起こっているという。

3　身分と白丁を可視化させる

韓国歴史ドラマが重きを置いた身分

すでに韓国歴史ドラマが政治だけでなく社会に関してダイナミックに描き、多様な人物にも焦点を当てるようになったことを述べたが、これに関連して最も特徴的なことは身分という明確な視点に立ちながら多くの作品が生み出されたことであろう。洋の東西を問わず前近代社会は身分制を基本とする社会であり、身分制は近代から現在においてまで動揺しながらも存続することが多い。朝鮮史においても同様であり、歴史研究に基づく著作のみならず歴史ドラマにおいても、多様な社会を深部から描こうとすれば、身分は不可欠な視点である。また多様な人物は具体的にはいずれかの身分に属しているので、人物を描くということは身分を抜きにして正確に描くことは困難である。

身分の発生は、前近代社会における国家と地域共同体の編成や分業の発展による職業の区分、それに宗教などが深く関わっていたとされている。そして身分とは、まずは出生に基づく社会的存在であった。それゆえに人にとっていずれの身分に生まれるかということは選択できない偶然の産物であったが、身分とは男性を軸とした血統の連続性に依拠していた。また血統を継ぐ男性が他の女性と婚姻を結ぶことによって家族を形成することになり、その意味では女性の身分は男性の身分に付随するものであった。さらには男性たる家長の職業が男子へと世代的に継承されることになったので、身分は職業と密接に関係することになった。職業と関係して人がどこに住むかという居住を決めるので、身分は居住とも深く関係することになった。つまり身分とは、血統や婚姻、家族、職業、居住などと深く関係することを基本要件としていたのである。

身分が社会的存在であるかぎり、それは政治的かつ社会的な階層的序列として機能することになった。すなわち身分とは少数の支配身分と圧倒的大多数の被支配身分に分けられたように、まずは政治的な支配において区分されることになった。支配身分は自らの優位性を誇示して政治を取り仕切り、特権を享受するようになる。かたや被支配身分は自らの居住において多様な職業と役務を遂行して、支配身分に従属かつ奉仕することになった。また身分が政治的かつ社会的な階層的序列として機能することになったため、上の身分から下の身分に対する血縁、婚姻、家族、職業、居住などに関する差別をもたらすことになった。つまり身分制とは、政治的かつ社会的な序列を基本とした支配と差別の体系に他ならなかったのである。

身分は前近代社会においては政治的身分および社会的身分として機能していたが、近代社会になると基本的に政治的身分は廃止され、社会的身分として機能することになった。人は誰しも希望や願いなどをもって社会を生き抜こうとするが、身分が政治的身分であるか社会的身分であるかに関係なく、人が身分として基本的に世襲される社会では、その希望や願いなどは自由ではなく、身分的な制約を受けることになった。とりわけ低い身分に生まれると、優れた能力や資質などをもっていたとしても、職業を自由に選択することは困難であり、他の身分の者との結婚もあきらめざるを得なかった。

韓国歴史ドラマは朝鮮王朝などの身分制を含む歴史社会を対象としているので、当然に身分に対して明確に意識することになり、結果的には身分は社会の発展に対する桎梏《しっこく》であるという歴史認識を基本として批判的に描くことになっている。事実、朝鮮王朝を対象とした韓国歴史ドラマでは身分という言葉とともに両班《ヤンバン》や中人《チュンイン》、常民《サンミン》、賤民《チョンミン》などという身分が頻繁に登場し、各身分に即しては、具体的存在形態として個別の名称をもつ人びとさえもが多くの作品で描かれることになる。

『宮廷女官チャングムの誓い』に登場する白丁

私は身分のなかでも、とりわけ賤民身分として最も虐げを受けた賤民もしくは被差別民の白丁《ペクチョン》が登場する作品に関心を抱いている。すでに私が『宮廷女官チャングムの誓い』（ＭＢＣ、二〇〇三〜二〇〇四年、全五四話）を観たことは述べたが、この作品の第二話で白丁に関係した場面を初めて観ることになった。かつて内禁衛《ネグミ》＊の武官であったソ・チョンスは、第九代王である成宗《ソンジョン》の正室である尹氏《ユン》が一四八二年に廃妃《ペビ》として死ななければならない場面に立ち会う。これを知って怒った尹氏の実子である第一〇代王の燕山君《ヨンサングン》からソ・チョンスは逃れて、水刺間《スラッカン》＊の女官であったパク・ミョンイとともに、山深い白丁村で白丁として身を隠すことになる。二人にはチャングムという娘が生まれ、何事にも興味をもつチャングムはパク・ミョンイの言うことも聞かず、書堂《ソダン》＊へ密かに行ってしまう。

そこでパク・ミョンイは、「両班のお坊ちゃんたちは、学問をして官職に就くというのが決められた道だけど、白丁の娘が学問をしたら、それだけでお前はひどい目にあうかも知れない。何度も言ったでしょう？」「白丁が両班のまねをしたら、それだけで命を失うかも知れない。お母さんの言うことが、分かったかい？」とチャングムに言い聞かせる。

しかしチャングムは両親が本来は白丁ではなかったことを父から聞いていたので、「でも、お母さん！ うちは白丁ではありません」と言って反発する。そしてソ・チョンスはパク・ミョンイに対して、「白丁だから勉強はできないと話したら、幼子のあの小さい唇の間からどれほど長い溜《た》め息が出てきたことか……。あまり厳しく当たらないように」と諭すしかない。

「うちのお父さんは白丁ではありませんってば」

ある日、ソ・チョンスは市場の一角の土俵で相撲取りと相撲を取って勝つが、相撲取りは隠し持っていた小刀で自らの脇腹を刺す。これをチョンスの仕業と勘違いした男たちが、「おい、あいつ、あの……、トンジンコルで刃物を作っている白丁じゃないか？」「まったく、白丁の分際で……、こんなところに来るなんて……」「白丁め！ この白丁め！ 死ね、この白丁野郎！」と口々に言いつつ蹴ったり殴ったりする。それを見ていたチャングムは父のソ・チョンスから武官であったことを誰にも

内禁衛　王の護衛を務めた部署で、内禁衛将《ジャン》が統括する
水刺間　王の食事を用意する部署
書堂　各地の村に存在した、私設の初等教育機関

言ってはいけないと言い聞かされていたが、「白丁じゃありません。うちのお父さんは白丁ではありませんってば。うちのお父さんは王様をお守りする武官なんです。うちのお父さんは白丁ではない。うちのお父さんは武官です。王様をお守りする内禁衛の武官！」と思わず言ってしまう。これをきっかけにソ・チョンスは都である漢城《ハンソン》に連行され、義禁府《ウィグムブ》＊の厳しい追及によって死ぬことになる。

また最終話である第五四話では、チャングムは第一一代王である中宗《チュンジョン》の主治医に登りつめるが、死期が近いことを悟った中宗はチャングムが罰せられないように、チャングムと相思相愛であった官僚のミン・ジョンホとともに明《みん》に向かうように命じる。しかし逃げ延びた二人は、チャングムの両親と同じく山深い白丁村に辿り着く。そして八年後である明宗《ミョンジョン》が第一三代王に就いていた一五〇〇年にミン・ジョンホとチャングムが白丁村に住んでいることを伝えられ、中宗の正室であった文定大妃《ムンジョンテビ》の命令によって二人は名誉を回復することになる。

『宮廷女官チャングムの誓い』に登場する白丁に関する場面は、この二カ所に過ぎない。しかし白丁に関する場面は、ストーリーの展開にとって極めて重要である。すなわち両班であろうと誰であっても逃げ延びようとすれば、容易に入り込むことができず、また民籍が作成されないので人物を把握することが難しい白丁村しかなかったのである。その意味で賤民として差別されていた白丁が住んでいた白丁村は、朝鮮王朝では国家権力の支配が及び難いために避難所や自由空間、無縁所などのように認識されていた、いわば〝アジール〟としての意味と役割をもっているように描かれたのである。

身分と白丁を可視化させることが課題

韓国歴史ドラマにおける身分と白丁について簡単に述べてきたが、これはあくまでも私の韓国歴史ドラマへの関心であり、それ以外にも女性の描き方や日本との関係などの多様な観点があることをふまえておくべきであろう。しかし身分と白丁が韓国歴史ドラマを観るうえで重要な視点であることは、いくつかの著作で触れられてきたので、代表的なものだけを紹介しておこう。

例えば韓国歴史ドラマを深く理解するうえでの参考文献である金井孝利『韓国時代劇　歴史大事典最新版』（学研マーケティング、二〇一四年）では、「朝鮮時代の身分制度」という項目を設けて「朝鮮時代の身分制度は、両班・中人・常民・賤人の四つの階層に分かれていた。朝鮮王朝が国家理念とした儒学、とりわけ朱子学（性理学）は、上下関係による秩序を重んじる思想であったため、厳格な身分制度・身分意識が形成された」（一二二頁）と説明された。そして白丁については『林巨正―快刀イム・コッチョン』に登場するイム・コッチョンの写真とともに、「家畜の屠殺や革靴制（ママ）作など、動物の死体を扱う人々。奴婢が単に他者に隷属した人であるのに対し、彼らは職業的に賤しいとして激しい蔑視にさらされた」（一二三頁）と記述され、各身分についても作品の写真を掲げて簡単に紹介さ

義禁府　王命によって反逆など重罪人の取り調べを担当した部署

れた。

　また朝鮮王朝を中心として韓国歴史ドラマの楽しさを紹介した康熙奉《カンヒボン》『韓流時代劇でたどる朝鮮王朝五〇〇年』（朝日新聞出版、二〇一三年）では、「特徴は、厳しい身分制度と理不尽な男尊女卑が必ず出てくるということです。とくに、朝鮮王朝時代を描いたドラマでは身分制度が大きなキーワードとなっています。なぜなら、この時代の社会は身分制度を抜きにしては語れないからです」（一四三頁）と述べられ、「身分制度で一番下に追いやられているのが賤民です。奴婢、芸人、妓生などが含まれますが、この人たちはドラマの中でいつも虐げられています。／しかし、決して黙っていません。最下層の身分ながら、自分の才覚で必死にのしあがっていこうとします。そこにドラマ性が生まれる下地があり、韓国時代劇はそういう人たちを好んで登場させます」（一四四頁）とも評価された。

　この二つの著作は韓国歴史ドラマにとって身分は重要な視点であり、白丁など賤民もしくは被差別民とされた身分が登場する意味を高く評価していることでも共通している。そこで私が焦点を当てようとするのは、この二つの著書を継承して身分と白丁を可視化させることによって、朝鮮王朝を描いた韓国歴史ドラマを再発見しようとすることにある。これに関連して、一九八七年の民主化宣言から約一〇年を経過した一九九〇年代後半以降において、何故に身分と白丁に焦点を当てた韓国歴史ドラマが多く制作されるようになり、これらの作品が何を描き、韓国社会において如何なる意味をもっていたかということにも関心を広げてみたい。

そこで第一には、朝鮮王朝の身分制と白丁をめぐる歴史的経過を、日本の身分と被差別民との比較も考慮しながら概説的に辿ってみたい。第二には、韓国歴史ドラマに描かれた身分について、各身分に即しながら具体的に作品を紹介したい。第三には、本書の中心として多くを占めることになる白丁を取りあげた作品のストーリーを追いながら、どのように白丁をめぐる動きが描かれたかを述べてみたい。そして第四には、韓国歴史ドラマに描かれた白丁をめぐる歴史的リアリティ、韓国歴史ドラマが生み出された歴史的な背景、そして韓国歴史ドラマが日本社会と私個人にもたらした影響など、いわば韓国歴史ドラマが問いかけた意味について私なりの見解を述べることにしたい。したがって本書のテーマは身分であり、主人公は白丁ということになろう。

私は韓国歴史ドラマを、作品を進行させるストーリーとしての脚本、それを画像として成立させる演出、それに俳優による演技の三要素によって構成されていると考えている。とりわけ脚本の訴求力は台詞の出来栄えに負っていると言えるだけに、本書では日本語訳とはいえ丁寧に台詞を重視して紹介することになる。ただし台詞《せりふ》については作品の日本語字幕とシナリオブックを基本としているが、テレビ放映とＤＶＤの字幕が異なっていることがあるので、正確さと読み易さを考慮して少し変更した場合がある。

読者の皆さんには本書で紹介した台詞を通して、ぜひとも物語を読むような臨場感を味わっていただきたい。しかし第三章から第七章までは、あくまでも白丁をめぐる台詞を紹介するものであり、全体のストーリーを追ったものではない。また登場人物が多くて理解が困難な作品もあるので、囲みの「主要登場人物」で簡単に紹介する。いわば本書は身分と白丁を可視化させることによって韓国歴史ドラマを再発見することを目的としているが、同時に読者の皆さんが作品に立ち向かうためのガイドとしての役割を果たそうとする私なりの試みでもある。

表記についての統一と注意

本書での表記については、基本的に次のように統一することにしたい。まず本書の表題にも用いた「韓国歴史ドラマ」であるが、この他に「韓国時代劇」もしくは「韓流時代劇」と呼ばれていることは承知している。しかし「韓国時代劇」もしくは「韓流時代劇」という表現は「日本時代劇」のイメージを引きずってしまう危険性があり、また放映が映画ではなくテレビであることから、「韓国歴史ドラマ」を用いることにする。なお韓国現代ドラマは基本的に解放後の韓国を対象としているが、同時代史として評価する場合は広い意味において韓国歴史ドラマとして理解することが可能であろう。

韓国歴史ドラマについては、読者が検索されることも考慮して基本的に日本で使われている作品名を用いるが、必要に応じて韓国での原題を付すことにする。歴史的に実在する人物の名前については、漢字を基本として各節の初出にルビを付する。作品に登場する人物の名前については、歴代の王族を除いてカタカナを基本とし、実在の人物については漢字も併記することにする。さらに脚本家や演出家、俳優については、カタカナを基本として分かる範囲内で漢字と生没年を付け加えることにする。地名については、漢字を基本として各章の初出のみにカタカナのルビを付すが、場所については「関係地図」を参照されたい。

「朝鮮」とは歴史貫通的に広い意味における朝鮮半島の国家および社会を意味し、そこに住む人びとを「朝鮮人」、その歴史を「朝鮮史」と呼ぶことにする。また「朝鮮王朝」とは、建国した一三九二年から帝国日本による植民地支配となる一九一〇年八月までとする。さらに「近代朝鮮」とは、朝鮮王朝の中でも第二六代王の高宗《コジョン》が即位した一八六三年一二月から、一八九七年一〇月に成立した大韓帝国が帝国日本の植民地支配を受けるまでを指すことにする。一九一〇年八月の韓国併合からは「植民地朝鮮」、植民地支配を実施した大日本帝国を「帝国日本」、一九四五年八月の帝国日本による朝鮮植民地支配の終焉《しゅうえん》を「解放」と表現する。

さらに解放後における朝鮮半島では南北の分断国家となっているが、国名としては一九四八年八月に成立した南の大韓民国を「韓国」、一九四八年九月に成立した北の朝鮮民主主義人民共和国は自身が「朝鮮」もしくは「共和国」と呼ぶことを承知しているが、「北朝鮮」とした。また中華人民共和国を「中国」、一九四五年八月にアジア・太平洋戦争に敗北して以降の日本国を「日本」と呼ぶことにし、韓国の国籍を有する人びとを「韓国人」、日本の国籍を有する人びとを「日本人」とする。これらの表記については何らの政治的な意図があるわけではなく、あくまでも日本における朝鮮史研究と日本史研究の一般的な用例をふまえて、私が適当であると判断したに過ぎない。

また重要なことなのであえて指摘しておくと、個人や集団などに使われる「白丁」や「奴婢」「奴隷」「賤人」「賤民」などは、差別的意味合いが極めて濃厚なので、批判的な認識からカギ括弧を付すべきであろうが、本書では頻出する煩雑さを考慮して基本的にカギ括弧を付さないことを了解されたい。なお日本の部落問題に関しては、基本的に歴史研究では自称としての「皮多《かわた》（皮田）」もしくは「長吏《ちょうり》」を使用し、また白丁に対する差別との関係を説明する場合は、あえて差別的な他称としての「穢多」・「非人」および「特殊部落」を歴史的用語としてカギ括弧を付して用いることを了解されたい。さらに日本では部落差別に関係して食肉業に対する差別意識から「屠殺」が避けられて「と畜」と表記することもあるのを承知しているが、人間が生きるために動物を食用として「屠《ほふ》る」ことは社会的に重要な誇り得るべき仕事であるという認識をふまえて、以下では「屠畜」という用語を使用する。

さらに注意を喚起しておくと、一八九四年に白丁という身分は法制的に廃止されたので、もはや白丁という身分が存在しないことは言うまでもない。したがって厳密には旧「白丁」出身者と呼ぶべきであろうが、現実には社会から白丁と見なされて差別を受け、また衡平社《ヒョンピョンサ》に結集する人びとのように自らを白丁と自覚して行動するようになったので、その意味を重視するとともに煩雑さも考慮して、あえて「白丁」と呼ぶことにする。解放後については白丁に関して集落と人物を特定することは困難になり、また衡平社に結集する人びとのように自らを白丁と自覚して行動することもなくなったので、便宜的に「白丁の末裔《まつえい》」と表記する。

なお本書では多くの著書や論文などを参照することになろうが、それらについては「参考文献・映像」で紹介する。また本書には随所に作品に関する写真を載せることを考えたが、思い悩んだすえに断念したい。それは小さいモノクロ写真では臨場感が伝わらないのが主たる理由であるが、すでに多くの優れたムック本に豊富なカラー写真が掲載されていたことも大いに関係している。作品の解説とともに綺麗なカラー写真をご覧になりたい場合は最新の「韓国時代劇完全ガイド２０１９」製作委員会編『韓国時代劇完全ガイド２０１９』（コスミック出版、二〇一九年）、作品に登場する俳優の情報については最も新しい安部裕子監修『韓国スター俳優完全データ名鑑２０１９年版』（扶桑社、二〇一九年）などに当たっていただきたい。

第一章　朝鮮王朝の身分制と白丁

1　朝鮮王朝の身分制

朝鮮王朝の歴史的な特徴

朝鮮王朝とは、初代王で太祖《テジョ》と呼ばれる李成桂《イソンゲ》によって一三九二年に建国された。もともと李成桂は九一八年から続いた高麗《コリョ》王朝の武臣であったが、高麗王朝末期における政治や社会などの混乱に乗じてクーデターを起こし、高麗王朝から禅譲される形で王位に就いた。建国の当初こそ国名は定まっていなかったが、中国王朝である明《みん》の許可によって一三九三年に「朝鮮」が正式な国名として採用された。そして朝鮮王朝は第二七代王の純宗《スンジョン》まで二七人が王位に就き、一九一〇年に帝国日本の植民地支配によって滅亡するまで、約五〇〇年にわたって存続することになった。

朝鮮王朝と日本史における近世幕藩体制は、東アジアにおいて置かれている地理的かつ政治的な条件が異なっていた。すなわち中国に隣接する朝鮮王朝は中国の王朝である明もしくは清《しん》から支配を容認される冊封《さくほう》関係にあったが、日本列島に位置する近世幕藩体制は明もしくは清からの支配から離脱していた。また武士身分の頂点に立つ将軍を中核とした近世幕藩体制と異なり、朝鮮王朝は王を中心とした王権による支配体制であった。さらに近世幕藩体制は幕府を中心として相対的に自立した多くの藩によって構成された、いわば地方分権体制であった。これに対して朝鮮王朝は現在ではソウルにあたる王都としての漢城《ハンソン》を中心としながら、派遣された官僚が直接的に道や郡などの地方を支配するという中央集権体制であった。

支配原理においては、近世幕藩体制が採用したのが主従の関係を重視する封建的イデオロギーであり、儒教と仏教が支えていた。しかし朝鮮王朝は広い意味では王権への忠誠と父母への孝行を基本とする儒教、狭い意味では理念性が顕著な朱子学を支配原理とし、高麗王朝が重視していた仏教は異端として弾圧されたが、心の拠《よ》り所として信仰を集めた。とりわけ朝鮮王朝では、『経国大典』*などの基本法令によって、政治や社会が強い規制を受けることになった。

階層的秩序の身分制

前近代社会では洋の東西を問わず、制度的かつ社会的な階層的秩序である身分制は支配体制を支える重要な制度であった。身分制のもとで各身分は血統観念によって直系の男子に引き継がれる世襲で

『経国大典』　朱子学に基づいて明文化された初めての基本法令で、一四七〇年に公布された

あり、女子は同一身分から嫁いで男子を生むことによって家父長的家族を存続させることでしか意味をなさなかった。また身分は職業と深く関係していただけに、身分ごとに職業は基本的に世襲とされていた。このように身分を支えたのは、まさしく血統観念をはじめとして、男子優先や家父長的家族制度、職業などの諸要因であった。

　このように朝鮮王朝の支配体制においても、同一身分の結婚による血縁と職能を基本とした諸身分によって構成される身分制が、重要な位置を占めていた。かつて近世幕藩体制では身分とは士、農、工、商、「穢多」、「非人」と言われたが、現在では都市に住む武士と町人、農村に住む百姓、そして賤民の身分階層的秩序として理解されている。ただし、これは基本的な身分階層的秩序と言えるものであり、実際には天皇や公家、僧侶など他の多様な身分が存在していた。

　これと同様に朝鮮王朝においても身分階層秩序は王と王族、両班《ヤンバン》、中人《チュンイン》、常民《サンミン》、賤民《チョンミン》と言われることがあったが、現在では当初から現実に存在した身分の基本は良人《ヤンイン》と賤人《チョニン》の区別、つまり良賤制であったとされている。この良人と賤人という身分は、官僚となるための科挙《クァゴ》＊の受験資格と国家に対する義務としての役負担という二点の有無を基本的な境界としていた。このような良賤制のもとで、良身分の両班、中人、常民という身分階層的秩序が実際に意味をなさなかったわけではない。

支配の頂点に立つ王と王族

朝鮮王朝において身分制の頂点に立って支配したのは、本貫《ポングァン》が全州《チョンジュ》である李氏《イ》の系譜をもつ二七代にわたる王である。王は李の姓をもたない両班から中殿《チュンジョン》と呼ばれる正室の王妃《ワンビ》を迎えることになったが、そこには王妃だけでなく支配身分としての両班勢力の思惑も関係して、選ぶにあたっては権力闘争の可能性を孕《はら》んでいた。ただし王妃が必ずしも王の世継ぎである男子を生まない場合も想定し、何人かの側室が選ばれることになった。次なる王である世子《セジャ》は王妃から生まれた男性の嫡子《チャクチャ》である大君《テグン》が就くことになったが、嫡子が生まれなかった場合は側室から生まれた男性の庶子《ソジャ》である王子《ワンジャ》の君《クン》が就くことになった。したがって誰が世子になるかをめぐっては、王や王族のみならず正室と側室の外戚となった両班なども交えて、激しい権力闘争に発展することが少なくなかった。

王もしくは世子に就けなかった王子の大君と君は王族となったが、基本的に政治に関与する官僚にはなれず、宗親《チョンチン》として権威のみを有する存在となった。しかし王や世子が亡くなると、その地位に他の大君と君が就くこともあっただけに、それらを目指して彼らは一定の勢力を確保することに躍起となる場合もあった。また王や世子が突如として亡くなった場合には、新しく就いた王の母である大妃《テビ》が世継ぎを選ぶに際して大きな力を行使することになった。つまり朝鮮王朝における王の権力とは、

科挙　官吏の登用試験制度で、文官を選抜する文科、武官を選抜する武科、この他に通訳官や医官などを選抜する雑科があった

つきつめると王の世継ぎをめぐって王室内部をはじめ王族、外戚、関係する有力な両班など、多様な勢力の間における微妙な権力関係の産物に他ならなかったのである。

官僚として支配を担う両班

本来的に良身分の頂点に立つ王権を支える支配身分の両班は、高麗王朝において制度として中国王朝の宋《そう》から導入した用語であり、文班《ムンバン》と武班《ムバン》の総称でもあった。しかし両班とは厳密には男性に限定して科挙に合格した者を意味し、朱子学的な知識と教養を重視する考えから文班は武班より圧倒的に有利な地位を獲得した。両班は王を支える存在であったが、努めて王の権力を抑制して自らの権力を維持しようとする志向性をもっていたので、王の権力を行使しようとする王権と、臣下である両班の権力を行使しようとする臣権の間で、しばしば激しい駆け引きが起こらざるを得なかった。また両班勢力のなかには朱子学の解釈によって朋党と言われる分派が生まれ、いかなる政治路線を選択するかということと絡んで、激しい派閥抗争が起こることも少なくなかった。

両班は漢城に住む在京両班と地方に住む在地両班によって構成され、実際には士大夫《サデブ》もしくは士《サ》族《ジョク》と呼ばれた。また士大夫もしくは士族になるためには、科挙に合格する必要があったが、科挙の大科に合格した者を先達《ソンダル》、科挙のうちの小科の進士科に合格した者を進士《チンサ》、小科の生員科に合格した者または学識ある者を生員《センウォン》と呼んだ。しかし時期が下るにしたがって、両班とは広い意味において士大夫もしくは士族の血縁者を含めて理解されるようになった。また両班という用語を士大夫もしくは士族が自称することは稀《まれ》であり、むしろ下位の身分からの敬意を込めた他称であったという。

優れた専門技術を発揮する中人

両班といえども正妻から生まれた、科挙を受けることができる嫡子とは異なって、正妻でない側室の女性から生まれた庶子とその子孫は厳密には両班とは見なされず、多様な面で困難を強いられることになった。この庶子を含めて科挙の雑科に合格した専門技術者は、次第に両班ではなく中人と見なされるようになった。

中人が担った専門技術とは医療をはじめ法律、絵画、通訳、天文学などであり、科挙の雑科に合格して中級および下級の役人として支配の一翼を担い、漢城に居住して独自の血縁的な家系を形成した。政治においては官僚だけでは機能せず、実際には専門技術をもつ中人の役人によって支えられていたのである。また中人の代表格とも言える医師は役人として働くだけでなく、民間の医師として活躍する場合も少なくなかった。

実際のところ中人の概念と範囲は実に曖昧であるが、専門技術を修めるには相応の勉強が必要であり、彼らは同じ身分同士で結婚を繰り返し、その技術と知識を自らの身分に帰属するものとして世襲していくことになった。また地方官庁において中央から派遣された官僚のもとで働く郷吏《ヒャンリ》は地域社会では勢力を誇っていたが、実質的には科挙から除外された中人として位置づけられる存在であった。

生産と流通を担う常民

良身分の圧倒的大多数を占めたのが常民であり、常漢《サンハン》とも呼ばれた。その大半は農村で土地を所有して農業を営む一般の農民であり、田税や貢納、徭役《ようえき》など重い負担を強いられ、豪農から貧農までの階層差があった。常民には商人と職人も含まれ、その生業に応じて税や負担などが規定されていた。

商人の大半は、職人が作った物品を朝鮮国中にわたって売り歩く多くの行商人を組織した褓負商《ホブサン》であった。しかし漢城を中心として開城《ケソン》、平壌《ピョンヤン》、水原《スウォン》などの都市を拠点に重要な六つの物品の専売権を獲得した六矣廛《ユギジョン》ら強大な商人組織、委託販売などを大規模に商う都賈《トゴ》もしくは客主《ケクチュ》、商品の売買を仲介して委託販売をおこないながら金融業や旅館業を営む旅閣《ヨガク》などの有力な商人が市場と経済を支配していた。これらの各勢力は自らの権益を擁護するため、両班の各勢力と結びつくことも少なくなかった。

職人は都市と農村を問わず日常生活から重要物資に至るまで多様な製品を生産する人びととして重要な役割を果たしたが、実際には流通を担う商人に支配される存在であった。いずれにせよ農民や商人、職人で構成される常民が、両班が依存しつつも嫌ってやまない生産や流通などの肉体的労働を担い、国家と社会を支える重要な身分であったことに間違いない。

政治から疎外される賤民

賤民身分は国家への負担の義務を負わず、科挙の受験資格もなかったために政治に関する一切の権利から疎外されていた。その実態は労働力を提供する財産として他者に所有され、売買や譲渡、相続の対象とされる奴隷であり、一般的には奴婢《ノビ》と呼ばれたが、日本の近世幕藩体制では東北の一部を除いて基本的に存在しなかった。所有者が中央官庁など公的機関である場合には公賤《コンチョン》もしくは官奴婢《クァンノビ》、両班など所有者が私人である場合には私賤《サチョン》もしくは私奴婢《サノビ》と呼ばれ、いずれも厳しい管理を受けることになった。

公賤には一定の期間に綿布などを納入する身貢奴婢《シンゴンノビ》と、世襲的に公的機関の雑務に従事する入役奴婢《イビョクノビ》の二種類があり、その多くの生活実態は常民と変わることがなかった。私賤には所有者と同居して家内労働を担って他の所有者にも売却される率居奴婢《ソルゴノビ》と、所有者の土地で農業をおこなう外居奴婢《ウェゴノビ》の二種類があり、生活実態では外居奴婢は常民とは大差がなかったという。奴婢は最も多い時で人口の約四割を占めたことから分かるように、朝鮮王朝にとって不可欠な存在であったと言える。

労働力を提供する財産として他者に所有され、売買や譲渡、相続の対象とされる奴婢の他にも、担っている職能によって賤《いや》しいとされる最下層の多様な賤身分が存在し、それらは八般私賤《パルパンサチョン》と総称された。なかでも女性の妓生《キーセン》は宴席で歌舞を披露し、広大《クァンデ》と寺党《サダン》は大道芸人であり、定住地をもたずに村々をまわって芸能を披露した。朱子学の原理に反するとされた巫堂《ムダン》は、土俗信仰のシャーマン的な人びとであった。朝鮮王朝では廃仏政策によって僧侶は賤民とされたが、徳の高い僧侶は王族からも尊敬の念を集めた。そして白丁《ペクチョン》は屠畜や皮革業、革靴製造、柳器製造などに従事したが、白丁については後に詳しく述べることにしよう。これらの賤民とされた身分は職能的に賤しいとされて差別を受けたが、最も厳しい差別を受けながら社会的に隔離されていた存在は、まさに白丁であった。

朝鮮王朝は中央集権国家であるため、基本的に身分制のもとでの諸身分は全国的には画一であった。また朱子学の原理から女性は政治の場から除外され、男性に対して補助的かつ従属的な存在と位置づけられていた。人口的には常民と奴婢が多数であり、多い時には双方とも四割くらいを占めたという。しかし時期が経るにしたがって奴婢は減少し、かわって両班が増加するなど、全体的には身分の上昇傾向もしくは流動化が進んでいった。つまり朝鮮王朝において、支配体制を支える重要な要素である身分制は、多少とも動揺しながら基本的には存続することになったのである。

2　白丁という身分と差別

白丁という身分の起源

かつて白丁《ペクチョン》に関して、その代表的な起源とされた説は二つあった。第一は、長きにわたって通説として理解されていた、北方異民族に対する偏見や嫌悪感に基づく北方異民族起源説である。朝鮮王朝の正史である『朝鮮王朝実録』に、この北方異民族起源説と理解することができる記述がないことはない。しかし、この北方異民族起源説は『朝鮮王朝実録』の記述を誇張して解釈したものであり、何よりも実証的な根拠が薄く、また朝鮮半島南部に白丁が多いことからすると、合理的な解釈とは言えないとされるようになった。

第二は、杜門洞《トゥムンドン》七二忠臣説である。これは主として一九二三年四月に創立された衡平社《ヒョンピョンサ》の関係者からも支持され、李成桂《イソンゲ》が朝鮮王朝を建国するにあたって京畿道《キョンギド》の杜門洞に逃げ延びた高麗《コリョ》王朝の七二人の忠臣が白丁になったという説である。この説は本来的に白丁が高貴な存在であったという思い入れが投影されたものであるが、その意図は心情的には理解できるとしても、実際には実証的な根拠が存在しないものであったと評価されている。

高麗時代においても白丁は存在したが、国家が定めた任務を担わない農民などを意味していて、厳密な意味では差別的な性格をもつ賤民を指す用語ではなかった。むしろ現在では、白丁の起源とされるのは高麗時代の才人《チェイン》と禾尺《ファチョク》であり、その先祖は楊水尺《ヤンスチョク》であったという。この楊水尺は一〇世紀の初めには存在し、漂泊しながら狩猟や柳器の製造と販売などをおこなっていた。しかし楊水尺および才人と禾尺は、時には狩猟という職業的な特性によって北方民族から軍事的に利用され、禁止されていた屠畜もおこなったため、社会的な反感を買っていたという。つまり白丁の起源は、楊水尺から派生した才人と禾尺であったと考えられる。

白丁身分の成立

才人と禾尺が白丁と改称されるようになったのは、大王《テワン》と称されて名君との誉れが高い第四代王の世宗《セジョン》が統治した一四二三年であった。世宗が白丁と改称したのは社会不安の解決ばかりでなく、財源確保と軍役対象者の拡大を意図して、才人と禾尺に対して漂泊を断念させて定住して農業を営ませることによって、常民《サンミン》である農民に同化させようとしたからであった。

しかし農民は白丁と同一視されることを嫌って彼らを新白丁と呼んで差別するようになり、官吏さえもが同化政策を無視して白丁を狩猟などに駆り出し、土地を分け与えることさえしなかった。しかも白丁も従来の生活慣習を容易に変えることなく、定住して農業に従事しようとはしなかったので農民との同化は十分に進まず、結果として世宗の同化政策が成功を収めることはなかった。

世宗の同化政策が失敗に終わり、白丁に対する差別が存続したのは、身分制のもとで白丁が特定の仕事に従事せざるを得なかったことが主たる原因であった。しかし必ずしも根拠が明確でない北方異民族起源が偏見として流布して繰り返し述べられたため、北方異民族への蔑視とあいまって、まるで白丁が北方異民族であるかのような人種主義的な眼差しが注がれるようになった。また白丁は常民など他の社会集団と生活慣習が大きく異なっていたため、社会的な偏見と差別にさらされることになった。とりわけ白丁は生活苦からくる不法な屠畜や盗賊行為などに走ることもあり、あたかも犯罪者集団であるかのように見なされることも少なくなかった。

白丁を規制するうえで大きな影響を与えたのが、一四七〇年に公布された朝鮮王朝の基本法令の意味をもつ『経国大典』であった。これによって一般の戸籍とは別に白丁は別途の帳籍によって管理され、集団的な居住を強制することによって社会的排除を法制化することになった。実際には白丁の戸籍が全国的に編成されたかどうかは明らかでないが、このような社会的排除の法制化とあいまって、日常生活においても慣習的に白丁に対して差別と抑圧が横行するようになった。また白丁は厳しい差別を受けていたが、法律的には良人《ヤンイン》に位置づけられていたという。

多様な存在の白丁身分に対する差別

白丁は主として屠畜や皮革業、革靴製造、柳器製造などの生業に携わっていたが、いわば白丁とは身分としての総称であった。具体的な仕事によって、例えば屠畜に従事する刀使い（カルチェビ）や宰設人《チェサルクン》など、皮靴づくりや皮革業などに従事するカッパチや皮匠《ピジャン》など、柳器製造に従事する柳器匠《ユギジャン》や行李白丁などと呼ばれた。これらは専業としては生計を維持することが困難であったため実際には兼業することが多く、また白丁のなかには重要人物の棺《ひつぎ》を運ぶ擧《コ》士軍《サグン》や死刑を執行する劊子手《フェジャス》などとして駆り出されることもあった。

白丁として生まれた子どもの名前には良い意味を表す文字は使用できず、良人に対しては相手の年齢に関係なく尊敬語の使用が強制された。また服装も白丁だと分かるものを着なければならず、男性の白丁は屈辱的なペレンイと呼ばれる竹で編んだ平涼笠を着用し、女性の白丁は編み込みの髪を頭に一回りして留めるトゥレモリという髪型にしなければならなかった。結婚では男性の白丁は馬ではなく牛に乗り、女性の白丁は輿《こし》ではなく板に乗らなければならず、葬式では輿を使用することは許されず、墓は伝統的な土饅頭《どまんじゅう》の上に芝を植えることも許されなかったという。これらは白丁に対する差別の可視的表現と言えるものであり、白丁にとっては他の身分と異なる耐え難い屈辱的な仕打ちに他ならなかった。

白丁の相互扶助組織として重要であったのが、漢城《ハンソン》の承洞《スンドン》に置かれた承洞都家《トガ》であったという。この承洞都家は各地の白丁から代表者を送って総頭目を選び、選出された代表者は幹部を組織して屠畜や肉料理に関する店を経営し、漢城内の屠畜業などを監督するとともに白丁間の紛争を解決するなどの役割も果たした。この承洞都家のもとに各地方には下部組織が設けられ、各地では郡中《グンチュン》と呼ばれていた。

また漢城には、泮人《パニン》と呼ばれる人びともいた。泮人の住む泮村《パンチョン》は朝鮮王朝の最高学府である成均《ソンギュン》館《グァン》の近くに置かれたことから、館奴《クァンノ》とも呼ばれていた。泮人は本来的に牛肉を成均館に納めるために屠畜をおこなっていたが、次第に牛肉商を営むようにもなった。しかし泮人は必ずしも厳密な意味では白丁ではなかったものの、基本的に屠畜を生業としていたので白丁と見なされて社会から卑しめられていた。

白丁と皮多もしくは長吏の身分的な相違

ただし朝鮮王朝の白丁と日本における近世幕藩体制の皮多《かわた》（皮田）もしくは長吏《ちょうり》は動物の生皮を扱う点において共通性をもっていたが、白丁と皮多もしくは長吏に対する差別意識は異なっていた。皮多もしくは長吏は斃牛馬《へいぎゅうば》の処理に従事するため、主として神道と大乗仏教の影響から差別的に穢れた存在として社会から認識されていたと考えられている。しかし朝鮮王朝においては農耕社会からくる屠畜への嫌悪感が差別意識から形成されていたため、屠畜に携わっていた白丁に対して醜悪との眼差しが投げつけられることになった。しかし醜悪の意味は必ずしも明確でないものの、白丁は皮多もしくは長吏のように穢れ意識もしくは穢れ観念から穢れた存在であると明確には見なされなかったことたことは、重要な点として確認しておく必要があろう。

また皮多もしくは長吏は厳しい差別を受けていたものの、基本的に近世幕藩体制に正面切って対抗することはなかったが、幕府や藩の差別法令には抵抗することはあった。それにひきかえ白丁は朝鮮王朝の不正や腐敗、悪政などを起因とする社会不安を背景として、地方官庁や両班《ヤンバン》、富裕層などに対抗する盗賊として活動することが見られた。この代表的な存在が、一六世紀中盤の第一三代王である明宗《ミョンジョン》の治世下に活動した林巨正《イムコッチョン》であった。林巨正は両班の庶子《ソジャ》である洪吉童《ホンギルドン》、賤民として芸能を担っていた広大《クァンデ》の張吉山《チャンギルサン》とともに〝三大義賊〟と称され、盗賊活動をおこなっていたが貧困層を助けるための義賊でもあったと理解されているので、これらは歴史的には身分制に対する抵抗のための活動であったとも評価されている。

3　近代朝鮮のなかの白丁

甲午改革による白丁という身分の廃止

近代朝鮮になっても朝鮮王朝の身分制は維持され、当然に従来からの白丁《ペクチョン》に対する差別も依然として存続した。しかし第二六代王の高宗《コジョン》が統治する一八九四年四月に東学を中心とした甲午農民戦争と呼ばれる蜂起が全羅道《チョルラド》から起こり、それに白丁も参加することになったという。ちなみに東学とは、従来の思想である朱子学とも西洋の新しい思想である西学とも異なる朝鮮独自の思想体系であり、これに帰依した農民らは政治の腐敗と自らの生活を守ろうとして立ち上がった。それを反映して農民軍は「弊政改革一二カ条」を掲げたが、その一つに賤人《チョンイン》の待遇を改善し、白丁のかぶる平涼笠をなくすという部分的な待遇改善の項目が入れられた。これが六月一〇日に政府と農民軍との間で交わされた、全羅北道での全州《チョンジュ》和約に取り入れられることになった。

そして一八九四年七月のいわゆる甲午改革で、奴婢《ノビ》や白丁など賤民は法制的に廃止されることになった。しかし、これは多様な存在形態をもつ白丁の範囲が必ずしも明確でなく、また具体的な措置も示されなかっただけに、白丁の実質的な解放とは評価できないものであった。また白丁の呼称は廃止するとは宣言されなかったので、日常的には白丁という差別的な呼称が相変わらず用いられることになった。これは、近代日本では一八七一年の賤民制廃止令（いわゆる「解放令」）によって「穢多・非人」などの差別的な呼称を廃止したので、それ以降は日常的には「穢多」だけでなく、新たに「旧穢多」や「新平民」「特殊部落」なども用いられて部落民は差別されることになったのと大きく異なっていた。

差別の撤廃を求める白丁

一八九七年六月に政府の農商工部は訓令を発して、白丁が差別を受けることなく安定的に生業に携われるよう配慮することになった。また一九〇〇年一一月には政府で地方行政や警察、衛生、土木、戸籍などの内政を担当する中央官庁の内部も訓令を発して、白丁を民籍に編入して有益な屠畜を政府の統制下において税収を確保しようとした。しかし白丁という身分は法制的に廃止されたものの白丁が民籍に登録されることは少なく、登録された場合でも白丁であると分かるように、職業名の屠漢《トハン》などと差別的に記載される場合が少なくなかった。

また白丁という身分は法制的に廃止されたが、一八九五年になっても慶尚道《キョンサンド》と全羅道の白丁は容易に信じず、すぐには民衆が日常的に用いる笠《カッ》を着用しなかった。しかし四月には漢城《ハンソン》の白丁である朴《パク》成春《ソンチュン》は笠などの着用と官庁での白丁に対する虐待の禁止を政府に請願して認められ、一八九六年三月には民籍に登録されることも請願して認められることになった。また一八九七年三月と四月には黄海《ファンヘ》道《ド》と忠清道《チュンチョンド》で白丁は自らが従事する屠畜の侵害に対して農商工部に提訴し、これらも認められることになった。

しかし大韓帝国が成立した一八九七年三月には、一八九四年に従来の捕盗庁《ポドチョン》を改編した警務庁《キョンムチョン》は賤《いや》しい者が貴いと見なされた者に平然と振る舞うことを禁止したように、依然として旧来の社会的な身分秩序を維持しようとする動きもあった。また一九〇〇年二月に慶尚南道の晋州《チンジュ》で、白丁らが道の長官にあたる観察使《カンチャルサ》に冠を着用できるように訴えた。しかし観察使は冠を使用してもよいが、紐《ひも》については白丁を表す生牛皮を使用せよと答えたので、白丁らは政府の内部に対して冠だけの使用を上訴することになり、これが認められることになった。

さらに一九〇一年一月に慶尚北道では郡守に従わなかった白丁が投獄されたが、それを知った朴成春らが他の白丁らと共同して政府の内部に訴えた。五月には黄海道で白丁が投獄されて納税を強要されるという事件も起きた。このように白丁という身分は法制的に廃止されたものの、白丁に対する差別や虐待、収奪などは継続することになり、これに対して白丁は個別的もしくは集団的に対抗していった。

社会の表舞台に立つ白丁

近代朝鮮の独立を叫んで国政改革運動を推進する独立協会が、一八九六年七月にソウルで結成された。ところが独立協会は一八九七年四月に機関紙『独立新聞』で、自らが非難する裁判所の悪刑と拷問を白丁に代行させれば上手くいくと皮肉った差別記事を載せるなど、白丁に対する差別に関しては極めて鈍感であった。しかし一八九八年一〇月二九日に独立協会の主催で開かれた万民共同会で、冒頭に朴成春が白丁であることを明らかにして平等な社会の実現に向けて演説したのは画期的な出来事であった。これについては、第五章で詳しく述べることにしよう。

一九〇四年二月に帝国日本の大韓帝国での軍事行動を合法化する日韓議定書が締結され、これに抗議して三月には関係した政治家を殺害しようとする事件が起きたが、その首謀者は白丁の吉永洋《キルヨンパン》であった。この事件では吉永洋が影響力をもっていた褓負商《ホプサン》が実行部隊として働いたが、他方で吉永洋は独立協会に対して弾圧するという否定的な役割も果たした。

日露戦争が終結した後の一九〇五年一一月に乙巳保護条約、いわゆる第二次日韓協約が帝国日本によって強要され、大韓帝国は外交権を帝国日本に奪われることになった。これによって一九〇六年には義兵闘争が全国的に高まっていくが、五月には全羅道の白丁が義兵として隊列に加わり、一九〇七年の国権回復闘争の一環としての国債報償運動にも白丁が参加するほどであった。

屠畜と獣肉販売による経済力

一九一〇年には帝国日本は韓国併合によって朝鮮を植民地とし、朝鮮総督府が置かれた。大野謙一『朝鮮教育問題管見』（朝鮮教育会、一九三二年）によると、三・一独立運動の時期に朝鮮総督府学務課長であった弓削幸太郎が、一九一九年七月二五日に「騒擾と教育」と題した講演で、一九一九年の三・一独立運動に参加した白丁が万歳を叫んで検挙されて「お前は今日では立派な日本人ではないか。世界一等国の国民となったのではないか」と問われたのに対し、「世界一等国の臣民となるよりは、やはり朝鮮人で白丁たることが望みだ」と返答したことを紹介したという。この返答には、三・一独立運動を担いつつ自らが朝鮮人であり、かつ白丁であることを強く意識して宣言する、白丁の固い意志が如実に表現されているものであった。しかし三・一独立運動の際に官憲が調査したところによると、白丁が野犬狩りのために敷地内に入ること、また共同墓地に白丁とともに埋葬されることにも不満を漏らすなど、民衆は差別意識から決して白丁を受け容れようとはしなかった。

このように少ないながらも白丁が反日義兵闘争や三・一独立運動などに参加した背景には、屠畜と獣肉販売業で築き上げた一定の経済力があったと思われる。まず屠畜は衛生と牛肉確保の観点から政府から統制を受け、次に植民地朝鮮に進出して牛肉を確保しようとする帝国日本の統制のもとに置かれることが多くなった。それでも白丁のなかには涙ぐましい努力によって屠畜と獣肉販売業で成功する者も現れたが、白丁の多くは経営者の如何にかかわらず屠畜場で屠夫として働く貧しい労働者に過ぎず、まさに搾取の対象に他ならなかった。

しかし少数の白丁は政府と帝国日本に統制されながらも、自らが従事する屠畜と獣肉販売の権利を擁護するため政府に対して要求を繰り返した。また白丁のなかには、わずかながら店舗を構えて獣肉販売業を営むなど経済的地位を上昇させる者も出現することになった。これは白丁自身の粘り強い自主的な経済活動であったことは確かであり、同時に厳しい差別に対する抵抗でもあったと評価することができよう。

4　植民地朝鮮の白丁と衡平運動

白丁らによる衡平社の創立

一九一〇年に朝鮮を植民地とした帝国日本は朝鮮総督府を設置し、当初は激しい暴力によって支配する武断政治を基本とし、朝鮮人に対して同化政策を採用するとともに、収奪を確実なものとするために土地整理事業を推進した。しかし全国的に高揚した三・一独立運動に衝撃を受けた朝鮮総督府は、武断政治から「文化政治」に転換せざるを得なくなった。

この「文化政治」のもとで朝鮮総督府は内地延長主義をとり、言論や出版、集会、結社に対する取り締まりを緩和させ、引き続き過激な独立運動や社会主義運動は弾圧されたものの、これによって朝鮮の民族運動や社会運動の機会が広がることになった。また帝国日本に米を移出するため産米増殖計画が推進されたが、かえって小作農が増加することになった。またわずかに民族資本が成長したものの、日本資本の植民地朝鮮への進出が激しくなり、朝鮮の労働者と農民に対する搾取と収奪が進行することになった。

帝国日本の植民地支配における「文化政治」のもとで、白丁《ペクチョン》も差別の撤廃を掲げて自主的な運動を組織するようになった。その代表的な団体が、一九二三年四月二五日に慶尚南道《キョンサンナムド》の晋州《チンジュ》で白丁を中心として創立された衡平社《ヒョンピョンサ》であった。白丁でない人びとも参加した衡平社は差別の撤廃のために自由と平等の権利を強調し、そのために民籍における差別記載の廃止と白丁の学校への入学などを実現しようとした。衡平社の本部は晋州に置かれたが、活発な働きかけによって衡平運動は急速に朝鮮全土にまで広がり、一九二四年九月現在では朝鮮半島の南部を中心に支社と分社は八三を数えるようになった。

朝鮮総督府がとらえた白丁の状況

このような衡平運動や民族運動、社会運動の発展と拡大に直面した朝鮮総督府は一九二四年一二月に『治安状況』（部落解放・人権研究所　衡平社史料研究会編『朝鮮衡平運動史料集』金仲《キムチュンソプ》燮・水野直樹監修、解放出版社、二〇一六年）をまとめ、それによって白丁の状況が初めて正確に把握されることになった。概して白丁の集落は朝鮮半島の南部に多く、戸数は七四八四戸、人口は朝鮮全体が一七六二万人に対して三万三七一二人とわずか〇・二％も超えることがなかった。なお衡平社自身は衡平社の社員を約四〇万人としていたが、これには非白丁も含まれていたという。

最も多い職業は獣肉販売で、白丁全体の人口に対して三二％を占め、二二％の農業、一四％の屠夫、一三％の柳器製造、七％の製革、二％の飲食店・旅人宿、一％の製靴と続いた。このように全体として約六〇％を超える白丁が、朝鮮王朝時代から続く伝統的な職業に従事していた。この職業の構成は必ずしも朝鮮王朝の時代そのものとはいえず、甲午改革による白丁の法制的な廃止によってもたらされた約二〇年後の変化を反映したものであろう。

このような白丁の存在状況を背景として衡平運動が拡大したものの、一九二四年三月に別に白丁としての自主性が強いソウル派と称される衡平社革新同盟が生まれ、晋州派と称される従来からの衡平社と対立するようになった。この両派は対立しつつも交渉を重ね、ようやく一九二五年四月に開かれた衡平社第三回大会で統一を実現させた。これによって本部は晋州からソウルへ移転して差別や生活、教育などに関する課題に取り組むことを決定し、とりわけ多くの白丁が携わる屠畜と獣肉販売などに関する課題が重視されることになった。これは、約六〇％を超える白丁が携わっていた伝統的な職業に関する権利を擁護していこうとするものであった。

また朝鮮総督府は衡平社と衡平運動に関して実に多くの調査報告をまとめたが、これと関連して帝国日本の植民地支配を進めるために朝鮮の民衆を理解するための一環として、白丁に関する調査と研究もおこなわれるようになった。最も早くは韓国併合の一九一〇年に山道襄一『社会状態及階級制度』で白丁について記述され、初めての個別の論文としては高橋亨「朝鮮の白丁」(『日本社会学院年報』第六年、一九一八年九月)が発表され、その後も朝鮮人を含めていくつかの論文と調査報告が発表されることになった。

これらは基本的には日本で部落に対して差別的に用いられた「特殊部落」という用語も使用された

ように、部落に対する歪《ゆが》んだ認識を白丁に投影させて論じた内容が多く、結果的には帝国日本の植民地支配を合理化する論理を内包していた点において多くの問題点を含むものであった。しかし李覚鐘《イガクチョン》「朝鮮の特殊部落」（『朝鮮』第一〇四号、一九二三年一二月）のように実際には白丁と見なされた泮人《パニン》について説明したのは意味があり、また岩崎継生「白丁階級―半島の特殊部落」（『法律春秋』第六巻第九号、一九三一年九月）のように先に触れた承洞都家《スンドントガ》が衡平社につながったとする意見も含まれていたのは、歴史的事実はともかくとして衡平社の歴史的な継承関係を探るうえでは注目すべき見解であろう。

衡平運動の展開と特徴

衡平運動を特徴づける闘いは、反衡平運動と呼ばれる事件や行為に対して対抗することであった。反衡平運動とは、地域での衡平社結成の反対、衡平社に対する不遜な言葉遣いと態度、飲酒や喫煙などに関する暴行、地域社会の共同事業への参加拒否、教育からの排除、結婚の拒否、暴力と暴行などであったとされている。衡平運動の発展によって、これまで泣き寝入りを強いられていた白丁が堂々とした社会的態度をとるようになった。これに対して強い反感を抱いた一般民衆が、衡平運動に対抗するため差別的な事件や行為を起こすことになったのが反衡平運動である。

これはまさに白丁に対する差別に他ならないものであり、時には白丁の生活を破壊しようとする獣肉の不買運動にまで発展することもあった。これらの差別に対して衡平社は総力を挙げて果敢に対抗し、時には暴力沙汰や衝突事件などに発展して裁判になることもあった。衡平社の反衡平運動に対する対抗は一九二三年には一七件に過ぎなかったが徐々に増加し、最も多い一九二九年には六八件を数え、衡平運動が継続されるかぎり闘われることになった。反衡平運動の代表的な事例として挙げられるのは、一九二五年に慶尚北道《キョンサンプクト》の醴泉《イェチョン》で労働者と農民が反感を抱いて衡平社を襲撃したという醴泉事件であろう。

一九三〇年になると、社会主義の影響を受けた若い指導者によって、衡平社を解消して階級闘争に進出しようとする衡平社解消論が提案され、衡平社に混乱がもたらされた。また一九三三年には衡平社青年前衛同盟事件と呼ばれる治安維持法違反事件が起こったが、これは権力が捏造《ねつぞう》して衡平社を弾圧しようとした冤罪《えんざい》事件であった。これらの権力からの弾圧もあって、衡平運動は徐々に沈滞していくことになった。

そして一九三五年四月の衡平社第一三回大会では、衡平社から大同社《テドンサ》に改称することになり、大同社は生活に関わる課題に取り組むようになった。しかし大同社は帝国日本の植民地支配に協力的で穏健な姿勢を示す、いわば融和団体としての様相を呈していくことにもなった。そして一九三七年七月に日中戦争が始まると、大同社は帝国日本の戦争政策に協力するようになり、一九四〇年には再び衡平社に改称したものの、この年に実質的には消滅することになったと思われる。

衡平社と水平社の相違と交流

衡平社は日本において一九二二年三月三日に部落民によって自主的に創立された全国水平社とともに差別の撤廃という意味においては共通していたが、そのための闘争においては相違していた。全国水平社は差別糾弾闘争を展開したが、衡平社は差別糾弾闘争という闘争形態を採用しなかった。これは衡平社が非白丁さえも組織したことが関係していたと思われるが、何よりも衡平社は全国水平社に比して大衆的な差別糾弾闘争を展開するほどの組織力量をもち得ず、あえて展開すると地域社会に軋《あつ》轢《れき》と混乱を生じさせ、これによって朝鮮総督府の意を受けた官憲から厳しい弾圧を受ける危険性を回避したためであろう。したがって衡平社は主として反衡平運動に対抗するという意味において、社会の差別を問題にしようとしたのであったと思われる。

衡平社の歴史において特徴的なことは、全国水平社との交流であった。一九二四年三月の全国水平社第三回大会で衡平社と連絡することが決定され、双方から祝辞や謝辞の文書が交わされ、互いの大会や集会などに代表を送って祝辞を述べることにもなった。しかし衡平社と全国水平社との交流は一九三一年までしか続かず、しかも双方が連帯を確認して具体的な課題を共同して取り組むまでには発展しなかった。

これは朝鮮総督府が警戒したことも関係していたが、双方が差別を撤廃して解放を実現するという共通性をもちながらも、帝国日本による朝鮮の植民地支配をめぐる加害と被害という容易に超えがたい基本的立場の相違が大きく関係していたと思われる。また主として労働者と農民に依拠して階級闘争を推進しようとする全国水平社と、従来から携わる伝統的な職業である屠畜と獣肉販売などの業者をも組織した衡平社との間には経済的な基盤の相違があり、これが生活の擁護に関する具体的な課題の違いとして作用していたことも考えられる。

5　解放後の白丁をめぐる状況

特定が困難になった白丁の末裔

一九四五年八月に朝鮮は帝国日本の植民地支配から解放されたが、白丁《ペクチョン》の末裔《まつえい》に対する差別を撤廃しようとする衡平社《ヒョンピョンサ》が再建されることはなかった。それでも一九四七年四月二五日に、ソウルで朝鮮食肉商人組合総本部の結成大会が開かれようとしたという。この四月二五日が衡平社の創立および大会開催日であったことは、衡平社こそ名乗らないものの、衡平社を強く意識したものであったと考えられる。つまり衡平運動が取り組んでいた屠畜に関する経営の保障と社会的地位の向上が、解放直後における白丁の末裔にとって大きな課題であることに変わりなかったのである。しかし残念ながら、朝鮮食肉商人組合総本部の活動は確認できないので、実際は結成されなかったか、結成されても活発に活動することはなかったと思われる。

一九五〇年六月に北朝鮮と韓国の間でアメリカと中国も巻き込んだ朝鮮戦争が勃発し、一九五三年七月に休戦協定が締結されるまで各地で激しい戦闘が続けられた。この朝鮮戦争によって北朝鮮と韓国の国土は極度に荒廃し、それにともなって韓国では白丁の末裔および居住していた地域を特定することは困難になってしまったという。また経済活動の発展と拡大にしたがって屠畜と獣肉販売には一般民衆も進出するようになり、屠畜と獣肉販売は白丁の末裔だけが携わる専業としての位置づけが失われていくようになった。

一九六〇年代に入ると韓国の急激な経済発展によって人口が激しく流動化し、もはや白丁の末裔およ び居住する地域に対する差別という意味では、すでに消滅したと意識もしくは認識される状況になった。また屠畜や獣肉販売に対する偏見も、かつてほど強くなくなったと考えられる。しかし黄順《ファンスン》元《ウォン》が一九六五年に発表した長篇小説の『日月』には、この時期に韓国畜産企業組合があり、その出版物には衡平社の創立主旨が掲げられ、さらに衡平社について記述されていたという。このことを考慮すると、一九六〇年代になっても韓国畜産企業組合は衡平社を引き継いだ組織として自らを認識していた可能性も考えられないことはない。

衡平社員を名乗った人間としての主張

しかし、この時期においても白丁の末裔に対する差別が、意識の側面において完全に消滅したわけではない。韓国でも北朝鮮でも、自らが好ましいと思わない人物に対しては、しばしば「人間《イン》白丁《ガン》」という言葉を投げつけて侮辱することが起こるようになった。また屠畜と獣肉販売に白丁の末裔が関わっていたこともあり、これらの仕事に対する長年の偏見から職業に対する差別へと転化することになった。

これを象徴するかのように、さきに紹介した黄順元の『日月』では、ソウルに住むエリートで裕福な主人公が白丁の末裔であることを知って衝撃を受けるが、屠畜や衡平社の歴史などを理解することによって、自らが生きるための自信を取り戻していく姿が描写された。この長編小説は一九六七年には映画化されて大きな反響を得たことからも、この時点における白丁の末裔に対する偏見と差別が単なる過去の出来事ではないことを、韓国社会に知らせることになった。

金永大《キムヨンデ》が一九七八年に『実録 衡平ー食肉業の由来・人権宣言と衡平運動・独立運動と衡平社ー』を著したのは、ある意味では衝撃であり、記憶されるべき画期的な出来事でもあった。この時点で忠《チュン》清北道《チョンブクト》の清州《チョンジュ》に住む金永大は自らが白丁の末裔であることを十分に自覚し、それをふまえて著したのが『実録 衡平』であったが、著書を出版すればほぼ歓迎される韓国社会において、出版された当初には決して温かくは迎えられなかったという。また金永大は一九九三年四月二四日に晋州《チンジュ》で開かれた衡平運動七〇周年記念国際学術会議においても、あえて自らが「衡平社員末裔」を名乗って「「白丁」は人間でないのか―末裔がみた衡平運動―」を報告するほどであった。

白丁に関する現在の意識

現在の韓国では白丁の末裔に対する偏見や差別はすでに消滅しているとの認識が大勢を占めているが、それを検証するための調査と研究は存在しなかった。そこに切り込むために独自の調査を実施して発表したのが、徐知延《ソチヨン》・徐知伶《ソチリョン》「現在韓国人の旧「白丁」出身者に対する意識状況について」(『ヒューマンライツ』第二二七号、二〇〇七年二月)であった。この調査は二〇〇六年に釜山《プサン》を中心として一〇代から五〇代まで二一七人に対して実施され、これによって韓国人の白丁に関する意識を垣間見ることができる。

まず白丁という言葉と存在を初めて知ったのは(複数回答)、学校が六五%、ドラマやテレビが四七%、新聞や雑誌、書籍が二二%であり、学校教育とテレビが圧倒的に多かった。白丁に対するイメージでは(複数回答)、朝鮮王朝時代の賤民が二四%、屠畜が一五%、差別された人びとが八%、一番低い階層が六%、わずかに林巨正《イムコッチョン》も四%だけいた。白丁という言葉を聞いた者は四一%であり、世代を超えて相手を非難する時に悪口として聞いたのが三四%と多いのが目立つ。

結婚の条件として大事なのは（複数回答）、性格の二六％に次いで職業の一九％、学歴の一六％、財産の一四％と続き、家柄は七％に過ぎなかった。それでも家族が白丁の末裔と結婚するにあたっては、複数回答であるが最初から反対するの一〇％と結婚を考え直すよう説得するの三二％を合わせて四二％に及ぶが、反対しながらも賛成するの一四％、最初から賛成するが一％、出身が何であれ結婚とは関係がないの二六％、これらを合わせて基本的に賛成するのが四一％であり、賛否はほぼ拮抗《きっこう》していた。

この背景には、いまだに韓国では家柄と血筋に対する偏見と差別があると思う人が五四％いたという現実があった。インターネットの調査では、「人間白丁」との書き込みが目立っているという。結局のところ評価は難しいが、白丁という言葉自体を知っている者は半数を超えるが、学校教育とテレビの影響が大きく、結婚については家柄を大事に思う人は少ないものの、その家柄には「人間白丁」という偏見も関係して白丁の末裔も含まれているだけに、白丁の末裔との結婚については基本的に反対する者が半数を占めたと全体をまとめることができよう。

ちなみに、私のささやかな体験も紹介しておこう。二〇一四年一〇月に全国部落史研究会による韓国人権歴史スタディツアーに参加した際、参加者とともにソウルの中心街として賑《にぎ》わう明洞《ミョンドン》の「白丁」と名づけられた肉料理店を訪れた。興味を抱いて店名について若い店員に尋ねたところ、何ら躊躇《ちゅうちょ》することなく「白丁という店名に何か問題でも？ このほうが客はたくさん来るんです」との返答があり、大いに驚いてしまったことを明瞭に記憶している。つまり現在においては、肉を白丁と結びつける認識は、若年層にとっては無縁となっている可能性も考えられる。

しかし直近である二〇一八年六月になって、韓国の国政において野党である自由韓国党の議員が党内の反対派を攻撃するため、「この人、あの人をむやみに首を斬る白丁の刃物になることもある」と発言した。この発言は人事権を行使して「首を斬る」という行為が「白丁の刃物」を連想させる明らかな差別であったが、社会的な批判もなく大きな問題には発展しなかったようである。とはいえ「人間白丁」と同様に、人を攻撃する際もしくは否定的な事実を表現する場合に白丁という用語が使われるのは、今もって白丁に対する歪《ゆが》んだ意識が存在していることを如実に表現していると言えよう。

白丁と衡平運動への関心

解放後の韓国では白丁と衡平運動に関する歴史研究は一九六〇年代から始められ、民主化運動が展開された一九八〇年代に活発化し、文民政権が誕生した一九九〇年代には大きく進展することになり、次々と優れた論文が発表されるようになった。そして一九九三年の衡平運動七〇周年記念事業会『衡平運動の再認識』、二〇〇一年の金仲燮《キムチュンソプ》『衡平運動』などの著書につながっていった。これらの論文と著書によって、韓国社会で白丁と衡平運動に関する正確な認識が形成されていったことは極めて重要である。そして衡平運動記念事業会によって、一九九六年には晋州城の正門前に衡平運動記念塔が建てられたことも、大きな意義をもつものであった。

また一九六九年から二五年間にわたって書き継がれた朴景利《パクキョンニ》の歴史大河小説である『土地』は、物語上の重要な要素として白丁と衡平社をも登場させて近代朝鮮の農村を鮮やかに浮かび上がらせた。そして鄭棟柱《チョンドンジュ》の長篇小説である『神の杖』も一九九五年に出版され、とりわけ独自の調査によって屠畜の内容と伝承について詳しく記述されることになった意義は大きい。これらの小説が韓国において白丁と衡平運動の歴史を理解するうえで果たした役割も、重要な意味をもつものであった。

後ほど韓国歴史ドラマに描かれた白丁については詳しく紹介するが、白丁の末裔に関係した韓国現代ドラマに触れておこう。人気を得た現代劇の『食客《しょっきゃく》』（SBS、二〇〇八年、全二四話）では、明らかに白丁の末裔と関係する〝伝説の解体職人〟を登場させ、彼が体験した差別の厳しさを語る場面が描かれた。また『星になって輝く』（KBS、二〇一五年、全一二八話）でも、解放直前から一九六〇年代中頃までの白丁の末裔が苦悩した偏見と差別が重要な場面として描かれた。

さらに映画では、人気を博した『群盗《ぐんとう》』（ユン・ジョンビン監督〈一九七九〜〉、二〇一五年）は、朝鮮王朝末期の白丁が義賊となって肉包丁を駆使した独自の武術を鍛え上げ、悪政のかぎりを尽くす武芸の達人に復讐《ふくしゅう》するストーリーで高い評価を受けることになった。また昨年には韓国社会で好評を得た韓国歴史ドラマの『ミスター・サンシャイン』（tvN、二〇一八年、全二四話）では、近代朝鮮における重要な人物として白丁が登場することになった。このように近年になっても韓国歴史ドラマと韓国映画で正面から白丁と白丁の末裔を登場させて描いたことは、その歴史的現実と差別に対する理解を深めるうえで大きな意味をもつものであったように思われる。

第二章　朝鮮王朝の身分を描いた作品

1　支配と身分制の頂点に立つ王と王族

王権をめぐる激しい権力闘争

韓国歴史ドラマは主として朝鮮王朝を舞台としていたため、王と王族を中心として描く作品が多い。まず王と王族を描いた作品として見ておくべきは、最高視聴率が四九・六％を記録した『龍の涙』（KBS、一九九六～一九九八年、全一五九話）である。ちなみに『龍の涙』の「龍」とは王を、「涙」とは悲しみを意味している。この作品で描かれたのは、初代王である太祖《テジョ》の李成桂《イソンゲ》が朝鮮王朝を建国してから、王子たちによる血生臭い王位の継承をめぐる激しい争いを経て、第三代王の太宗《テジョン》、そして第四代王である世宗《セジョン》への譲位に至るまでであった。

王権を軸とした絶対的な権力と威信こそ重要であると考えたのが太宗となる大君《テグン》の李芳遠《イバンウォン》であり、儒学者として朝鮮王朝の枠組みを設計した両班《ヤンバン》の勢力やライバルである他の大君らを殺害し、兄の李《イ》芳果《バングァ》を第二代王に就けた。そして後には自らが太宗となり、後継者に性格が激しい長男の譲寧大君《ヤンニョンテグン》ではなく、勉学に励む優秀な三男の忠寧大君《チュンニョンテグン》を、彼の外戚さえも殺害したうえで王位に就けることになった。この李芳遠については、〝王様俳優〟と呼ばれるユ・ドングン（劉東根、一九五六〜）がカリスマ性豊かに演じた。

王位の継承は王朝国家にとって最も重要な要件であったが、そこには姻戚や複数の王子と絡んでいただけに王族内に分岐をもたらさざるを得なかった。また王や王子の外戚だけでなく、王権を支える重臣の両班の思惑も関係していただけに、王位の継承は多様な勢力が錯綜《さくそう》する権力闘争に発展する危険性を孕《はら》んでいた。

朝鮮王朝の建国期を描いた作品としては、古くは『開国』（ＫＢＳ、一九八三年、全四九話）と『太宗《テジョン》大王《テワン》─朝鮮王朝の礎』（ＭＢＣ、一九八三年、全二七話）があったが、近年では建国を主導した両班である鄭道伝《チョンドジョン》の視点から描いた『鄭道傳〈チョン・ドジョン〉』（ＫＢＳ、二〇一四年、全五〇話）、鄭道伝や李芳遠ら建国に尽くした六人をファンタジックに描いた『六龍が飛ぶ』（ＳＢＳ、二〇一五〜二〇一六年、全五〇話）などが生み出された。

聖君と称えられる世宗と正祖

朝鮮王朝の王のなかで偉大な聖君と称えられるのは第四代王の世宗であり、この世宗を本格的に初めて描いた作品が『大王世宗《テワンセジョン》』（ＫＢＳ、二〇〇八年、全八六話）である。世宗は今や韓国と北朝鮮で広く使用され、現在ではハングルと呼ばれている訓民正音《フンミンジョンウム》を創製し、一万ウォン札に使われた肖像画の人物として知られ、豊臣秀吉の朝鮮侵略に際して武功を挙げた武臣の李舜臣《イスンシン》とともに、韓国人が最も敬愛する歴史上の人物である。このハングル創製については、『根の深い木―世宗大王の誓い―』（SBS、二〇一一年、全二四話）でも描かれた。

世宗は幼い頃から書に親しむなど勉学に励み、一四一八年八月に太宗の譲位によって王になると、理念的性格が強い朱子学が重んじられていた朝鮮王朝で、集賢殿《チッピョンジョン》＊を設置し、国家として国力を増進させる政策を打ち出すことになった。『大王世宗』では、天文観測器具である簡儀《カニ》、雨量を図る測雨器などを発明するなど優れた科学技術や軍事兵器などを作り出し、学問や芸術の発展にも尽くした重要な功績が詳しく描かれることになった。これらの多くには世宗が登用した奴婢《ノビ》である蔣英実《チャンヨンシル》の貢献があったが、これついては『チャン・ヨンシル～朝鮮伝説の科学者～』（KBS、二〇一六年、全二四話）でも詳しく描かれた。

とりわけ最も重要な功績はハングルの創製であったが、これについては世宗自らがリーダーシップを執って密かに進めた。しかし中華思想にこり固まった明《みん》は、許可なくして時間を支配する暦や漢字から逸脱した独自の文字などは認めないという姿勢であった。これに対して世宗は明の冊封体制に逆らってまでハングルを創製しようとし、これをめぐる一連の場面が『大王世宗』のハイライトシーンと言えるであろう。

聖君として誉れが高いもう一人は一七七六年に即位した第二二代王の正祖《チョンジョ》であり、この正祖を描いたのが『イ・サン』（ＭＢＣ、二〇〇七〜二〇〇八年、全七七話）である。第二一代王の英祖《ヨンジョ》の跡を継いだ正祖は自らに反対する老論《ノロン》派の勢力を牽制《けんせい》し、政治を安定させるため英祖が採用した蕩平策《タンピョンチェク》＊を継続することになった。

また正祖は老論派などと結託する従来の有力な商人の特権を抑制するため、新興の商人に自由な経済活動を認めようとする辛亥通共《シネトンゴン》という経済政策を推進した。また正祖の治世下では学問や芸術などの振興のために奎章閣《キュジャンガク》＊が設けられ、両班の庶子《ソジャ》も官吏として採用されることになり、実学者の丁若鏞《チョンヤギョン》らによって実生活に有益な実学が発展するようになった。さらに正祖は王の密使である暗行御使《アメンオサ》を各地に派遣し、地方の問題点を解決しようとした。

王位を奪われた燕山君と光海君

朝鮮王朝において王位に就いたものの、それは必ずしも安定したものではなく、時としてクーデタ

集賢殿　世宗によって整備された研究機関で、多くの人材が育成・輩出された

蕩平策　各派閥から公平に人材を登用し、党派間の勢力均衡を目指した政策

奎章閣　正祖によって整備された王室図書館で、優秀な人材の確保と育成の場として用いられた

ーによって王位を奪われることになった。この憂き目に遭《あ》ったのが、第一〇代王の燕山君《ヨンサングン》と第一五代王の光海君《クァンヘグン》であった。王であれば死後に太祖や世宗などのように諡号《しごう》を与えられるが、この二人は王として全うできなかったため、王に就く前の名前で呼びならわされることになった。

一四九四年一二月に燕山君は王位に就いたが、不思議と彼を主人公にした作品はない。燕山君が重要な人物として登場する作品は、奴婢および妓生《キーセン》から燕山君の側室となった張緑水《チャンノクス》を中心に描いた『王妃チャン・ノクス〜宮廷の陰謀』（KBS、一九九五年、全五二話）、第九代王である成宗《ソンジョン》の実母である仁粋大妃《インステビ》を中心に描いた『王と妃』（KBS、一九九八〜二〇〇〇年、全一八六話）、成宗の王妃でありながら廃妃《ペビ》となった尹《ユン》氏を慕うという設定で内侍《ネシ》と呼ばれた宦官の金処善《キムチョソン》を中心に描いた『王と私』（SBS、二〇〇七〜二〇〇八年、全六三話）などである。

燕山君は王位に就いた当初こそ聖君を目指して政治に専念したが、彼に取り入る狡猾《こうかつ》な官僚らから実母である廃妃となった尹氏の賜死《しし》に関する顛末《てんまつ》を聞くに及んで、関係した官僚らを大量に処罰することになった。また燕山君は全国から若い女性や妓生らを集め、学問の府であった成均館《ソンギュングァン》を遊興の場へと変えてしまうなど暴政のかぎりを尽くした。そこで暴君の燕山君に対して自らの両班としての危機を痛感した臣下たちは、一五〇六年九月に彼から王位を剝奪《はくだつ》する反正《パンジョン》＊と呼ばれるクーデターを起こし、中宗《チュンジョン》が第一一代王に就くことになった。ちなみに殺気を最も感じさせて燕山君を演じたのは、『王と私』でのチョン・テウ（鄭泰祐、一九八二〜）であったように思われる。

かたや光海君を主人公とした作品には古くは『暴君 光海君』（MBC、一九八六年、全五〇話）があったが、悪女として光海君を助けた金介屎《キムゲシ》を中心として描いた『宮廷女官キム尚宮《サングン》』（KBS、一九九五年、全五二話）と『王の女』（SBS、二〇〇三〜二〇〇四年、全四二話）でも描かれた。著名な『洪吉童伝《ホンギルドンジョン》』を著したとされ、光海君によって処刑された許筠《ホギュン》を中心として描いた『ホ・ギュン〜朝鮮王朝を揺るがした男』（KBS、二〇〇〇〜二〇〇一年、全五〇話）にも、光海君は重要な人物として登場する。

第一四代王である宣祖《ソンジョ》の庶子であった光海君は豊臣秀吉による倭乱《ウェラン》が終息し、政治と社会が混乱していた一六〇八年に第一五代王に就いた。光海君は倭乱の戦後処理として徳川幕府と和議を結んで朝鮮通信使を復活させ、実質的には減税の意味をもつ大同法《テドンボプ》*という新しい税制も施行し、疲弊した社会の立て直しを図った。また宗主国である明との関係を維持しながら、後に清《しん》となる新興国の後金《こうきん》とも友好な関係を築くなど中立的な外交政策を推し進め、王位こそ廃されたものの今日的な評価は決して低くない。

しかし光海君は自らの王権を強化するため、実兄の臨海君《イメグン》と宣祖の嫡子《チャクチャ》である弟の永昌大君《ヨンチャンデグン》を殺害

反正　徳を失った王を追放し、新たな王を立てて世の中を平穏にすること
大同法　地域の特産物で納税する貢物を、米穀に統一して納めさせた制度

することになったため、一六二三年の反正によって王位を奪われ、第一六代王として仁祖《インジョ》が即位することになった。光海君は燕山君のように必ずしも暴君であったわけではないが、王位を奪われることになったのである。

2 官僚として権勢をふるった両班

重臣として権勢をふるう

韓国歴史ドラマで朝鮮王朝の政治を描こうとすれば、実質的に政治を取り仕切る両班《ヤンバン》を描いた作品が多くなる。朝鮮王朝の建国と初期において官僚として最も影響力を発揮した両班である鄭道伝《チョンドジョン》は、『龍の涙』（KBS、一九九六〜一九九八年、全一五九話）や『鄭道傳〈チョン・ドジョン〉』（KBS、二〇一四年、全五〇話）、『六龍が飛ぶ』（SBS、二〇一五〜二〇一六年、全六五話）などの作品で重要な人物として描かれることになった。鄭道伝は朝鮮王朝が建国された後の政治において要職を歴任し、その権限は彼に集中することになった。そして仏教を抑制して朱子学に基づく政治を確立しようとし、有力な両班の私田を廃止して国有化しようとした。また『朝鮮経国典』を著して法制度の基礎を築き、有力な両班の私兵を廃止して軍事的な国防力を強化しようともした。つまり鄭道伝こそ、朝鮮王朝の国家的枠組みを築いた最高の設計者であったと言えよう。

鄭道伝が最も力を注いだのは、政治を安定させるために王権よりも臣権を強化させようとすることであった。すなわち彼は権力が能力の不確かな一人の王に集中することを極度に嫌い、科挙《クァゴ》に合格した両班による官僚が朱子学に基づく明確な理念によって政治を担当することこそが、最も安定した理想的な政治のあり方と考えていた。それゆえに鄭道伝は初代王である太祖《テジョ》にとって末の嫡子《チョクチャ》である一一歳の李芳碩《イバンソク》を次の王位に就けてコントロールしようとしたが、王権の強化こそが必要であるとする太宗《テジョン》となる李芳遠《イバンウォン》によって、李芳番《イバンボン》らとともに殺害されることになった。

第七代王の世祖《セジョ》となる首陽大君《スヤンテグン》が一四五五年に甥《おい》である幼い第六代王の端宗《タンジョン》から王位を奪うのに策士として貢献し、王権内で領議政《ヨンイジョン》＊にまで登りつめたのが韓明澮《ハンミョンフェ》である。韓明澮は次々と政敵を排除して権力の中枢に座り続け、世祖の死後は娘たちを王子に嫁がせて王族の外戚として絶大な権力を行使することになった。しかし第九代王の成宗《ソンジョン》を継いだ燕山君《ヨンサングン》によって、韓明澮は実母である廃妃《ペビ》の尹《ユン》氏を死に追いやった関係者として、死後に墓が暴かれて死骸は損壊させられた。

彼を主人公として描いたのが『韓明澮〜朝鮮王朝を導いた天才策士〜』（ＫＢＳ、一九九四年、全一

領議政　国政の最高機関である議政府《ウィジョンブ》の最高官

〇四話）であり、ロバのような耳をもつという逸話から特殊メイクを施した主役のイ・ドクファ（李徳華、一九五二～）の演技が光り、一九九四年のKBS演技大賞を受賞した。また『独裁者への道～首陽大君の野望』（KBS、一九九〇年、全五〇話）、端宗の復活を策した忠臣を描いた北朝鮮との共同制作の『死六臣《サユクシン》』（KBS、二〇〇七年、全二四話）、成宗の母である仁粋大妃《インステビ》を中心として描いた『王と妃』（KBS、一九九八～二〇〇〇年、全一八六話）と『インス大妃』（JTBC、二〇一一～二〇一二年、全六〇話）などの作品でも、重要な人物として描かれた。

理想主義に燃える高潔な官僚として第一一代王の中宗《チュンジョン》に仕えた趙光祖《チョグァンジョ》については、白丁《ペクチョン》のカッパチとも交流した人物として第三章の『王朝の暁―趙光祖伝―』（KBS、一九九六年、全五二話）で述べることにする。趙光祖と同じように己の信念を貫いた孤高の官僚として生きたのが、許筠《ホギュン》である。許筠は派閥対立による権力闘争が激化するなか、主流派の派閥である大北派《テブク》に属して光海君《クァンヘグン》の腹心として活躍することになった。とくに彼が力を注いだのは、両班の庶子《ソジャ》だけでなく賤民《チョンミン》と女性を社会の正式な一員として認定することによって平等な社会の実現を主張したことであった。しかし朱子学を国家原理とする身分制社会では彼の主張が受け容れられることはなく、社会に不満をもつ庶子と謀って謀反を企てたとして、許筠は一六一八年に処刑されることになった。

むしろ許筠の名が知られているのは、庶子が義賊となって活躍する痛快なストーリーをもつ、韓国では知らない者がないというハングルで書かれた最古の小説である『洪吉童伝《ホンギルドンジョン》』の著者であるとされていることである。また姉の許蘭雪軒《ホナンソロン》は九歳で詩作を始め、身分制と女性蔑視の朝鮮王朝にあって類《たぐい》まれな天才詩人であったと称えられている。この許筠を描いたのが『ホ・ギュン〜朝鮮王朝を揺るがした男』（ＫＢＳ、二〇〇〇〜二〇〇一年、全五〇話）であり、チェ・ジェソン（崔宰誠、一九六四〜）が彼の骨太な人生を熱演した。

朝鮮王朝の後期に英祖《ヨンジョ》と正祖《チョンジョ》に仕えた官僚が、洪国栄《ホングギョン》であった。洪国栄は英祖の世孫《セソン》であった正祖を廃位の危機から救って全面的な信頼を得て、多数の官職を兼任して権力を自身に集中させて権勢を誇った。また自らの妹を正祖の側室に就けて、外戚として栄華を極めようとした。しかし彼の専横ぶりに反発した重臣らによって弾劾を受けて失脚し、一七八一年に流刑地において三四歳という若さで孤独な最期を迎えることになった。この洪国栄を主人公として描いたのが、『王道《ワンド》』（ＫＢＳ、一九九一年、全三四話）と『洪國榮　ホン・グギョン』（ＭＢＣ、二〇〇一年、全四〇話）である。しかし私には、キム・ヨンチョル（金永哲、一九五三〜）を主役とした『王道』の方が、鄭《チョン》氏が李《イ》氏に代わって王位に就くという予言書の『鄭鑑録《チョンガムノク》』に惑わされながら権力に溺れていく彼の波乱万丈な人生を描いているので、とても面白く感じられた。

国家と社会ため誠実に尽くす

李舜臣《イスンシン》は世宗《セジョン》とともに韓国では最も尊敬される人物であるが、この武班《ムバン》である李舜臣を初めて本格的に描いたのが『不滅の李舜臣』（KBS、二〇〇四～二〇〇五年、全一〇四話）である。言うまでもなく李舜臣は、中国大陸への進出という野心を抱いた豊臣秀吉による一五九二年から七年間にわたる朝鮮侵略である倭乱《ウェラン》に対して、祖国を守り抜いた英雄として称えられている。彼は知略と勇気によって優れたリーダーシップを発揮し、亀甲船《きっこうせん》で知られる軍艦を擁する朝鮮水軍を率いて日本軍に二三戦で二三勝という無敗神話を築き上げたが、一五九八年に敵の銃弾を受けて戦死してしまった。『不滅の李舜臣』ではキム・ミョンミン（金明民、一九七二～）が主人公という大役を初めて力強く堂々と演じ、二〇〇五年のKBS演技大賞を受賞することになった。

豊臣秀吉の朝鮮侵略に対して、幼少期の馴染《なじ》みから李舜臣の高い能力を見抜いて優遇したのが柳成龍《リュソンリョン》であった。柳成龍は第一四代王の宣祖《ソンジョ》に仕えたが、豊臣秀吉による朝鮮侵略の可能性をめぐって東人《トンイン》派と西人《ソイン》派が激しく対立することになった。柳成龍は豊臣秀吉が朝鮮を侵略するのは虚偽だと主張する東人派に属していたが、戦乱になって領議政《ヨンイジョン》として朝鮮全軍を指揮することになった。戦乱後は隠居して反省の意味を込めて『懲毖録《ジンビロク》』を著し、また非常に清廉であり清貧に甘んじた高潔な人物としても知られている。この柳成龍を描いたのが『軍師リュ・ソンリョン～懲毖録〈ジンビロク〉～』（KBS、二〇一五年、全五〇話）であり、彼を演じたキム・サンジュン（金相中、一九六五～）の重厚な演技が光った。

暗行御史《アメンオサ》＊として知られているのが、朴文秀《パクムンス》である。馬牌《マペ》は暗行御史であることを示す身分証であり、水戸黄門の印籠《いんろう》のように馬牌を掲げて「御史出頭」との掛け声のもとに官吏の不正を暴いたという。この暗行御史としての朴文秀を描いたのが、『御史出頭！　暗行御史パク・ムンスの事件簿』（KBS、一九九九年、全二一話）と『暗行御史パク・ムンス』（MBC、二〇〇二～二〇〇三年、全一五話）である。

確かに朴文秀は暗行御史として非常に有名であるが、本来は英祖の治世において活躍した官僚であった。少論《ソロン》派に属していたが権力闘争を嫌い、民衆の救済を第一に掲げたため、英祖の絶大な信頼を得て重用された。この信頼によって暗行御史としてたびたび地方に派遣されたほか、兵曹《ピョンジョ》＊と戸曹《ホジョ》＊の判書《パンソ》＊などを歴任した。しかし時には老論《ノロン》派の勢力に押されたものの、最期まで正道を貫いたことで知られている。

前にも述べたように正祖の治世下で実学が盛んになったが、その代表格が丁若鏞《チョンヤギョン》である。丁若鏞

暗行御史　王の特命を受けて臨時職として各地に派遣され、身分を隠して極秘に官吏の不正を暴いて告発する役人

兵曹　武官の人事や国防などを担当した中央官庁

戸曹　国家財政や租税、戸口調査などを担当した中央官庁

判書　中央官庁の長官職

は朱子学などが政争の道具と成り果てた旧来の学問に代わって、西洋の科学技術などを取り入れて実用性を重視した実学を唱え、正祖から最も信任を受けて活躍した官僚でもあり、多くの分野にまたがる著書を著した。丁若鏞の能力が発揮されたのは、水原華城《スウォンファソン》＊の造成にあたって重い物を滑車で持ち上げる挙重器を発明して用いたことであった。しかし丁若鏞は正祖の急死に伴って老論派から激しい攻撃を受け、天主教と呼ばれるカトリックに対する弾圧事件に際して流刑に処せられた。この丁若鏞を描いたのが『牧民心書《ぼくみんしんしょ》～実学者チョン・ヤギョンの生涯～』（KBS、二〇〇〇年、全八二話）であり、タイトルは彼自身が一八一八年に著した『牧民心書《モンミンシムソ》』から採られた。

3　専門技能を活かして官吏となった中人

医術など優れた技能を発揮する

韓国歴史ドラマは朝鮮王朝における王や王族、両班《ヤンバン》などを中心とした政治を描いた作品が多いのは確かであるが、それのみに尽きるものではない。ドラマでは観る者を楽しませるだけの面白さが求められるだけに、さまざまな専門技術の習得や生かし方などを軸とした人間模様を描くことになった。

そこで焦点が当てられることになったのが、専門技術を活かして官吏となった中人《チュンイン》という身分である。

この専門技術を活かす中人の代表格として、韓国歴史ドラマに描かれることになったのが医師である。ここでいう医師とは中国に端を発した広い意味における東洋医学に携わる者であり、それは脈診と針治療、施薬などを基本としていた。したがって朝鮮王朝の医師とは、今日の西洋医学に基づく医師とは大きく異なる存在であった。しかも韓国歴史ドラマでは役人として役所に勤める医官が描かれることになったので、必然的に政治との関わりにも焦点が当てられるようになった。

朝鮮王朝における医官として最も著名な人物は、何といっても許浚《ホジュン》を挙げなければならないであろう。許浚は中宗《チュンジョン》が王であった一五三九年に両班の庶子《ソジャ》として生まれたが、一五六九年に宮中で医療を担当する内医院《ネイウォン》＊に入り、一五七五年には科挙《クァゴ》の医科に合格して正式な医師となった。宣祖《ソンジョ》の主治医である御医《オイ》の楊礼寿《ヤンイェス》に従って医学を極め、ついには宣祖の御医にまで登りつめることになった。

そして一六〇四年には倭乱《ウェラン》に際して功績が大きかったため功臣三等に叙せられ、両班という身分を

水原華城　一七九六年に完成した、正祖が築いた城で、ここへの遷都が計画されていたが、正祖が急死したため実行されなかった

内医院　宮中で使用する薬の調合や医療行為などを担当した部署

獲得することとなった。しかし光海君《クァンヘグン》によって内医院から追放されたが、一六一〇年には東洋医学の集大成ともいうべき『東医宝鑑《トンイポガム》』を完成させた。この『東医宝鑑』という医学書は、中国や日本でも名著として知られるようになり、日本では徳川吉宗の治世下に刊行されるほどであった。

この許浚を最初に描いたのは『東医宝鑑─ホ・ジュン 真実の生涯─』（ＭＢＣ、一九九一年、全一四話）であるが、何といっても大きく注目されたのはイ・ビョンフン（李丙勳、一九四四〜）が演出した『ホジュン〜宮廷医官への道〜』（ＭＢＣ、一九九九〜二〇〇〇年、全六四話）である。この作品では師の教えに従って患者に心を尽くすこと、不治の病として見捨てられていたハンセン病の患者にさえ最善を尽くしたこと、ライバルとの対立と協力などが多分にフィクションも交えて描かれた。それゆえに許浚の医官としての一途な生き方は多くの人びとに感動を与え、最高視聴率は六三・五％という韓国歴史ドラマでは第一位を獲得する金字塔的な作品となった。なお『ホジュン〜宮廷医官への道〜』は歴史ドラマを現代ドラマと同様のテンポにした作品であり、この作品を演出したイ・ビョンフンは有名になり、これ以降から彼が演出した作品はヒットすることになった。

そのため感動した高齢の視聴者が撮影地を訪ねて来て、主役を演じたチョン・グァンリョル（田光烈、一九六〇〜）を本物の許浚と思い込んで治療を依頼することになったが、彼は優しく語りかけて診察するふりをしながら本当の医師に診てもらうように諭したところ、高齢の視聴者は納得して帰ったという。この作品は『ホジュン〜伝説の心医〜』（ＭＢＣ、二〇一三年、全一三五話）としてリメイクされ、ファンタジックな作品として仕上がった『魔女宝鑑〜ホジュン、若き日の恋〜』（JTBC、二〇一六年、全二〇話）でも描かれることになった。

許浚に次ぐ名医として知られているのは、『太陽人イ・ジェマ〜韓国医学の父〜』（KBS、二〇〇二年、全三〇話）で描かれた李済馬《イジェマ》である。朝鮮王朝の末期である一八三七年に両班の庶子《ソジャ》として生まれた李済馬は四〇歳近くになって武官となったが、むしろ功績は人間を太陽、少陽、太陰、少陰という四つの体質に分類し、その体質に合わせた治療や処方をおこなうという〝四象医学〟を確立したことであり、一八九四年に『東医寿世保元《トンイスセボウォン》』を著した。

その他に医師の作品については、蔑まれていた獣医としての馬医《マイ》から第一九代王である粛宗《スクチョン》の御医にまで登りつめた実在の白光炫《ペククァンヒョン》を描いた『馬医《ばい》』（MBC、二〇一二〜二〇一三年、全五〇話）、第一二代王の仁宗《インジョン》の暗殺疑惑と関わって優秀であるが娘を助けようとする優しい架空の医師を描いた『天命』（KBS、二〇一三年、全二〇話）がある。また許浚と同時期に医官として針治療に優れたという許任《ホイム》が、過去と現代をタイムスリップしながら活躍する『医心伝心〜脈あり！恋あり？〜』（tvN、二〇一七年、全一六話）のような奇抜な作品も生み出されている。

優れた技能を活かした女性

医療は人間生活にとって欠かせない重要な分野であったため多くの関心を惹《ひ》き、とりわけ医療を担う医師は韓国歴史ドラマにとって不可欠な存在であった。『宮廷女官チャングムの誓い』（ＭＢＣ、二〇〇三〜二〇〇四年、全五四話）を除いて、中人の医師を描いた作品の多くは男性を主人公として人気を博した。しかし専門技術に着目すれば、当然に男性だけでなく女性にも焦点が当てられることになった。

その代表的な作品が、ムン・グニョン（文瑾瑩、一九八七〜）が女性の陶工を演じた『火の女神ジョンイ』（ＭＢＣ、二〇一三年、全三二話）である。この作品の主人公はジョンイという女性の陶工であるが、モデルとなったのは百婆仙《ペクパソン》という実在の人物である。朝鮮王朝は宣祖の代に倭乱《ウェラン》を被ることになったが、その際に深海宗伝《ふかみそうでん》として知られる夫の金泰道《キムテド》とともに日本に連行されたのが百婆仙であり、二人は今日まで連綿と続く武雄焼の基礎を築いたという。

朝鮮王朝では高麗《コリョ》の青磁に対して白磁が盛んになり、宮中で使用される白磁などの陶磁器は、宮中の食事を担当する司饔院《サオンウォン》＊の分院《プノン》という部署で製作され、陶工は沙器匠《サギジャン》と呼ばれていた。この司饔院の分院を舞台として描かれたのが『火の女神ジョンイ』であり、出生の秘密をもつジョンイという女性が実のところは父である分院の長と激しく対立しながら立派な陶工として成長し、光海君とも身分を超えた愛を体験するというストーリーである。この作品ではジョンイは独身の女性であり、一人で日本に連行される場面でストーリーは終わることになった。

朝鮮王朝において絵画に関する業務は図画署《トファソ》＊という部署が担当し、ここでは宮中で執り行われる各種の行事についての絵画による記録、王らの肖像画の作成、絵師の選抜などがおこなわれた。なかでも図画署が描いた「朝鮮王朝儀軌《ウィグェ》」と総称される絵画は有名であり、それを代表する作品は正祖《チョンジョ》が無念の死を遂げた父である思悼世子《サドセジャ》の墓参りを描いた「陵行班次図」である。この絵画は、二〇〇五年に李明博《イミョンバク》がソウル市長として清渓川《チョンゲチョン》を補修した際、壁に一八六メートルにわたって再現されたことでも知られている。

この図画署を舞台とした作品が『風の絵師』（SBS、二〇〇八年、全二〇話）であり、正祖の代に活躍した金弘道《キムホンド》と申潤福《シンユンボク》という朝鮮王朝を代表する二人の絵師を描くことになった。ただし謎に包まれた申潤福は女性であるという説があり、『風の絵師』では男装した申潤福が実は女性であり、しかも金弘道の弟子であり密《ひそ》かに恋仲にもなるというユニークな設定であった。描く過程や絵画に込められた意味の解釈などのストーリー展開は見事で、金弘道を演じたパク・シニャン（朴新陽、一九六八〜）と申潤福を演じたムン・グニョンのキャストも大きな話題を呼んだ。

そのほか中人が役人として働いた部署に触れた、いくつかの作品がある。全編がフィクションで構

司饔院　飲食物の官吏を担当した部署

図画署　絵画に関する業務を担当した部署

成された『太陽を抱く月』（MBC、二〇一二年、全二〇話）で星宿庁《ソンスクチョン》＊、王位をめぐる観相を軸とする『王の顔』（KBS、二〇一四年、全二三話）で観象監《クァンサンガム》＊、『オクニョ 運命の女《ひと》』（MBC、二〇一六年、全五一話）で昭格署《ソギョンソ》＊が、ストーリーの展開にとって重要な部署として触れられることになった。しかし民間信仰の伝統を色濃く残す星宿庁と昭格署は、中宗の治世下で朱子学の理念に反する邪悪な部署として廃止されることになった。

4 生産と流通によって社会を担った常民

才覚で商人として生きる

常民《サンミン》とは、生産と流通を担って朝鮮王朝の政治と社会を支えた存在を総称する身分であるが、もっぱら韓国歴史ドラマで描かれてきたのは有力な商人である。商人は先を読むことや仕入れと販売の交渉術など多様な才覚を必要とし、また時の政治や官僚などと密接に関係していただけに、韓国歴史ドラマにとって欠かせない格好の素材となったのであろう。商人は経済の発展と深く関係しているので、時期を追いながら作品を見ていくことにしよう。

まず取り上げる作品は、『名家《ミョンガ》』（ＫＢＳ、二〇一〇年、全一六話）である。ここでは、新羅《シルラ》の末期に活躍した高名な文人の崔致遠《チェチウォン》から第一九代目にあたり、約三〇〇年間で一二代にわたって富豪として栄えた名門の慶州崔《キョンジュチェ》氏の基盤を築いて〝崔富者《チェプジャ》〟とも呼ばれた、朝鮮王朝中期に実在した崔国璿《チェグクソン》が主人公として描かれた。祖父は武官として倭乱《ウェラン》で戦死を遂げて一族は次第に没落したため、崔国璿は父の反対を押し切って両班《ヤンバン》から常民の商人に転身した。

崔家には「科挙《クァゴ》は受けても進士《チンサ》以上にはなるな」「財産は一万石以上蓄えるな」「旅人を厚くもてなせ」「凶作には田畑を購入するな」「嫁に来たら三年間は木綿の服を着よ」「四方百里以内に飢え死にする者がないようにせよ」という家訓があり、この家訓を守って崔国璿は商売に励んで成功を収めることになった。この作品では富める者の社会的責任を描くことになったが、崔国璿を演じた端正な顔立ちのチャ・インピョ（車仁杓、一九六七〜）にとって、まさにはまり役であった。

実在する女性の商人を描いた作品は『キム・マンドク〜美しき伝説の商人』（ＫＢＳ、二〇一〇年、全三〇話）であり、気品が漂うイ・ミヨン（李美妍、一九七一〜）が主人公の金萬徳《キムマンドク》を堂々と演じた。

星宿庁　土俗的な祈願や吉凶の判断などを担当した部署
観象監　天文や気象の観測を担当した部署
昭格署　土俗信仰を基盤として祭祀を担当した部署

幼少の金萬徳は無理やり妓生《キーセン》にさせられてしまうが、官庁に訴えて常民となる。その後は商団の一員となり、やがて金萬徳と名乗って数々の危機を乗り越え、特産品の交易などで済州島《チェジュド》を代表する巨商となる。済州島では大飢饉《ききん》で疲弊していくことになったが、一七九五年に全財産をはたいて救恤米《きゅうじゅつまい》を配って島民を救った。これによって金萬徳は、翌年には正祖《チョンジョ》から褒賞を受けて〝義女〟と呼ばれるようになった。

一九世紀後半、産業の発達と貨幣経済の浸透によって、朝鮮人参の交易などを通じて巨万の富を築き上げ、低い身分でありながら地方官吏に取り立てられる商人が生まれるようになった。とりわけ清《しん》や日本との貿易で利益を上げた、義州《ウィジュ》の湾商《マンサン》、平壌《ピョンヤン》の柳商《ユサン》、開城《ケソン》の松商《ソンサン》、漢城《ハンソン》の京商《キョンサン》、東莱《トンネ》の莱商《ネサン》が、商人集団として代表的な存在であった。

このなかの義州で商売をおこなう湾商の林尚沃《イムサンオク》という実在の人物を描いたのが、『商道―サンドー―』（MBC、二〇〇一～二〇〇二年、全五〇話）である。この作品では林尚沃が開城の松商と対抗しながら没落した湾商を立て直していくことを軸に、朝鮮人参の種別や加工技術、放浪して歌と踊りを披露しながら生計を立てた寺党牌《サダンペ》との交流など多様な要素も盛り込まれた。とりわけ林尚沃を演じたイ・ジェリョン（李在龍、一九六四～）は、林尚沃と同様に誠実さを印象づけた。

客主《ケクチュ》とは、朝鮮王朝後期である一九世紀末に褓負商《ホブサン》と呼ばれる行商人や他の地域から来た商人たちに宿泊場を提供し、また物品の委託販売や斡旋《あっせん》などをおこなう商人であった。この客主を描いた全編がフィクションの作品が、『客主《きゃくしゅ》』（KBS、二〇一五年、全六〇話）である。チャン・ヒョク（張赫、一九七六〜）が演じた主人公のチョン・ボンサムは巨大商団を率いていた父が陰謀で殺されたので天涯孤独となったが、幼馴染のライバルと競いつつ巨大な商団とも対抗し、次第に父親譲りの商才を発揮して屈指の巨商にまで登りつめるというストーリーである。この他にも商人が多くの作品で描かれるが、その多くが賄賂《わいろ》を通じて官僚との結びつきを強め、暴利を貪ろうとした悪徳商人であった。

描かれることが少ない農民と職人

朝鮮王朝は基本的に農業を基盤におく社会であり、常民のなかでは農民が圧倒的に多かった。また社会的に有用で多様な物品を生み出す職人も、重要な存在であった。しかし韓国歴史ドラマでは、これまで農民と職人が主たる素材として正面から描かれることはない。その理由は農民と職人は日常生活において黙々と生産活動に従事していただけに決して変化に富む存在ではなく、また韓国歴史ドラマが素材として好む政治とは基本的に無縁な存在であったからであろう。

それでも農民に関しては、韓国歴史ドラマにまったく登場しないわけではない。一六世紀後半になると中央官僚と在地両班による私的大土地所有が進展し、これによって農民の階層分化が促進し、多くの農民が小作農へと転落することになった。いくつかの韓国歴史ドラマに、このように疲弊する農民もしくは小作農が登場するが、それは中央官僚と在地両班の無慈悲なおこないを浮き彫りにするためであり、一途に生産活動に従事する農民もしくは小作農への慈しみであったとも言えよう。

ただし『名家《ミョンガ》の娘ソヒ』（SBS、二〇〇四〜二〇〇五年、全五二話）では、良心的な在地両班のもとで生産活動に励む農民が描かれることになった。その代表は総じてイ・ヨンという農民であり、朝から夕方まで農地に出て働き、時には当主であるチェ・ソヒの相談にのったが、自らを理解しようとしない嫉妬深い妻に苦しめられることになり、時には町に出て酒を飲むことがしばしの楽しみであった。先にみた『商道―サンドー―』では、朝鮮人参を育てる農民が描かれた。朝鮮人参は自然に生息するものもあるが、多くは薬用植物として育てられた。朝鮮人参は朝鮮王朝において重要な物資として珍重されたため高価であり、中国との貿易によって商人は莫大な利益を得た。

常民である海女を描いたのが、『タムナ〜Love the Island』（MBC、二〇〇九年、全一六話）である。「タムナ」は漢字では「耽羅」と書く、済州島の古い言い方であり、独立した国家でもあった。ストーリーは一七世紀中頃に済州島に辿り着いた西洋人を、ソウ（瑞雨、一九八五〜）が演じるチャン・ボジンという海女が見つけて助けることから始まる。何といっても済州島の特産は海産物であるが、それを採る海女の日常生活が生き生きとユーモラスに描かれ、さきに紹介した『キム・マンドク〜美しき伝説の商人』でも、済州島の海女が描かれた。

5　社会から虐げを被った賤民

厳しい社会で自らの生き方を探る奴婢

韓国歴史ドラマは主として朝鮮王朝の政治と社会を描くが、必ずと言っていいほど登場するのが奴《ノ》婢《ビ》である。賤民《チョンミン》としての奴婢には所有者である中央官庁などの公的機関が所有して公的な仕事に従事させる官奴婢《クァンノビ》と両班《ヤンバン》などが所有者となって私的に働かせる私奴婢《サノビ》が存在したが、そのいずれもが公的機関と両班にとって不可欠な存在であった。したがって朝鮮王朝を舞台とした韓国歴史ドラマにおいて、奴婢が登場しない作品はほぼ存在しないと言っても過言ではなかろう。

まず奴婢を描いた代表的な作品として挙げられるのが、私も興味深く観ることになった『チュノ～推奴～』（ＫＢＳ、二〇一〇年、全二四話）である。これは逃亡した奴婢を追って捕まえる職業であるという推奴《チュノ》を題材とした、アクションが満載のフィクションを中心として構成された作品である。両班のイ・テギルは奴婢のオンニョンと恋仲になったが、自宅の火事によってオンニョンは逃げてしまった。やがてイ・テギルは推奴師としてオンニョンを探すことになるが、オンニョンは両班の娘に成りすまし、武官から奴婢となったソン・テハと結ばれ、この二人をイ・テギルが追うことになる。

この作品の背景には、一七世紀前半に清《しん》の朝鮮に対する戦争と圧迫によって社会が疲弊し、仁祖《インジョ》が息子の昭顕世子《ソヒョンセジャ》を死に至らしめる事件もあった。イ・テギルとソン・テハは激しく対抗するが、最後には昭顕世子の三男である李石堅《イソッキョン》を守るために協力して戦うようになる。また虐げられる奴婢たちが、平等な社会を実現するために連携して立ち上がり、それを利用する動きも描かれた。実に多様な勢力と個性が入り乱れて対抗しながらストーリーが展開されていき、そのアップテンポなスピード感とともに韓国歴史ドラマを堪能《たんのう》できる作品に仕上がっている。

この作品の演出を担当したクァク・ジョンファン（郭正煥、一九七二〜）は、『韓国歴史ドラマ秘話録』（ぴあ、二〇一三年）で「私が表現したかったのは、時代の矛盾と抑圧された秩序に体ひとつで抵抗した奴婢の肉体性です」（八六頁）と述べている。これを証するかのように、イ・テギルを演じたチャン・ヒョク（張赫、一九七六〜）とソン・テハを演じたオ・ジホ（呉智昊、一九七六〜）は鋼鉄のように極限まで体を鍛え上げ、実に見事なアクションを披露した。その対極として、二人に好かれる奴婢として生まれたオンニョンを演じたイ・ダヘ（李多海、一九八四〜）の愁いを帯びた美しさが光ることになった。

少し古い作品である『萬江《マンガン》』（SBS、一九九六年、全六三話）は両班と奴婢の息子が密《ひそ》かにすり替えられるが、奴婢となった両班の息子が厳しい人生を強いられながらも身分に束縛されることなく、自らの知恵と努力によって運命を切り開いていくというストーリーである。この作品は、英祖《ヨンジョ》の代である一七二五年に両班の青年が身分を偽って科挙《クァゴ》に合格したが、実際には奴婢の李萬江《イマンガン》であったという実在の人物をモデルとし、すり替えられたという設定やエピソードは基本的にフィクションであった。

この『萬江』と似た作品が、『チャクペ～相棒～』（ＭＢＣ、二〇一一年、全三二話）である。両班と奴婢の息子が密かにすり替えられるが、二人はすり替えられたことを知らないまま友情で結ばれるようになる。やがて一九世紀末期における一部の有力な両班による勢道政治の腐敗と社会の混乱によって、民衆は権力者の搾取と圧政に苦しめられるようになる。これを背景として奴婢となった青年が民衆反乱を担うようになり、両班となった正義感が溢《あふ》れる青年が友情の証から民衆反乱に協力するようになる。この作品では奴婢となった青年に関して白丁《ペクチョン》やカッパチ、物乞いが登場するなど、差別からの解放を願う多様な民衆の悲哀も描かれていて興味深い。

努力で身分を回復する女性の奴婢

奴婢は男性だけでなく女性も存在したが、それを描いたのが『茶母《タモ》』という原題をもつ『チェオクの剣』（ＭＢＣ、二〇〇三年、全一四話）である。茶母とは各種の官庁に所属する奴婢の女性であり、官員や訪問客に対して茶を出す仕事に従事していたが、朝鮮王朝の後期には各種の雑務に従事するようになった。『チェオクの剣』で描かれた茶母は捕盗庁《ポドチョン》に属し、女性も困難な犯罪の捜査を担当することにもなった。ハ・ジウォン（河智苑、一九七八～）が演じる茶母のチャン・チェオクは、その美しい容貌にもかかわらず危険を顧みない捜査を担当し、とりわけ雄大な自然を背景とした派手なワイヤーアクションを駆使した戦闘場面は、韓国歴史ドラマとしては実に新鮮であった。

近年において女性の奴婢を描いたのは、『オクニョ　運命の女《ひと》』（MBC、二〇一六年、全五一話）であった。監獄である典獄署《チョノクソ》で生まれたオクニョは典獄署の茶母となり、第一三代王の明宗《ミョンジョン》の母である文定大妃《ムンジョンテビ》に従う尹元衡《ユンウォンヒョン》と鄭蘭貞《チョンナンジョン》によって地方官庁の官奴婢に落とされ、そこから昭格署《ソギョンソ》の道流《トリュ》、商団の大行首《テヘンス》、弁護士である外知部《ウェジブ》などになっていく。結局のところオクニョは母である尚宮《サングン》が第一一代王の中宗《チュンジョン》から寵愛《ちょうあい》を受けた翁主《オンジュ》と呼ばれる庶子《ソジャ》の王女であったが、持ち前の努力と人脈によって自らの道を切り開くストーリーとなっている。

このほか奴婢としての扱いを受けた医女を描いた『宮廷女官チャングムの誓い』（MBC、二〇〇三～二〇〇四年、全五四話）をはじめ、朝鮮王朝の初期に両班の娘であったが、父が謀反の罪で処刑されたために奴婢に落とされ、奴婢として苦労しながら身分を回復していく姿を描いた『イニョプの道』（JTBC、二〇一四年、全二〇話）がある。また『トンイ』（MBC、二〇一〇年、全六〇話）では、掌楽《チャンア》院《グォン》＊の奴婢から第一九代王である粛宗《スクチョン》に見初められて側室にまで登りつめ、第二一代王である英祖の実母となる崔《チェ》氏が描かれた。

高度な技能によって生き抜く

朝鮮王朝を扱った韓国歴史ドラマでは、奴婢とともに妓生《キーセン》もしばしば登場する。妓生は賤民とされたが、その多くは官奴婢であった。多くの作品では高級な飲食店である妓房《キバン》で官僚や両班などの男性客を接待する妓生であるが、これは政治を描くことが多い韓国歴史ドラマにとって必要不可欠な存在であった。妓生は派手な髪型と衣装で着飾り、歌や踊りを披露するというよりも、男性の客に侍って酒を注ぐ場面が多く描かれた。とくに政敵から情報を得るために、妓生がスパイとして暗躍することも重要な役割として描かれることもあった。

これはドラマのうえでの設定であるが、実際には妓生の実像に近い姿を描いた作品は少なく、その意味において『ファン・ジニ』（ＫＢＳ、二〇〇六年、全二四話）は重要な作品である。この作品で描かれたのが、第一一代王である中宗《チュンジョン》の代である一五二〇年に進士《チンサ》の男性と開城《ケソン》の官奴婢である陳氏《チン》との間に生まれた、類《たぐい》まれな美貌を誇ったという黄真伊《ファンジニ》である。一五三五年に村の若者が黄真伊を恋い慕うあまりに病死し、それを知った彼女が妓生になることを決心して明月《ミョンウォル》を名乗ることになったという。

『ファン・ジニ』でのライバルとの対決や両班との悲恋などを盛り込んだストーリーの部分は、基本的にはフィクションである。しかし黄真伊が妓生の養成所である教房《キョバン》で師から歌や踊りなどを厳し

掌楽院　音楽に関する業務を担当した部署

く教えられて名妓となり、また妓生は文学的素養も必要とされたため、彼女が学者として尊敬された徐敬徳《ソキョンドク》らとの交流によって優れた女流詩人になったことは、基本的には歴史的事実に基づいている。この黄真伊を演じたのがハ・ジウォンであり、妓生が習得すべき華麗な舞踊や高度な楽器の演奏、優美な所作など難易度の高い演技を完璧にこなすことによって、二〇〇六年のKBS演技大賞を受賞することになった。

高い技能をもつ賤民を主人公として描いたもう一つの作品が、『張吉山 チャン・ギルサン』（SBS、二〇〇四年、全五〇話）である。洪吉童《ホンギルドン》と林巨正《イムコッチョン》とともに〝朝鮮王朝三大義賊〟と呼ばれている張吉山《チャンギルサン》は、第一九代王である粛宗の治世下に大道芸人である広大《クァンデ》として生まれた。しかし両班たちは派閥を形成して権力闘争に明け暮れ、これによって社会は極度に荒廃がもたらされ、民衆は苦しい生活を余儀なくされることになった。大道芸によって各地をまわることになった張吉山は、この惨憺《さんたん》たる状況に憤慨して一五八〇年代に黄海道《ファンヘド》や平安道《ピョンアンド》などに盗賊集団を率いて出没するようになった。

しかし張吉山は、単なる盗賊集団ではなかった。両班や有力な商人から奪った金品を民衆に配る義賊として知られるようになり、また予言書の『鄭鑑録《チョンガムノク》』に導かれて鄭の姓をもつ人物を擁立しようとしたとも言われている。危機を感じた中央政権はたびたび大規模な討伐隊を編成して張吉山を捕らえようとしたが、最後まで捕らえることができなかったという。ユ・オソン（劉五性、一九六六〜）が主役として熱演した『張吉山 チャン・ギルサン』は、差別社会を生き抜く広大の華麗なアクションや伝統芸能を堪能でき、また多様に存在する民衆の日常生活を描いた作品として重要であろう。

さらに朝鮮王朝において賤民と位置づけられていた僧侶も、『龍の涙』（ＫＢＳ、一九九六〜一九九八年、全一五九話）に登場して李成桂《イソンゲ》の師であった実在する無学大師《ムハクテサ》のように、しばしば韓国歴史ドラマで描かれた。朱子学が朝鮮王朝の国家原理になったことによって、仏教は排斥されることになったが、それでも仏教は民衆だけでなく両班においても心の拠《よ》り所として信仰されることが少なくなかった。したがって僧侶は時には人として生きる道を説いて尊敬を集める存在として、韓国歴史ドラマに登場することになった。またシャーマニズム的な土俗信仰を司る巫堂《ムダン》は邪悪な賤民とされたが、人びとの強い願望だけでなく激しい呪詛《じゅそ》の思いを叶《かな》える存在として、韓国歴史ドラマでは欠かせない存在であったと言えよう。

第三章　朝鮮王朝を生きた白丁

1　白丁に成りすました両班―『根の深い木―世宗大王の誓い―』

ハングル創製を描いた『根の深い木―世宗大王の誓い―』

『根の深い木―世宗《セジョン》大王の誓い―』（SBS、二〇一一年、全二四話）は、朝鮮王朝の第四代王であった世宗によって創製された〝偉大なる文字〟と呼ばれた訓民正音《フンミンジョンウム》、つまりハングルが成立するにあたって背後に隠された人間ドラマを描いた作品である。この作品はキム・ヨンヒョン（金榮眩、一九六六〜）とパク・サンヨン（朴商延、一九七二〜）が脚本を書き、チャン・テユ（張太維、一九七二〜）とシン・ギョンス（申景秀、一九七七〜）が演出を担当した。

主人公の世宗を名優との評判が高いハン・ソッキュ（韓石圭、一九六四〜）、世宗となる李祹《イド》の青年期をソン・ジュンギ（宋仲基、一九八五〜）、兼司僕《キョムサボク》＊の武官であるカン・チェユンをチャン・ヒョク（張赫、一九七六〜）、世宗に仕える女官のソイをシン・セギョン（申世炅、一九九〇〜）、白丁《ペクチョン》に成りすましたカリオンをユン・ジェムン（尹帝文、一九七〇〜）、内禁衛将《ネグミジャン》＊のムヒュルをチョ・ジヌン（趙震雄、一九七六〜）が演じた。なおカン・チェユンとソイという役は、もともとは奴婢《ノビ》であったという設定である。

タイトルの『根の深い木―世宗大王の誓い―』は、第三代王の太宗《テジョン》によって殺害された三峰《サンボン》の号をもつ鄭道伝《チョンドジョン》の言葉に由来するという。それは朝鮮王朝において王とは象徴であり、実際に政治を仕切るのは両班《ヤンバン》の士大夫《サデブ》と呼ばれる儒者、とくに朝鮮王朝の統治理念となった朱子学を学んだ官僚としての両班であり、王という「木」に対して、両班は力強い「深い根」となるべきであるという意味であった。しかし転じて「根の深い木」とは、ハングルを意味するようになった。

この作品の原作は二〇〇六年にイ・ジョンミョンが著した歴史ミステリー小説の『根の深い木』（邦訳は『景福宮《キョンボックン》の秘密コード―ハングルに秘められた世宗大王の誓い―』、二〇一一年）であり、韓国ではベストセラーになったという。原作では王宮内で起こる謎の殺人事件を捜査するカン・チェユンが、背後に文字創製という秘密計画に反対するチェ・マンリ（崔萬里）の存在に気付くというミステリーであった。しかし韓国歴史ドラマの『根の深い木―世宗大王の誓い―』ではミステリーの要素は薄められ、ハングルの創製に力を尽くす世宗の葛藤、密本《ミルボン》という秘密組織を率いるカリオンが白丁と成

兼司僕　騎兵を中心とした王を護衛する親衛軍で、賤民身分でもなることができた
内禁衛将　王の護衛を務めた内禁衛の統率者

りすましてハングルの創製を阻止しようとする動きなど、複雑な対立の構図を軸としたスリリングな人間模様に改編された。

ハングルの創製については世宗が中心であったことは知られているが、実のところ誰が協力して、どのような経過を辿ったのかなど具体的なことは、必ずしも明らかでない。そのためかハングルの創

『根の深い木―世宗大王の誓い―』主要登場人物

イ・シンジョク　右議政《ウィジョン》という重臣であり、密本《ミルボン》の一員として動くが、最終的にはチョン・ギジュンと袂を分かつ

イ・バンジ　若い頃のカン・チェユンに武芸を教えた師匠

カリオン　泮村《バンチョン》で白丁《ベクチョン》に成りすまして住んでいるが、チョン・ギジュンという両班《ヤンバン》であり、世宗《セジョン》と対立する密本の第三代首長である本元《ボンウォン》として暗躍する

カン・チェユン　奴婢《ノビ》として生まれたが、復讐を果たすために武芸を磨き、兼司僕《キョムサボク》の武官となり、世宗のハングル創製を手伝う

シム・ジョンス　集賢殿《チッピョンジョン》の直提学《チクチェハク》であり、密本の一員であるが、イ・シンジョクと対立する

世宗《セジョン》　第三代王である太宗《テジョン》の第三子であり、第四代王としてハングルの創製に力を注ぐ

ソイ　カン・チェユンと同じく奴婢として生まれ、宮廷の女官となって世宗のハングル創製を手伝う

チョ・マルセン（趙末生）　かつて第三代王である太宗の側近であり、朝廷の重臣として密本の正体を暴こうとする

ファン・ヒ（黄喜）　最高位の領議政《ヨンイジョン》として世宗を支える

ムヒュル　内禁衛将《ネグミジャン》として世宗を護衛する武官

製に焦点を当てた『根の深い木―世宗大王の誓い―』は、原作の小説より以上に興味深い作品として仕上がり、最高視聴率は約二三%を記録することになった。また二〇一一年のSBS演技大賞では『根の深い木―世宗大王の誓い―』が最優秀作品賞、ハン・ソッキュが大賞、シン・セギョンが優秀賞など、六部門で受賞することになった。

「泮村の白丁を宮殿内に入れるとは」

『根の深い木―世宗大王の誓い―』では、白丁として登場するカリオンを軸にストーリーが進んでいく。まず第二話では、泮村《パンチョン》が登場する。泮村とは成均館《ソンギュングァン》＊の学生に必要な全ての物資を揃えるためにつくられた村であり、王といえども容易に立ち入ることができない聖域であったとされる。そこでは学生に栄養をつけさせるという目的で、肉を捌《さば》いていたため白丁と見なされる泮人《パニン》も住んでいた。

第三話では、第三代王の太宗が世子《セジャ》として後に第四代王の世宗となる忠寧大君《チュンニョンテグン》の李祹に対して、チョン・ドジョン（鄭道伝）が生前に結成した密本という秘密結社が存在することを明かす。そして太

成均館　国立の最高教育機関で、寄宿生活を送りながら儒教に基づく政治理念を教え、科挙《クァゴ》の文科のうち、小《ソッ》科《クァ》に合格した者が入学を許され、卒業すると大科《テックァ》の受験資格をえることができた

宗は、ドジョンの弟であるチョン・ドグァンと、その子であるチョン・ギジュンを殺そうとするが、李禑は二人を助ける。第四話では、チョン・ドグァンはチョン・ギジュンに密本を継げという言葉を残して亡くなり、チョン・ギジュンは姿を隠す。

第五話では、第四代王となった世宗は集賢殿《チッピョンジョン》＊の学士《ハクサ》に対する殺人事件に関して検死役として高い能力をもっていた泮村のカリオンに会おうとする。しかし内禁衛将のムヒュルが「しかし、あの者は、泮村の白丁です」と言って止めようとする。それでも世宗がカリオンは検死役としての高い能力をもっていることを力説すると、内禁衛将のムヒュルは「白丁に会われて、捜査する必要など……」と言うが、世宗は聞く耳をもたない。

兼司僕の武官であるカン・チェユンは殺人事件の捜査を任され、泮村の屠畜場でカリオンに会う。そこでカン・チェユンの上司である副将の別監《ピョルガン》は、カリオンを「そいつが朝鮮最高の白丁で、検死では朝鮮最高の能力がある」「白丁ふぜいだが、媚《こ》び方は朝鮮最高だ」と紹介する。カン・チェユンは幼少の頃にはハンジ村にあった両班の家にいた奴婢のトルボクであり、父が死んだのは世宗に原因があるとして、密《ひそ》かに世宗の命を狙っている。世宗は、周りに知られないよう肉を届けに来たカリオンに検死の結果を聞こうと会う。しかし、かつて太宗の側近で朝廷の重鎮であるチョ・マルセン（趙末生）は世宗を容易に信用せず、カリオンに向かって「泮村の白丁を宮殿内に入れるとは」と世宗とカリオンを疑う。

「白丁が、なぜ王の命令を聞かない？」

第六話では、政権内で密本という秘密結社が再興されているのが明らかとなり、第七話では、密本の中心である本元《ポンウォン》がチョン・ギジュンであることも判明し、世宗は大きな衝撃を受ける。この頃、世宗は信頼の篤《あつ》い者を集めて秘密結社の天地契《チョンヂゲ》を組織し、その一部の者と密かに言語に関する研究をおこなう。しかし次々と天地契に集う同志である集賢殿の学士たちが殺されていき、第八話では、世宗は殺人が密本の仕業ではないかと疑うようになる。実のところ密本は密かに再興され、官僚や集賢殿などにも勢力を広げていたのである。

第九話では、世宗は天地契の一員であるソン・サンムン（成三問）とパク・ペンニョン（朴彭年）に対して朝鮮独自の新しい文字をつくっていることを明かして審査を任すが、このことは明《みん》を中心とした中華秩序から離脱するのではないかとソン・サンムンは悩む。また世宗はカン・チェユンに対して密本とチョン・ギジュンを調べるよう指示したため、カン・チェユンは怪しいと睨《にら》んだ泮村に住み、カリオンを疑うようになる。そして朝廷内の重鎮や密本のメンバーは、互いに牽制《けんせい》しながらも密本の本元が誰であるかを知ろうとする。とりわけチョ・マルセンは密本を警戒し、集賢殿の学士を脅した

集賢殿　世宗によって整備された研究機関で、多くの人材が育成・輩出された

刀を調べて「白丁のものだ」とつきとめる。

カン・チェユンは同僚から「その刀は、白丁が使っていたものだ」と聞かされ、もう一人の同僚も「都城《トソン》内に白丁は一人しかいない」と言う。そしてついにチョ・マルセンは「泮村の白丁、カリオンだな」と言ってカリオンを捕らえようとするが、逃げたカリオンをカン・チェユンが先に捕らえる。カリオンは「都城内に白丁は私だけです。正気なら、自分の刃物でやりますか?」と犯人は自分でないと言い、さらに逃げた理由を問われると「良人《ヤンイン》ではなく白丁です。白丁が義禁府《ウィグムブ》＊へ行けば、ただ死ぬだけです」と言い訳をしたため、カン・チェユンはカリオンが犯人でないことを確信する。

第一〇話では、カリオンは義禁府に捕まってしまうが、カン・チェユンは「カリオンは白丁ですが、検死の達人です。その人物が現場に自分の刀を残すと思いますか」と庇《かば》う。しかし結局のところ、犯人は集賢殿の学士であったことが判明する。カリオンを密本ではないかと疑った密本の一員である右議政《ウイジョン》＊のイ・シンジョクは、「お前は卑しい白丁だが、問題なく無事に生きてきた」と脅すが、逆にカリオンはイ・シンジョクに対して自らが密本の本元であるチョン・ギジュンだと明かす。

第一一話では、カリオンがチョン・ギジュンであることを知らない世宗がカリオンに肉料理を用意させて近くへ来いと命じ、カリオンは世宗にひれ伏して「私は白丁です。とんでもありません」と返すが、世宗は「その白丁が、なぜ王の命令を聞かない?」と叱りつける。そして世宗はカリオンに盃を向けて信義を守ってくれたので「私の盃を受けてくれ」と言い、カリオンは酒を飲み、世宗はカリオンに下した遺体の解剖という密命を確認する。

かたやカリオンがチョン・ギジュンであることを知った集賢殿の直提学《チクチョハク》であるシム・ジョンスは、チョン・ギジュンの側近で泮村を取り仕切る女の行首《ヘンス》に対し、「本当に、あの白丁が密本の本元、チョン・ギジュン様なのか？」「士大夫の養子でなく、なぜ白丁に？」と尋ねる。そしてカリオンは世宗の意図が分からないまま遺体を解剖し、これに世宗が立ち会う。

「白丁になったのは、士大夫の裏切りのせいです」

第一四話では、カリオンは手に入れた証拠と状況から考えて、世宗が何らかの新しい文字を創製していることを突きとめ、密本の総力をあげて朝廷と世間に公表して潰しにかかる。しかし世宗は殺人の背後に密本がいると感じつつも、まだカリオンが単なる白丁であると思い込み、彼が敵対する密本の本元であるチョン・ギジュンであることを知らない。また第一五話で、カン・チェユンも世宗への恨みを残しつつ、カリオンが単なる白丁であると思い込み、その正体を知らずに何かとカリオンに助けを求めてしまう。しかしカン・チェユンは幼馴染で世宗に仕える女官のソイの勧めで新しい文字を

内禁衛　王の護衛を務めた部署で、内禁衛将が統括する

右議政　国政の最高機関である議政府《ウィジョンブ》において、領議政《ヨンイジョン》と左議政《チャイジョン》に次ぐ地位

覚え、世宗の新しい文字の創製という意図を理解して、協力するようになる。

第一六話では、王権を制限する宰相総裁制をめぐって密本のなかでも意見が分かれ、なかにはチョン・ギジュンがカリオンとして白丁に身を隠していることを利用して、右議政のイ・シンジョクは「自ら白丁に身を落とされたので、黒幕として動くしかない。白丁が士大夫を率いられると思うか?」と言い、集賢殿のシム・ジョンスは「白丁になったのは、士大夫の裏切りのせいです」と擁護するが、このような状況をチョン・ギジュンはすでに見抜いている。かたやカン・チェユンは密本に近づき、チョン・ギジュンが誰であるかを暴こうとする。

そしてついに「ハンの奴」と呼ばれる者が、世宗が創製した新しい文字の秘密をつかんでチョン・ギジュンに報告し、チョン・ギジュンは「文字は武器だ」「士大夫が士大夫である理由は、両班家に生まれたなどの、そんな血統ではなく、文字を知るからだ」「それが士大夫の権力と力の根拠だ」との考えから新しい文字の公布を潰そうとする。この「ハンの奴」と呼ばれる者は泮村に住みついた没落した両班で、後に第七代王の世祖《セジョ》に仕える策士のハン・ミョンフェ（韓明澮）を意味している。

第一八話では、カリオンのもとに訪れたイ・バンジとカン・チェユンが久しぶりに会う。かつてイ・バンジはチョン・ドジョンの護衛をしていた剣の達人であったが罪人となり、カン・チェユンの武術についての師匠でもあった。カン・チェユンはカリオンの正体を知らず、イ・バンジにカリオンをどこで知ったかを尋ねると、イ・バンジは「長い放浪生活のなかで、知り合った白丁だ」と答える。第一九話では、ついに肉を焼くことを命じられたカリオンは面前で世宗に対して自らがチョン・ギジュンであることを明かすと、世宗は「チョン・ドジョンの一族が、白丁に身をやつしていたとは」と大いに驚き、チョン・ギジュンは「その屈辱を想像できるか」と問いかける。そして新しい文字の公布をめぐって、世宗とギジュンら密本との激しい対抗となる。そしてカリオンがチョン・ギジュンと知った領議政《ヨンイジョン》*のファン・ヒ（黄喜）さえも、「泮村の白丁が、密本の本元だったとは」と驚いてやまない。

第二三話では、世宗によってハングルが公布されることによって密本が崩壊の危機に直面すると、チョン・ギジュンは「壊滅状態の組織再編には、白丁まで身を落とし、二〇年以上かかった」と悔しがり、ハングルの公布を阻止して世宗を殺そうと企む。つまり白丁として生きるカリオンこそ、チョン・ドジョンの弟であるチョン・ドグァンの子、すなわちチョン・ドジョンの甥《おい》であるチョン・ギジュンであり、太宗に追われて泮村に逃げ込み、白丁として屠畜を営むカリオンという名前に変えていたのである。

領議政　国政の最高機関である議政府《ウィジョンブ》の最高官

2　白丁と両班との純愛──『オレンジ・マーマレード』

禁断の愛を描いた『オレンジ・マーマレード』

『オレンジ・マーマレード』（KBS、二〇一五年、全一二話）は、朝鮮王朝と現代社会という時代を超えて、人間と吸血鬼もしくは吸血族の意味をもつヴァンパイアが惹《ひ》かれ合うという愛の物語を描いたフィクションのファンタジー・ロマンスという特異な作品である。韓国では全一二話のうち、現代社会は第一話から第四話へ続き、朝鮮王朝の五話を挟んで、その後にまた現代社会の三話へと続いた。しかし日本では朝鮮王朝の五話から始まり、その後に現代社会の七話が続いたので、韓国と日本ではストーリー展開が異なっていた。

一七世紀の朝鮮王朝において、人間を支配しようとする吸血鬼と、人間との共存を望んで身を潜めて暮らす吸血族が対立していたとの設定である。今では国防省の大臣にあたる兵曹判書《ピョンジョパンソ》＊の一人息子であるチョン・ジェミンと文官の息子であるハン・シフという若い二人の両班《ヤンバン》が、実は吸血族であるが泮村《パンチョン》で白丁《ペクチョン》として住むマリという少女に恋するが、身分の壁は高かった。時は流れて四〇〇年後の現代社会、人間とヴァンパイアが共存する世界となった。ヴァンパイアであることを隠している高校生のマリは、転校先でチョン・ジェミンが気になり、ヴァンパイアとなったハン・シフは何かとマリを助けるようになる。

『オレンジ・マーマレード』は脚本をムン・ソサンが書き、演出はイ・ヒョンミン（李炯旻、一九六五〜）とチェ・ソンボムが担当した。この作品ではすべての登場人物が架空であり、チョン・ジェミンをヨ・ジング（呂珍九、一九九七〜）、ハン・シフを男性グループCNBLUEのイ・ジョンヒョン（李宗泫、一九九〇〜）、マリを女性グループAOAのソリョン（雪炫、一九九五〜）、ペク・マリの父で吸血族の長である白丁のペギをアン・ギルガン（安吉江、一九六六〜）が演じた。この作品の原作は同名の人気WEB漫画であり、どちらかというと若者を対象としていたことが関係してか、韓国では『オレンジ・マーマレード』は若者を中心として観られたと考えられ、また午後一一時二〇分からの放映であったことも手伝って最高視聴率は約五％にとどまったという。

「不届き者め、一介の白丁ごときが」

第一話は、一七世紀に平安北道《ピョンアンプクト》の江界《カンゲ》という清《しん》との国境付近で吸血鬼が人を襲う場面から始まり、すでに漢城《ハンソン》でも、吸血鬼は人を襲って跋扈《ばっこ》していたという。兵曹判書の息子で書物を好んでやまない

兵曹判書　武官の人事や国防などを担当した中央官庁の長官

『オレンジ・マーマレード』主要登場人物

ウォンサング　人間の血を主食とする吸血鬼の女性リーダーで吸血族と対立し、人間社会を支配しようと企む
チョ・アラ　都摠管《トチョングァン》の娘で、マリとの対抗心から吸血鬼に協力する
チョン・ジェミン　兵曹判書《ピョンジョパンソ》の息子で書物を愛し、白丁《ペクチョン》のマリに好意を寄せる
ハン・シフ　弘文館の長官の息子でチョン・ジェミンの友人であり、破天荒な行動をとる
ペギ　動物の血を主食とする吸血族のリーダーで、泮村《バンチョン》で屠畜を営む白丁でもあり、吸血鬼とは対立しながら、人間との共存を望む
マリ　ペギの娘で白丁として育ち、心優しく自然を愛する

物静かなチョン・ジェミンと弘文館《ホンムングァン》＊の長官の息子で行動が破天荒なハン・シフは成均館《ソンギュングァン》の学生であり、同室で生活しているのでいたって仲が良い。しかしチョン・ジェミンは、血を見ると気絶してしまうという弱点をもっていた。禁書によって吸血鬼に関心を抱いていたハン・シフは、成均館のためにつくられた泮村という賤民《チョンミン》らも住む村に隠れ家をもっていた。

泮村には、屠畜した牛などの血を主食としながら生活していた人びとがいた。毎日のように血を飲み、三日ごとに薬を飲まなければ太陽に当たることができなかった。彼らは自らを吸血族と呼び、人間と共生しながら独自の生活習慣を守っていた。そして人間の血を主食とする吸血鬼と反目していたため、その情報を官軍にも密《ひそ》かに流すほど、基本的には平和主義者であった。吸血族によると、清が

朝鮮王朝に侵略した一六三六年の丙子胡乱《ピョンジャホラン》も吸血鬼の仕業であったという。美と不老を求めて多くが通っていたという一種の医院もしくは美容院の花蛇院《ファサウォン》を拠点とする女性のウォンサングに率いられた吸血鬼は、北方の女真族《ヨジンジョク》を引き入れて朝鮮に内乱を起こし、人間から多量の血を吸い取ろうと画策していた。そして朝廷では、吸血鬼の動きに警戒する。

ある日、チョン・ジェミンはハン・シフを探すため、泮村の北にある林に行く。そこで出会ったのが笛を吹く娘であり、すぐさま惹かれて名前を知りたくなる。しかしチョン・ジェミンが戻ろうとすると毒蛇に足をかまれ、血を見て気絶してしまう。娘はチョン・ジェミンの足から管で毒を吸いとって吐き出し、ことなきを得る。娘は「この血……、これが人間の血なのね、人間の血」と思って吸血鬼になろうとするが、ハン・シフが現れたので娘は去る。娘は川の水で口をすすぎ、「私は吸血鬼じゃない。吸血族よ。私たちは決して人間の血を飲まない」と自分に言い聞かせる。

久しぶりに成均館で肉料理が出されたが、ほとんどの学生が急性胃腸炎になり、屠畜を生業《なりわい》としていた泮村の男が疑われる。男は泮村の掟《おきて》で罰せられようとし、そこへ心配した娘が「お父さん」と言って駆けつけたが、それを見たチョン・ジェミンは「白丁か。そなたは、白丁なのか」「よりによって、なぜ白丁なのだ」と驚きショックを受けてしまう。チョン・ジェミンは成均館の自室に帰っても

弘文館　蔵書管理や政治研究などを担当した中央官庁

「両班の娘でないことは、察しがついていた。だが、なぜ……」と思うが、正気になって「不届き者め、一介の白丁ごときが」と怒ってしまう。罰せられようとした男のペギは吸血族が主食とする動物の血を用意する頭であって屠畜を生業とし、その娘はマリという名であった。この作品でペギとマリを泮村の白丁としたのは、牛や豚などの血を手に入れるためには、屠畜に従事する白丁がふさわしいと考えたからであろう。

学生が急性胃腸炎になったのは成均館をから出て行こうとしていたハン・シフが飯に下剤を入れたからであったが、これをチョン・ジェミンが知ることになる。五日間も屋外につるされたペギを助けようと、マリはペギに血を飲ませようとしたものの見張りの者につかまるが、チョン・ジェミンが「その白丁は、無実だ」「私がやった」と言ってマリを助ける。ハン・シフは成均館の責任者である大司成《テサソン》に自らの仕業であることを告白して退学となり、友をかばったチョン・ジェミンは謹慎の意味で二カ月間の自宅修養を命じられる。

「白丁は人間を傷つけてはならないから」

チョン・ジェミンの父である兵曹判書は、都摠管《トチョングァン》＊の娘であるチョ・アラとの縁談をまとめようとする。血が苦手なチョン・ジェミンは無理して肉を食べようとするが食べられず、再び林へ向かったところマリと会って親しくなる。そして「そなたは、白丁だろう。気に障《さわ》ったか？」と問うが、マリは「いいえ。泮村に住み、父の生業が屠畜なので、確かに白丁です。本当のことですから」と素直に答える。さらにチョン・ジェミンが「生まれが恨めしくないのか」と問うと、マリは「人の身分に上下があるのは、仕方がありません。ですが、すべては気持ちのもちようです。貴い者も自らを卑しいと思えば卑しく、卑しい者も貴いと思えば貴いのです」と笑顔で答え、チョン・ジェミンは何も言えなくなる。

成均館を退学したハン・シフは、密かに格闘場で金を稼ぐようになる。夜道をマリが肉を持って歩いていると、出会った何人かの男が「血の匂いだ。やけに匂うと思ったら白丁か」と言って肉を奪おうとするが、マリは男たちの攻撃をかわし、そこを通りかかったハン・シフがマリを助ける。マリは立ち去るが、ハン・シフは「白丁か」とつぶやく。兵曹判書は息子のチョン・ジェミンとチョ・アラとの縁談を勧めるが、チョン・ジェミンはまだ早いと返答して気乗りがしない。チョン・ジェミンとハン・シフは隠れ家で話し合い、互いに想い人がいることを明かすが、それが同時にマリであることを二人は言わない。マリはチョン・ジェミンにとって、まさに「森の精霊だ」と言える存在であった。しかしチョン・ジェミンは、「こともあろうに白丁などに……。あの娘は、白丁だ」と自らに言い聞かせる。

都摠管　朝鮮の中央軍を統括した部署の長官

第二話では、ある夜に泮村近くを流れる橋の上で、何かと対立していた吸血鬼のウォンサングと吸血族のペギが会い、ウォンサングが「白丁ごときが、我々の邪魔立てを?」と問うが、ペギは「生き方は変えぬ」と答える。そして決闘となり、ペギはウォンサングの泮村への侵入を阻止する。チョ・アラは、美を求めて花蛇院に足を踏み入れる。そこでウォンサングから、施術の代わりに「礼儀知らずの娘に、貴賤の別を分からせてやって欲しいのです」「取るに足らぬ白丁の娘です」と頼まれる。その娘とは、ウォンサングが敵対するペギの娘であるマリであった。

マリはチョ・アラに呼びつけられ、奴婢《ノビ》である下女に髪飾りを付けられてチョ・アラの自室で待つ。それを知ったチョ・アラの母からは、「白丁の娘を部屋に通すわけがない。娘の髪飾りだ。白丁のくせに、死を覚悟しておろうな」と責められる。そこへ通りかかったハン・シフが現れ、マリを助けようとする。またチョン・ジェミンも現れるが、母は「白丁が部屋に入るとは」と言ったものだから、チョン・ジェミンは「白丁は獣も同然。人の真似をしても、しょせんは獣です。追い出してください。牛には牛舎、馬には厩《うまや》、豚には豚小屋があります。家に置いてはなりません。由緒正しい家格が、獣によって穢《けが》れます。一刻も早く追い出すべきかと」と言い、マリは家から追い出される。結果的にチョン・ジェミンはマリを救ったのであるが、マリはチョン・ジェミンの言葉にショックを受ける。

ハン・シフはマリを追いかけ、かつて襲った相手を傷つけずにかわした理由を聞いたところ、マリは「白丁は人間を傷つけてはならないから」と言う。しかしハン・シフは武術の心得のあるマリと決闘を始め、それが終わるとハン・シフは自らが成均館での急性胃腸炎の原因であることを明かす。一方、ウォンサングはチョ・アラに対して、「いくら無知な白丁でも、思い知ったでしょう」と感謝の言葉を述べる。チョ・アラの家でマリを傷つけたチョン・ジェミンはマリのもとへ行って「すまない。誠に、すまなかった」と謝り、それをマリも受け入れて再び話をするようになり、チョン・ジェミンは自然の真理を究めようとするマリに惹かれていく。これを知ったチョン・ジェミンの乳母は、ジェミンは婚礼が近いからマリが会わないよう父のペギに頼み、これを聞いたマリは落ち込んでしまう。そしてチョン・ジェミンは父から押しつけられようとした政略結婚を回避するため、血への恐怖を克服して武官の試験に合格するため武術に励むようになる。

さらにマリを追いつめようとしたチョ・アラはチョン・ジェミンの家にマリを呼びつけるが、マリは下男が杖《つえ》で足をひっかけたので倒れてしまう。それをマリが下男に問うと、下男は「白丁のくせに」と言い返して、マリの服を破ってしまう。そこにチョン・ジェミンが現れて乳母もいる前でマリに自らの服をかぶせるが、マリは「私のような白丁に、どうして両班の服をまとえましょうか」と言って去ろうとする。しかしチョン・ジェミンはマリを追いかけて服をかぶせ、「私を通り過ぎるな」と強く言って庇《かば》う。

「たとえ人が白丁と言おうが、私には人間だ」

第三話では、兵曹判書は息子のチョン・ジェミンに対して、「白丁だと？　婚姻を拒んだのは、そのためか？」「よりによって白丁だと？」と責め、マリの両親を捕らえたうえで殺し、それが嫌なら「あの白丁の娘を、見せ物にする」と脅す。そこでチョン・ジェミンはマリへの思いを断ち切り、今後は会わないと約束せざるを得ない。またハン・シフからも、好いた娘の名前を言えなかったのは「白丁だから？」と言われてしまう。それでもチョン・ジェミンは武術に励み、マリとも会って、「私が白丁を獣同然だと侮辱したとき、なぜか分からぬが心が痛むと、そなたは言った」とマリが本心では自らを慕っているのではないかと問う。しかしマリが「白丁と関わって、問題になったら？　もうすぐ、婚礼なのに」と否定するが、チョン・ジェミンはチョ・アラとは婚礼はしないと返す。

マリは愛を確かめるようにチョン・ジェミンに会い、ジェミンも愛の証としてはマリに髪飾りを渡すが、マリは「白丁は髪飾りを付けられません」と言う。ところがチョン・ジェミンは「私の妻になれば」と自らの思いを伝えるが、マリは吸血族であることを心配して「私は人間ではなく……」と言いかけるものの、ジェミンは「人間だ。たとえ人が白丁と言おうが、私には人間だ」「卑しくなどない」と言い、マリはジェミンのキスを受け容れる。

一方、ハン・シフは兵曹判書から命じられ、吸血鬼を捕らえることに必死となる。そして吸血鬼の一人を捕らえるが、吸血鬼を率いるウォンサングは自らの正体を知られまいとしてハン・シフを殺そうとする。しかし兵曹判書は吸血鬼が銀を嫌うことから銀で武装した銀血司《ウンヒョルサ》という秘密の軍団を組織し、そこにハン・シフも参加して吸血鬼を捕らえようとする。かたやチョン・ジェミンはチョ・アラに、好きな娘がいるので結婚の意思がないことを伝えるが、チョ・アラから「その娘は、先日の白丁ですか?」と問われる。怒ったチョ・アラは吸血鬼のウォンサングに協力し、その代わりにマリを殺してくれと頼む。しかし吸血鬼の部下が吸血族と戦いになることを恐れるが、ウォンサングは「白丁が災難に遭《あ》おうと、誰も不審に思わぬ」と言い放つ。

そしてマリは吸血鬼に襲われ、通りかかったハン・シフに助けられるが気絶し、そこへ偶然にもチョン・ジェミンも駆けつける。第四話となり、チョン・ジェミンはハン・シフもマリを慕っていることを確認する。チョン・ジェミンはマリを妻に迎え入れると言うが、ハン・シフは「白丁を妻に?お前が?」と言い、それまでマリが安全に過ごせるかと案じる。

「白丁ゆえ、余計に憎んだ」

マリの父であるペギは、マリが気絶したのは吸血族の弱点を知っている吸血鬼のウォンサングの仕業であると確信する。兵曹判書やハン・シフらは吸血鬼の巣窟と見なした妓房《キバン》のサンチュン楼を拠点とする、奴婢集団による反社会的な暴力組織である剣契《コムゲ》を襲うが、そこへウォンサングらが剣契に加勢し、ハン・シフはウォンサングから血を吸われてしまう。ハン・シフは一命をとりとめたが、別の吸血鬼に襲われそうになり、そこに駆け付けたチョン・ジェミンとともに戦う。しかしハン・シフは気を失い、血の恐怖を克服したチョン・ジェミンは吸血鬼に関心をもち始め、ハン・シフが読んでいた『吸血鬼談』と『続 吸血鬼談』を読み、ハン・シフが助かるためには吸血鬼の血を飲むしかないことを知る。そして吸血鬼の血を手に入れるため、チョン・ジェミンは銀血司に加わることを決意し、死をも悟ってマリには結婚するとの約束は守れないから二度と会わないと言う。

『吸血鬼談』と『続 吸血鬼談』を執筆したのは吸血族の一人であり、そのことが吸血族の集まりで問題となる。またペギは白丁の刀を誰かに盗まれたと言い、吸血族に迫っている危険を察知する。かたや吸血鬼のウォンサングは、身ごもっている王妃から生まれてくる子どもを吸血鬼に引き入れようと企む。そのためにチョ・アラはウォンサングから、泮村に住む白丁のペギをおびき出すよう脅される。死ぬことを悟ったハン・シフはマリのもとに行くが、マリは自らの血を気を失ったハン・シフに飲ませて命を助ける。しかしハン・シフは助かったことを不審に思ってマリに吸血鬼かと尋ねるが、マリは何も答えない。チョ・アラもウォンサングから脅されて自責の念から首を吊《っ》ろうとするが、チョン・ジェミンに止められる。

第五話では、チョン・ジェミンはペギによってマリらが吸血族であることを知らされ、吸血鬼と吸血族の区別もつかず、血を吸うというだけで衝撃を受け、マリを「魔物」「吸血鬼」「おぞましい連中」と呼んで傷つけてしまい、マリも恨んでいると返す。そして王妃が吸血鬼にさらわれて花蛇院に連行されるが、それを知らない王は怒り、兵曹判書らは王妃を探そうとして「残る手がかりは、白丁の牛刀です」との見込みをつける。

またチョ・アラはマリに対する行為の数々を謝り、本来の自分を取り戻したいとして「白丁ゆえ、余計に憎んだ」と告白する。しかしマリも王妃の出産を助けるため吸血鬼にさらわれ、王妃と同じ場所に閉じ込められてしまう。そしてチョン・ジェミンはチョ・アラからマリが吸血鬼にさらわれたことを教えられて一人で花蛇院に乗り込み、ハン・シフも駆けつける。また娘のマリをさらわれた吸血族のペギも吸血鬼とは共存できないことを悟り、兵曹判書も王妃が花蛇院に閉じ込められていることを知って吸血鬼と対決しようとする。

ついにチョン・ジェミンをはじめ、ハン・シフ、吸血族、兵曹判書ら銀血司は個別に吸血鬼と戦って吸血鬼を壊滅させ、王妃とマリを救出する。チョン・ジェミンは吸血鬼と戦っている最中に首をかまれて重体となるが、マリから自らの血を飲まされて救われ、血を飲まなかったマリはチョン・ジェミンに抱かれて死んでしまう。そして吸血族のペギは王に呼ばれ、王妃を救った感謝の印として朝鮮王朝の正式な民となって共存するようになる。

3　カッパチと両班との交流―『王朝の暁―趙光祖伝―』

高潔な両班を描いた『王朝の暁―趙光祖伝―』

『王朝の暁―趙光祖伝―』（KBS、一九九六年、全五二話）は、朝鮮王朝の前期において朱子学に基づく理想的な政治と社会を目指して高潔な人生を歩んだ趙光祖《チョグァンジョ》を描いた作品である。趙光祖は一四八二年に漢陽《ハニャン》で生まれ、高麗《コリョ》王朝末の高名な儒学者であった鄭夢周《チョンモンジュ》の伝統を引き継いで朝鮮朱子学を発展させ、自ら提唱した道学政治を推進しようとした政治家であった。

第一〇代王の燕山君《ヨンサングン》が王位から引きずり下ろされた中宗反正《チュンジョンパンジョン》によって第一一代王に中宗が王位に就いたが、実権は中宗を担いだ功臣勢力に握られていた。この功臣勢力を封じ込めるために中宗は趙光祖を登用し、中宗の信任を得た趙光祖は次々と政治改革を実施し、司憲府《サホンブ》＊の長官である大司憲《テサホン》にまで登りつめた。しかし趙光祖の急進的な政治改革は功臣勢力との対立を生んだため、趙光祖は中宗の信任を失って失脚し、一五一九年には三七歳という若さで獄死することになった。

この作品はチョン・ハヨン（一九四四～）によって脚本が書かれ、オム・ギベクが演出した。また主なキャストでは、チョ・グァンジョ（趙光祖）をユ・ドングン（劉東根、一九五六～）、中宗をイ・ジヌ（李珍雨、一九六九～）、チョ・グァンジョの妻であるイ氏をホン・リナ（洪利奈、一九六八～）、名前のない白丁《ペクチョン》としてのカッパチをイ・ビョンチョル（一九四九〜）、カッパチの息子であるドルセをキム・ドンス（一九七二〜）らが演じた。とくに『龍の涙』など多くの韓国歴史ドラマに出演する〝史劇のカリスマ〟や〝王様俳優〟と呼ばれるユ・ドングンは、さすがにカリスマ性が満ち溢《あふ》れる重厚な演技を披露することになった。

『王朝の暁―趙光祖伝―』では、チョ・グァンジョが出仕する前の理想と現実とのギャップに悩む時期から、急進的な政治改革に挫折して最期を迎える時期までが克明に描かれた。なかでも本書の趣旨と関係して重要なのは、チョ・グァンジョが出仕する前にカッパチ親子と親交を結び、カッパチを尊敬することさえ厭《いと》わなかったことであろう。これには朝鮮王朝における野史の記述が関係していると思われるが、ここにこそ趙光祖の理想主義を際立たせようとする意図が込められた圧巻の場面であるように私には思えてならない。

「賤民の子どもは不憫なもんです。生まれない方が幸せですよ」

まずは、チョ・グァンジョがカッパチと出会う経過を見ておくことにしよう。第五話で、高い理想と混乱した現実の狭間で悩んでいたチョ・グァンジョは、現実に対して容易な妥協を許さず理想を貫

司憲府　官吏の監察や弾劾を担当した中央官庁

『王朝の暁―趙光祖伝―』主要登場人物

アン・チャン　中人《チュンイン》身分の医師であり、チョ・グァンジョから尊敬される
カッパチ　名前はなく、チョ・グァンジョが尊敬する白丁《ペクチョン》の革靴職人
キム・シク（金湜）　チョ・グァンジョの同志で、潔癖な性格
中宗《チュンジョン》　第一一代王であり、当初は改革に熱心であるが、徐々に挫折する
チョ・グァンジョ（趙光祖）　清廉潔白な両班《ヤンバン》でカッパチをも尊敬し、理想主義的な政治を目指す
チョソン　チョ・グァンジョを慕う妓生《キーセン》
ドルセ　名前のないカッパチの息子で、チョ・グァンジョを慕う
パク・フン（朴薫）　チョ・グァンジョの同志として、行動をともにする

く同志のキム・シク（金湜）が籠もっていた山から下り、疫病に罹《かか》って死にかけている女性を、疫病に罹った人びとを看病していた場所に連れて行く。この女性は後にチョ・グァンジョを慕いつつ妓生《キーセン》となり、また第一〇代王の燕山君を廃した中宗反正の功臣の一人であったホン・ギョンジュ（洪景舟）の愛妾《あいしょう》となるが、陰では密《ひそ》かにチョ・グァンジョを助けようとするチョソンであった。

　このチョソンが一命をとりとめたのは、自らの意思で疫病に罹った人びとを助けていた名前のないカッパチが介抱したからであった。現実に疎い理想主義の両班《ヤンバン》であったチョ・グァンジョは自らの非力を悟り、人びとを助ける喜びを知る。しかしチョ・グァンジョは自らが疫病に罹ってしまい、疫病

から脱したチョソンの介抱を受ける。第六話では、チョソンの手厚い介抱の甲斐あってチョ・グァンジョは助かるが、寝込んだままの状態になる。しかし官軍はカッパチが疫病に罹った人びとを助けていた場所を疫病の蔓延《まんえん》を防ぐため焼き払おうとしたので、ふたたびチョ・グァンジョは危機に陥ってしまう。そこでカッパチが機転を利かし、チョ・グァンジョとチョソンを脱出させる。チョ・グァンジョは自宅に戻って静養に努めるが、官軍が民衆を殺す場面を思い出し、現実の悲しさを嘆くしかない。回復したチョ・グァンジョは、カッパチを訪ねて礼を述べる。

第七話では、カッパチらが住む山深い所に藁葺《わらぶき》屋根が寄せあう賤民《チョンミン》村が描かれる。チョ・グァンジョはカッパチの紹介によって、村に来ていた男寺党《ナムサダン》の芸を見る。男寺党とは春から秋にかけて地方の村々をまわりながら芸を披露して生計を立て、家をもたないため、冬にはカッパチらと村で暮らす放浪の芸人集団であったという。チョ・グァンジョが「なぜ人里を離れて暮らすのだ?」と聞くと、カッパチは「俺たち賤民は獣と同じなんです。人間の村で暮らす獣なんていませんよ。賤民は奴婢《ノビ》にも劣るんです。牛をつぶす白丁や皮を扱うカッパチ、芸を売る芸人たちも俺達と同類なんです。どこへ行くにも、人通りの少ない道をうつむきながら歩くんです。誰かと目が合おうものなら、その場で殴られちまう。賤民を殺しても、罪には問われません。動物を殺すのを、殺人とは言えませんからね」と答える。

さらにチョ・グァンジョが「髷《まげ》を結っている者が見当たらないが、既婚者がいないのでは?」と問うと、カッパチは「賤民は髷を結ってはならぬと、国の法律で禁じられていましてね。子どもができた場合に限り、髷が許されているんです。それも娘ではなく、息子でなければならないんです」と笑いながら答える。またカッパチは息子のドルセをチョ・グァンジョに引き合わせ、「賤民の子どもは不憫《ふびん》なもんです。生まれない方が幸せですよ」とも言うが、チョ・グァンジョはドルセの手を取って「父上とは親しい仲だ。私には普通に接して構わぬ」と返し、親子を喜ばせる。

「白丁がいなければ、牛皮も取れない」

冬の寒い川でドルセが皮を洗って干していると、チョ・グァンジョはドルセに「父親がカッパチなのを憎んでおるのか?」と聞くと、ドルセは「そりゃ、両班よりは大変だけど、仕方ありません」と答える。さらにチョ・グァンジョが「学問は?」と問うと、ドルセは「賤民には学問など無縁ですよ。許されません」と言い、「牛をつぶしたら、白丁は内臓と尻尾をもらい、皮は俺たちカッパチがもらう。皮を鞣《なめ》して履物を作るんです。両班が履く革靴ですよ。両班の革靴が傷んだら、また牛をつぶす。白丁がいなければ、牛皮も取れない。そうなれば、俺たちカッパチは商売あがったりです」とも付け加え、チョ・グァンジョを感心させる。

父親のカッパチがチョ・グァンジョに鶏肉を差し出して「先生とは身分が違います。両班と食膳を共にするなど、滅相もございません」と言うと、チョ・グァンジョは「あなたたちが、獣だとでも言いたいのですか？　私の前では、そんなことを言わないでくれ」と返すが、それでも父親のカッパチは「先生がカッパチの家で一晩過ごされるだけでも、ご法度なんです。お上に知れたら、殺されます。ましてや食膳を共にするなんて」と言う。

そこでチョ・グァンジョは膳を横において正座し、「いくら学問を追究しても、満足する答えは得られなかった。そんな私を、あなたは救ってくれた。親からもらった大切な命を助けてくれたばかりか、私に真理を教えてくれた。私は新たに生まれ変わった。私は一から学ぼうと思う。確かに、あなたは賤民だが、疫病に苦しむ者たちを救うため、誠心誠意を尽くしました。何の見返りも求めずに。あなたには仁徳がある。同時に、あなたは死をも恐れない勇気を備えている。あなたは儒教で唱える義勇を実践して、私に見せてくれた。これぞ私が求めていたもの」と礼を述べ、友人としての契《ちぎ》りを結ぶ。

ドルセがチョ・グァンジョを家の近くまで見送り、帰ろうとしたドルセに民衆は「賤民が何しに来た」「この野郎」「とっとと失せろ」と言って石を投げつけるが、チョ・グァンジョは見ているしかない。これを受けたナレーションでは芸能の場面を映しながら、「賤民は役人の許可なしに常民《サンミン》の村には入れなかった。賤民だけに課せられた法律である。ゆえに彼らは集落を築き、独自の生活を営んだ。今に伝わる民俗芸術は、彼らの生活の産物である。何とも皮肉な話ではないか。ドン底から生まれた民俗芸術。それは虚飾や偽りを知らない人びとの魂の表現であった。趙光祖は、その生活を目撃した」と述べられる。

チョ・グァンジョは、カッパチ親子に会うため賤民村へ足繁く通うようになる。貞淑《ていしゅく》で心優しい妻は、「今日も賤民村へ？ 通うのは結構ですが、賤民村にお泊りになるのは……」と言う。するとチョ・グァンジョは「口出ししないでほしい」とたしなめるが、それでも妻は心配して「世間の目がありますし」と言うが、彼は家を出て行く。道すがら民衆が口々に「出て行け」「この野郎」「縁起でもねぇ」「立ちやがれ」「ふざけやがって」「この賤民が」「お前の来る場所じゃねぇ」「生意気な」「懲《こ》らしめてやれ」「良人《ヤンイン》の村に入るとは」「賤民が何しに来た」と言いながらドルセを殴っているのを見つけたチョ・グァンジョは、「やめないか。何てことをするのだ」と言って止める。

これをうけて第八話では、チョ・グァンジョはドルセを抱きかかえて民衆に「下がりなさい。この者は私の使用人だ。これ以上、手を出せば役所に訴えるぞ」と言うが、民衆の一人は「こいつは白丁だ」「賤民村から出てくるところを、この目で見た」と反論する。しかしチョ・グァンジョは「宴《うたげ》のため、白丁を呼びに行かせたのだ」と言ったものだから、仕方なく民衆も引き下がらざるを得ない。夕方になってチョ・グァンジョはドルセと宿屋に泊まろうと誘うが、ドルセは「賤民は絹を着ていても、匂いで分かります」と拒否して帰っていく。

「出生によって身分が決まるのは不条理だ」

翌日にカッパチの家に辿りついたチョ・グァンジョはカッパチに「先生は革靴を作るカッパチでしょう。それなのに疫病患者の治療に慣れておいでだ。どこで学ばれたのです？」と尋ねると、カッパチは「賤民は、もともと北方の遊牧民でした。あちこちを渡り歩きながら暮らすなかで、医術をはじめ多くの技術を学びました。白丁もそうです。ただの殺生ではありません。内臓や肉や骨を切り分けるのも、すべて立派な技術です。牛皮を剝《は》がし整えるのも難しいことです。広大《クァンデ》でも簡単な病気は治せます。賤民は医者にかかれないので、自分で治すしかないのです」と答える。広大とは男寺党と同じように、放浪して芸を見せる賤民であった。

またチョ・グァンジョが「それほどの技術がありながら、なぜ虐げられるのです？」と問うと、カッパチは「賤民の子は賤民にしかなれません。仕方のないことです。身分は生まれで決まるのですから」と答える。さらにチョ・グァンジョが「もし朝廷が才能ある賤民を重用するとしたら、どうなさいますか？」と言葉を重ねると、カッパチは「あり得ないことですよ」と答えるしかない。チョ・グァンジョがカッパチの家で典籍を見つけたように、自らは公言して自慢こそしないものの、実のところカッパチは密かに高い学識を有していた。

奴婢という制度を快く思わないチョ・グァンジョは、繰り返し妻に対して家に奴婢を置かないよう言う。そして家に来た同志のパク・フン（朴薫）に「生まれつき卑しい賤民などおらぬ。人の命は平等に尊いのだ。生まれつき人格の備わった両班はいない。学ばなければ両班も獣と同じだ。学んだ者は賤民であっても、身分を改められるのが道理だ。出生によって身分が決まるのは不条理だ。正しく学んでこそ、初めて人間と言えるはずだ」と力説する。

そこでパク・フンが「それを悟るために、賤民村に出入りを?」と問うと、チョ・グァンジョは「私が賤民村で学んだことは、学識者が必ず兼ね備えるべき〝謙遜〟だった。学ある者が陥りやすい穴は、〝思い上がり〟だ。学を得ても魂は成長しない。学識の高い者ほど、心の中は私欲で満ちている。私もそうだ。己の知識をひけらかし、世の中を冷ややかに見ていた。だが世の中とは何か? 答えは〝民〟だ。多くの民が苦しい暮らしをしている。私が学んだ学問が彼らを救えぬならば、何の意味もない」と言い切り、パク・フンも「その通り」と同意する。

さらに続けてチョ・グァンジョは「権力者は民心の動揺を恐れ、疫病で死にゆく者たちを町の外へ放り出した。彼らの命を救ったのは、白丁とカッパチだった。私が学んだ学問は、カッパチの人情より劣る。私は現実の世界に飛び込みたい。誤った世の中をぶち壊し、立て直したい。このまま本の世界にいたくないのだ」と力強く言うと、直視していたパク・フンは「何をためらうのです。その準備をしましょう」と奮起を促す。しかしチョ・グァンジョは、「どうやって? 本には何の力もない」とつぶやくしかない。つまりチョ・グァンジョは、まだ理想と現実との狭間に苦悩するしかなかった。

「賤民たちが踊る世の中に向かって、民が安らげる社会に」

第一五話では、ドルセが父の指示によってチョ・グァンジョの母のために薬草を届け、夫婦から泊まることを勧められる。しかしドルセは笑いながら、「三カ月は、家が臭くてたまりませんよ」と言って断る。ドルセは、なかなか消え去ることがない生皮の強い臭いを気遣ったのであろう。しかし薬草の名前も聞かないチョ・グァンジョを、妻は内心では疑ってしまったことを密かに反省するが、チョ・グァンジョはカッパチに会って薬草によって母が回復したと礼を言う。

第二五話では、チョ・グァンジョはパク・フンとともにアン・チャンという医員を訪ね、そこに薬草を納めにやってきたカッパチ親子も加わって親しく語り合う。その帰り道、チョ・グァンジョが「賤民は、人目に付けば袋叩きにされる。二人とも偉大なお方だ。私たちなど足元にも及ばぬ」と言うと、パク・フンは「付き合う相手では……」と言いかけたので、彼は「やめないか。私の師だぞ」とたしなめる。それでもパク・フンが「儒林《ユリム》の中心に立っている先輩が、彼らと付き合っていたら、また波紋が広がります」と言うと、チョ・グァンジョは黙ってしまう。チョ・グァンジョは中人《チュンイン》身分のアン医員とカッパチの二人を先生と言って尊敬していたので、自らの強い両班意識から低い身分の者と交わろうとしないパク・フンに対して強いて反論しようとは思わなかったのである。

第二七話で、チョ・グァンジョは中宗の計らいによって造紙署《チョジソ》＊の司紙《サジ》として、初めての官職に就

造紙署　紙の製造を担当した部署

く。この司紙とは従六品《チュンユクプム》であり、官僚としては低い地位であった。しかしチョ・グァンジョは中宗から信頼を寄せられ、中宗が「美しい世の中とは、どんな世界だ?」と問うたのに対して、「それは、賤民たちが踊れる社会です。賤民は獣にも劣る生活をしております。彼らは日中には道を歩けず、道で人に会うと、鼠《ねずみ》のように身を隠します。そんな彼らを人間と呼べるでしょうか? 王様。彼らが踊れるということは、民の心が豊かな証拠。たとえ食糧が不足しても、民は不満も言わず、安心して眠るでしょう」と答える。ここでいう賤民とは奴婢は含まれず、もっぱら白丁やカッパチ、広大などを指していたのは確かであろう。

これを受けて中宗が気遣って一応は「その道を進んでみよう。賤民たちが踊る世の中に向かって、民が安らげる社会に」と述べたのに対し、これを真にうけたチョ・グァンジョは「私はこれ以上、望むものはありません。私は王様のために、死ぬ覚悟で臨みます」と決意する。これをチョ・グァンジョは官僚を養成する大学にあたる成均館《ソンギュングァン》の学生たちに伝えるが、学生たちは賤民のことなど何も理解せずに儒学の原則と儒林の利益と出世ばかりに執着する。

これにチョ・グァンジョは嘆き怒り、学生たちを鍛え直すことに意を決するしかない。またチョ・グァンジョは中宗に対して今までの科挙《クァゴ》が家柄と血統を重視する両班の特権になっていると批判し、賢良科《ヒョルリャングァ》を設置して身分を問わず人物本位で優秀な人材を選ぶ科挙を実施するよう進言する。そしてチョ・グァンジョは、中宗の信任を得ながら朱子学を基本とした自らが提唱する道学政治という理念に基づいて、理想主義的な政治改革を急進的に実現しようとする。

4　娘のために殺人を犯した白丁――『新・別巡検』

科学捜査官を描いた『新・別巡検』

『新・別巡検《べつじゅんけん》』（ＭＢＣ every-one、二〇〇七年、全二〇話）は、二〇〇五年から二〇一〇年まで五作品が続いた「別巡検」シリーズの一作品であり、一話ごとにストーリーが完結するという特徴をもっている。いずれの作品も犯人を捜すサスペンスドラマであり、当初の二作品では地上波の短編として放映されたが、後の三作品ではキャストを変えてケーブルテレビで全二〇話として放映されることになった。サスペンスドラマが韓国では人気を得ないと言われているなかで、この「別巡検」シリーズはユニークなドラマとして高い人気を得ることになった。

タイトルとなった『新・別巡検』の「別巡検《ピュルスンゴム》」とは、通常の犯罪捜査を担当する巡検《スンゴム》とは別に組織された、現在の鑑識官に相当する科学捜査にあたる特別な捜査隊のことである。一八九四年の甲午改革によって、警察業務を担当する従来の捕盗庁《ポドチョン》が新たに警務庁《キョンムチョン》へと再編された。この警務庁のなか

『新・別巡検』主要登場人物

カン・スンジョ　別巡検《ビュルスンゴム》のリーダーとして、捜査の指揮をとる
チェ参判《チャムパン》　中央官庁の次官で、白丁《ペクチョン》の長老が捨てた娘を育てる
チルガプ　白丁の長老を慕う若い白丁で、チェ参判の娘と恋仲になる
ヒョンギ　素行が良くない両班《ヤンバン》で、白丁の女性を差別したことから、殺人犯に間違えられる
白丁の長老　チョンという屠畜を生業とする白丁であり、娘を思って殺人を犯す
ヨ・ジン　別巡検の茶母《タモ》として捜査にあたる

で通常の捜査は巡検が担当したが、巡検のように制服を着用せずに情報収拾や探偵業務などに従事する特別なチーム、すなわち現在で言えば私服警官のことを別巡検と呼ぶことになった。したがって別巡検とは、実のところは『新・別巡検』で描かれたような科学捜査に従事する鑑識官ではなかった。

この作品は韓国では、あまり名前を知られていないチョン・ユンジョン、ファン・ヘリョン、ヤン・ジナの三人が脚本を書き、イ・スンヨンとキム・ビョンスが演出を担当した。別巡検に関係したキャストでは、リーダーのカン・スンジョをリュ・スンニョン（柳承龍、一九七〇〜）、実質的には奴《ノ》婢《ビ》である茶母《タモ》のヨ・ジンをパク・ヒョジュ（一九八二〜）、メンバーをオン・ジュワン（温朱莞、一九八三〜）とアン・ネサン（安内相、一九六四〜）らが演じた。『新・別巡検』の第一話では近代朝鮮での白《ペク》丁《チョン》をめぐる殺人事件が描かれているが、ここでは近代朝鮮の初期において差別を受けていた白丁の

切なる思いを表現した作品として見ていくことにしよう。

「白丁が、人間になろうとした代償です」

第一話は相撲の場面から始まるが、そこへ酔っぱらった両班《ヤンバン》の男であるヒョンギが現れる。ヒョンギは腰に赤い布を付けた若い女を見つけて手を取り、「おまえみたいな女が、ここで何をしている」と言い、円い土俵の中央に連れて行って馬乗りになる。そしてヒョンギは女の尻を叩いて「このアマ、前に進め」と言うが、女は泣きながら「なぜ、こんなことを？　やめて」と叫ぶしかない。するとヒョンギは観客を指さしながら「牛のくせに、人の言葉をしゃべっているぞ」と言うと観客はどっと笑い、一人は「ヒョンギ、白丁の乗り心地はどうだ？」と問う。そこでヒョンギは「牛の百倍はマシだ。催し物の最後は、白丁乗りに限る。違うか？」と返すと、一人が「言うまでもないことさ」と答えて観客の笑いが大きくなり、さらにヒョンギは女の尻を叩きながら、「さっさと前に進め」とせかす。

観客はチャングや鐘の音に合わせて土俵を回りながら踊りに興じ、ヒョンギは「進まないと日が暮れるぞ。本当にのろい牛だな」と勢いづくが、そこへ一人の青年であるチルガプが現れてヒョンギの手を摑《つか》んで引き倒して女を助ける。ヒョンギは刃物を取り出して「この白丁めが。煮て食ってやるぞ」と襲いかかり、チルガプは持っていた刃物で止めるが押し倒されてしまう。ヒョンギは「この野郎」と言ってチルガプと睨《にら》み合いになるが、これ以上は揉《も》めない。

同じ日、街中の通りに長い煙管《きせる》を口に咥《くわ》えた二人の男を先頭に一〇人くらいの集団が現れて歩いていると、両班と思しき二人の男は「性懲りもなく白丁が現れおった」「長生きするものじゃないな。煙管を持った白丁を見る羽目になる」「本当に世も末だな。小汚い格好をしおって」と会話する。こんどは他の常民《サンミン》らしき男が「あきれた奴らだ。あの煙管を見ろよ。俺の物より長い」と言うと、もう一人は男の頭を叩いて「おまえは、白丁にも劣るということだ。子分にしてもらえよ」と返すが、男は「何だと? 冗談じゃない」と言い、近くにあった石を拾って「生意気だぞ」と言いつつ白丁の集団に投げつける。石は先頭にいた白丁の長老に当たって額から血が出るが、男は「煙管が長くても、白丁は白丁だ」と言ったものだから、「よくやった」という者もいて周りがドッと沸く。しかし長老の男は、石を投げた男たちを睨みつける。白丁らが集団で煙管を口に咥えながら堂々と街中の通りを歩いたのは、一八九四年の甲午改革によって白丁という制度が廃止されたうえでの行動と思われる。

この翌日、白丁の若い女を助けたチルガプの家から、首から上がない死体が発見され、別巡検たちが検視する。そこに居合わせた警務庁の官吏は、「殺された青年は白丁のチルガプです」と報告し、チルガプが携帯していた名前や身分などが書かれた戸牌《ホペ》を別巡検の一人に渡す。別巡検たちは殺し方と死体を調べ上げるが、その調べ方は科学的かつ合理的である。そこへ一人が「なぶられていた白丁の女を、ヤツが助けたそうです」と報告したうえで、死体を指さして「立場の弱い白丁が、刃向かうなんて」と言い、別巡検の一人は「そんな白丁を、不快に思う者がいるようだ」と返す。

死体の近くには相撲場で白丁の女を侮辱したヒョンギの刀が発見され、連行されたヒョンギは「あの白丁の首を、俺が切り落とした？」と怒り、犯人は自分ではないと言う。別巡検らの前で死体を見たチョンという名前である白丁の長老は、チルガプを赤ん坊の頃から知っていて養子に迎え、かつて自分は子どもを捨てたことがあると言い、チルガプの死体にすがって悲しむ。そして茶母のヨ・ジンに額の傷を問われ、白丁の長老は「白丁が、人間になろうとした代償です」と言う。またヒョンギが白丁の長老を見て、「実にふざけた世の中だ。茶母や白丁をのさばらせておきながら、善良な民を捕まえやがって」と怒鳴るが、牢《ろう》にぶち込まれる。本格的な検視となり、死体にある七つの傷の一つのなかから読みが鋭い別巡検が胸の骨に刺さった刃先を発見し、チルガプの怨恨関係を調べることになる。

「白丁の婿はごめんだということか」

別巡検の一人は飲み屋の女からチルガプのことを聞かされ、「白丁が読み書きだと？」と感心する。違う別巡検の一人は、肉を捌《さば》く白丁の男からチルガプが「虐げられる白丁を、放っておけない性格だから、狙われて当然です」「カン・ジャンスという、ごろつきがいます。あくどい奴です。白丁のことになると、目を獣のように光らせる。すぐ弓を放つと脅すし」とも聞かされる。白丁の長老は「喪《サン》輿《ヨ》に乗った白丁をご存知ですか。白丁に喪輿など分不相応。しかし、ある白丁が〝逝く時は、喪輿に乗りたい〟と、だから仲間内で何とか喪輿を用意したのですが」と言う。

かたやカン・ジャンスが「白丁の葬送なんか、板切れ一枚で十分だろ、壊せ」と言い、手下の多くは白丁が用意した喪輿を壊し、さらに「白丁の分際で、今度、こんな真似をしてみろ、その時は、葬送すらできないようにしてやるぜ」とまで脅していたことが判明する。そしてカン・ジャンスの家から刃先のない刃物が発見され、人相書きが貼られたため、民衆は「白丁チルガプ殺人犯が判明したぞ」と言い合う。

しかし別巡検の一人はチルガプの死体と思っていたのがカン・ジャンスの死体であることを突きとめ、またジャンスの頭も見つけ、ジャンスを殺したのがチルガプであると推測する。そこでチルガプを罠《わな》にはめて捕らえようとするが、実際に捕まえたのは白丁の長老であった。別巡検の一人は死体がチルガプだと断言していた白丁の長老に向かって、「あれが白丁の手？ ならチルガプは、白丁なのかすら怪しいな」と責めてチルガプの居場所を問うが、彼は答えない。そこで科学的な鑑識によって、白丁の長老の家から殺人に関係した可能性のある証拠を探し出す。また白丁の長老が屋敷を覗《のぞ》いていた、中央官庁の次官にあたるチェ参判《チャムパン》家の口のきけない娘が、事件の当日に恋仲のチルガプと駆け落ちする予定であったことが判明し、別巡検の一人は「白丁のチルガプがお嬢様と恋に落ちたってことか」と驚く。

一人の別巡検が白丁の長老に対して家からチルガプと思われる血の付いた足跡があったことを知らせると、白丁の長老は「白丁の家に、血の足跡があるのは当然です」と言う。そこで別巡検の一人は「白丁が人間として扱われないのは、人を牛や豚のように気安く殺すからだ」と叱るが、白丁の長老は別巡検らを睨みつける。別巡検のリーダーであるカン・スンジョは上司から「白丁相手に、手こずりすぎだ」と警務庁の内部で自らに批判が起こっていることを知らされ、プレッシャーをかけられる。

そしてついに別巡検たちはチェ参判家の娘が白丁の長老が捨てた子であることを突きとめ、白丁の長老が娘とチルガプを一緒にさせないために、チルガプを殺したことを明らかにする。そして追及された白丁の長老は、娘が生まれて「家畜以下にさせたくなかった。せめて尼になれば人に蔑まれることはない」と思って娘を寺に捨てたが、偶然にチェ参判の妻に拾われて育てられたので「とても白丁の娘だと思えなかった」と振り返る。そして白丁の長老は娘とチルガプは白丁の血をひくために二人が結びつくことを恐れ、チルガプを殺したことが明らかになる。

チルガプの遺体を納めた立派な棺《ひつぎ》を担ぎながら、白丁の集団が橋を渡っていく場面に移る。ことの経緯を聞き及んだ、知らずに白丁の娘を引き取ったチェ参判が静かに見ていると、別巡検のリーダーであるカン・スンジョは「人としての待遇を求めていた老人が、額の傷も癒えないうちに悪行に及ぶとは。白丁の婿はごめんだということか」と言うが、チェ参判は納得したように「それが親心というものです」と言う。そしてカン・スンジョが「白丁の葬送を、なぜ、あんなに豪華に?」と問うと、チェ参判は「それもまた、親心というものです」と答える。この葬送をチェ参判の娘も近くの木の陰から涙を流しながら見ている場面で、ドラマは終わる。

5 朝鮮の独立を守ろうとした白丁ー『ミスター・サンシャイン』

近代朝鮮の運命を描いた『ミスター・サンシャイン』

『ミスター・サンシャイン』(tvN、二〇一八年、全二四話)は、韓国では放映された昨年の七月から九月まで大きな反響を呼んだ。韓国で放映された当初から、この作品に白丁《ペクチョン》が登場することなどを含めてネットで確認していたので早くに観たいと思っていたが、DVDになるまでは観ることができないと諦めていた。ところが観ることができる方法が分かり、例の如《ごと》くワクワクしてメモをとりながら観ることになったが、眼を離せないあまりの面白さにメモをとることが邪魔くささえ感じられるほどであった。その出来映えを評すれば、私が観た韓国歴史ドラマのなかでは十指に入り、そのなかでも上位にランクすることは確実である。

描かれた時期は、近代朝鮮の初頭である一八七一年から三・一独立運動が起こる一九一九年であるが、中心は日本の第一銀行が近代朝鮮に支店を設けた一九〇二年から第三次日韓協約＊が締結された一九〇七年まで、すなわち一八九七年に成立した大韓帝国の末期である。この時期は帝国日本による植民地支配の直前であり、朝鮮は独立をめぐって大きな危機にさらされていた。この危機に瀕《ひん》した朝鮮において、帝国日本とアメリカの思惑だけでなく、独立をめぐる複雑かつ錯綜《さくそう》した多様な動きを描いたのが『ミスター・サンシャイン』である。

この作品は、『太陽の末裔 Love Under The Sun』（KBS、二〇一六年、全一六話）と『トッケビ～君がくれた愛しい日々～』（tvN、二〇一六～二〇一七年、全一六話）という大ヒット作品を生みだした名コンビである、キム・ウンスクが脚本、イ・ウンボクが演出を担当した。主要なキャストは、奴《ノ》婢《ビ》に生まれてアメリカに行くが近代朝鮮に戻ってきた軍人のユジン・チョイを今や〝ハリウッド・スター〟のイ・ビョンホン（李炳憲、一九七〇～）、両班《ヤンバン》に生まれて義兵闘争を担う女性のコ・エシンをキム・テリ（金泰梨、一九九〇～）、白丁に生まれて日本で暮らしたが朝鮮に戻ってきたク・ドンメをユ・ヨンソク（柳演錫、一九八四～）、両班に生まれて日本に渡ったが朝鮮に戻ってきたキム・ヒソン

第三次日韓協約　帝国日本が大韓帝国の内政権を強制的にほぼ掌握し、また非公開の取り決めで韓国軍の解散と司法権・警察権の帝国日本への委任が定められた

『ミスター・サンシャイン』主要登場人物

イ・ワニク　もとは通訳官であったが、日本に協力する親日派となり、娘の工藤陽花《ひな》と対立する

キム・ヒソン　金持ちの両班《ヤンバン》の家に生まれ、日本への留学の後に朝鮮に戻り、コ・エシンを助けるようになる

工藤陽花　イ・ワニクの娘で本名はイ・ヤンファであり、父のイ・ワニクが殺した日本人の夫が残したグローリー・ホテルの支配人となる

ク・ドンメ　白丁《ペクチョン》に生まれたが、日本に渡った後に朝鮮に戻って武臣《ぶしん》会の漢城《ハンソン》支部長となり、コ・エシンを助けるようになる

コ・エシン　両班の娘として育つが、父母と同様に義兵闘争に起ち上り、ユジン・チョイと恋仲になる

コ・サホン　コ・エシンの祖父である有力な両班であり、孫娘のコ・エシンを心配する

高宗《コジョン》　第二六代王であり、日本をはじめとした列強から朝鮮の独立を守ろうとする

ファン・ウンサン　陶工であるが義兵闘争のリーダーでもあり、コ・エシンとともに朝鮮の独立を守ろうとする

森隆史　華族出身の軍人で、朝鮮を支配するために義兵闘争を潰そうとする

ユジン・チョイ　チョ・ユジンとして奴婢《ノビ》に生まれるが、アメリカに渡って軍人となり、朝鮮に戻ってコ・エシンと恋仲になる

をピョン・ヨハン（一九八六〜）、本名はイ・ヤンファであるが日本国籍をもつ工藤陽花《ひな》という女性をキム・ミンジョン（金珉廷、一九八二〜）らであり、この脇を陶工のファン・ウンサンを演じるキム・ガプス（金甲洙、一九五七〜）らベテランの俳優が固めた。

『ミスター・サンシャイン』はユジン・チョイとコ・エシンの切ない恋を軸として、それにク・ド

ンメとキム・ヒソン、工藤陽花らも絡むスリリングなストーリーが展開され、息をもつかせず最後まで緊張感が持続する作品である。とりわけ台詞《せりふ》の秀逸さは群を抜き、大きな違和感がない英語の使い方と言葉遊びは面白く、俳優らの日本語の台詞に対する並々ならぬ努力を感じさせる。また無理やりに可笑しいキャラをつくって笑わせるのではなくストーリーと台詞で洒落《しゃれ》た笑いを誘い、映画的な手法による綺麗《きれい》な映像も特徴的である。

私としては、くりくりとした大きい目と情熱的な厚い唇が特徴的で可愛くも色香を漂わせるキム・ミンジョンが出演することが嬉《うれ》しい。この作品は主として忠清南道《チュンチョンナムド》の論山《ロンサン》に一九〇〇年頃の近代朝鮮を再現したセット場で撮影され、ここは現在ではサンシャインランドとして公開されて人気を博しているという。また朝鮮王朝の雰囲気を醸し出す京畿道《キョンギド》の龍仁大長今テーマパーク《ヨンインテジャングム》（かつての龍仁ＭＢＣドラミア）もロケ地として使われたが、そこは私が三回も訪れた馴染みの場所であったので、場面によっては格別に懐かしかった。

この作品でとりわけ注目すべきは、ク・ドンメという人物であろう。「韓国時代劇完全ガイド２０１９」製作委員会編『韓国時代劇完全ガイド２０１９』（コスミック出版、二〇一九年）では、「屠殺を生業とする最下層の身分に生まれたドンメ。少年時代に危険なところを偶然通りかかったエシンに助けられるが、その時に発した言葉がエシンを深く傷つけたことを今も後悔している。その後ドンメは日本に渡り、殺陣《たて》を身につけ帰国する」（一二三頁）と説明されている。少年時代に受けた白丁に対する差別に憤り、絶えず二本の日本刀を和服の腰に差して殺気さえ感じさせるニヒルでアナーキーなク・ドンメは、一途な恋心を秘めてコ・エシンを助けようとしただけであったが、そのことが本人の主観的な意図とは別として、結果的には近代朝鮮の独立を守ろうとすることになる。

『ミスター・サンシャイン』は、韓国で初めて放映された七月七日から終了した一〇月二日まで大きな反響を呼び、以後も何かと話題に上っているという。そして年変わりの二〇一八年一二月三一日から二〇一九年一月一日にかけて開かれた二〇一八KBS演技大賞において、『一緒に暮らしましょうか?!』（KBS、二〇一八年、全五〇話）という韓国現代ドラマで大賞を受賞した、韓国歴史ドラマを象徴する俳優であるユ・ドングン（劉東根、一九五六〜）が、受賞のスピーチを次のように締めくくった。すなわち「『ミスター・サンシャイン』が羨ましく、そのドラマから義兵という言葉を学びました。視聴者の皆さんが熱い声援を送ってくだされば、大河ドラマが必ず復活すると、私は信じています。お願いします。助けて下さい」と絞り出すように訴えたように、あえて他局で放映された『ミスター・サンシャイン』を褒め称《たた》え、二〇一六年から途絶えていた大河ドラマシリーズとしての韓国歴史ドラマをKBSで復活させたいとの期待を述べたことは、私にとって大きな驚きであり、喜びでもあった。なお『ミスター・サンシャイン』のDVDはいずれ出される予定があるようなので、ぜひとも全体のストーリーを楽しんでいただきたい。

「白丁ごときが何しに来た。縁起でもない」

さて第一話では、一八七一年にアメリカが国交を求めて江華島《カンファド》で近代朝鮮と戦闘になる、いわゆる辛未洋擾《シンミヤンヨ》＊が描かれる。この時に江華島に住んでいた両班によって両親が殺された奴婢《ノビ》のチェ・ユジンは、この家から逃げ出す。そしてチェ・ユジンは陶工であるファン・ウンサンの家に辿り着き、彼から「お前は逃げ出した奴婢か白丁だろ」と疑われる。しかしチェ・ユジンは、ファン・ウンサンから託されたアメリカの宣教師の協力によって密《ひそ》かにアメリカの軍艦に乗り、ニューヨークに辿り着いて新たな苦難の人生を歩み出す。

時は二〇年以上も流れ、高宗《コジョン》三一年である一八九四年に甲午改革がおこなわれるが、一八九五年には閔妃《ミンビ》が日本人によって殺害されたために朝鮮は極度の危機に陥り、独立を守るために義兵闘争が起こってくる。第二話では、チェ・ユジンはユジン・チョイと名前を変えてアメリカ海兵隊に属する軍人となり、一八九八年に起こったアメリカとスペインとの間の戦争で功績をあげる。そして在日アメリカ公使館に勤務しながらも、日本に情報を売った大韓帝国政府の外交顧問でもあったアメリカ人外

辛未洋擾　一八七一年四月にアメリカ海兵隊が近代朝鮮との条約締結を企てて江華島を攻撃したが、朝鮮側は激しく抵抗して交渉を拒否したため、アメリカ海兵隊は五月に撤退した

交官を暗殺するため、大韓帝国にやってくる。

ユジン・チョイはアメリカ人外交官を狙撃しようとするが、同時に両班の名家であるコ・サホンの孫娘で、密かに朝鮮の独立を守るため義兵として立ち上がっていたコ・エシンもアメリカ人外交官を狙撃する。そしてユジン・チョイはアメリカ公使館の領事代理として捜査をすることになり、ユジン・チョイとコ・エシンは奇妙な関係を築くことになる。またユジン・チョイは、自らが定宿としていたグローリー・ホテルの支配人である工藤陽花を名乗る女性とも微妙な間柄となる。

彼女は本名をイ・ヤンファと言い、親日派である父のイ・ワニクを嫌いつつも、亡くなった日本人の夫との関係から工藤陽花を名乗っていた。ちなみに父のイ・ワニクは日本語の通訳から重臣にのし上がったが、もとは身分的には中人《チュンイン》であるという劣等感から高宗と両班を憎み、かつて在日朝鮮公使を務めた極度の親日派であることに関係して、日本人からは「李家《りのいえ》さん」と日本的な名前でも呼ばれていた。

第三話では、日本人のように着物姿をした浪人風のク・ドンメが、日本公使館がある南山《ナムサン》の北麓に位置する泥峴《チンコゲ》という日本人街の定宿で、喋ることができないホタルという女に対して、ゆっくりと「朝鮮には平民に土下座をしなければならない者がいる」と語る。そしてク・ドンメは、自らが子どもであった頃の姿が映し出されるのとともに「しかも、自分から話しかけることは許されない。そんな者がいる」と言い、「その者たちを、白丁と呼ぶ」と続ける。

映像は過去へとさかのぼり、三人の女たちが家の庭先で土下座していた母と息子に対して「白丁ごときが何しに来た。縁起でもない。お金をもらいにだと?」と言い、母が顔を上げて「肉のお代がまだです。ください」と返しても、一人の女が「顔を上げるなんて生意気な。こいつ、こうしてやる」とザルを投げつける。さらに他の女が「懲らしめて……」と言って殴りかかり、母は「やめてください」と女の手を取るが、他の女は「その手で触るな」と言って三人の女は母と息子を蹴りつける。そして母が「息子だけは蹴らないでください」と言っても、三人の女は蹴り続ける。この息子こそ、白丁のク・ドンメであった。

「親が白丁なだけで、俺は違う」

ク・ドンメは少年であった頃に黙々と肉を捌《さば》く父の姿を思い出しながら、「白丁は包丁を握りながら、誰一人斬れず、恥辱の日々を過ごすのだ」と振り返り、少年であった自分が父に向かって「何が白丁だ。俺は何なんだ。俺なんか、生まれてこなきゃよかった」と言ったことも思い出す。そして鬼の形相をした母から包丁を突き付けられて「出て行け、早く。死ぬなり盗賊になるなり、好きにしな。二度と現れるな。早く行け。白丁の息子なんて、身の毛がよだつ。さっさと消えろ。殺される前に」と凄まれて顔を切りつけられたものだから、彼は「ああ、出てってやるよ。死んでも戻るもんか。俺だって白丁の親なんか要らない」と捨て台詞を吐いて走り去る。あえて母はク・ドンメの将来を考えて追い出したのであるが、彼が去ってしまった後に泣き崩れてしまう。

ふたたび映像は定宿にいるク・ドンメの場面に切り替わり、彼は「朝鮮に戻って、すぐに明かした。「俺が逃げ出した白丁の息子だ」と。俺は父親と違い、どんなヤツも斬れる」と言い放ち、殺人をも厭《いと》わない武臣《ぶしん》会の漢城《ハンソン》支部を率いる腕が立つ浪人として日本から朝鮮に戻ってきたことを告白する。そしてク・ドンメは、少年の頃に母を侮辱した三人の女に復讐《ふくしゅう》を果たし、少年の頃に助けられたコ・エシンとの再会を果たす。またク・ドンメは武臣会が支配していた日本人街の泥峴でユジン・チョイと出会うが、二人は対立しないものの仲良くもならない。

第四話ではク・ドンメがコ・エシンと再会するが、コ・エシンを守ろうとした下女が「あの時の白丁ね」と言ったものだから、ク・ドンメは「親が白丁なだけで、俺は違う。刃物は握るが、牛や豚ではなく、別の物を斬っている」と言い返す。またク・ドンメはコ・エシンに「世の中、変わったんです。今、この朝鮮では皆、俺の顔をうかがう。だが、お嬢様の目には、いまだ卑しい白丁に映るか？」と聞くと、コ・エシンは「違うわ。私にとっては白丁ではなく、一人の民よ。私がどんな目をしていたか分からないが、私がそんな目で見たのは、白丁だからではなく、裏切り者だからよ」と否定する。この「裏切り者だからよ」とは、帝国日本に協力する武臣会に属していたことを指していた。

このことがあってク・ドンメとコ・エシンは、同時に幼い頃を思い出す。かつて駕籠《かご》に乗っていたコ・エシンは人が殴られる場面に遭遇し、下女が「どうやら白丁が、村人を殺したようです。その白丁夫婦が捕まり、この騒ぎに。息子は逃げました」と報告する。そこで隠れていた息子のク・ドンメを見つけたコ・エシンは彼を駕籠に乗せて助けるが、思いもかけず彼から「ぬくぬくと育ちやがって」と言われたため、コ・エシンは大きなショックを受けてしまう。それからというもの、ク・ドンメは何時でも自らが吐いた言葉が気になって仕方なく、日本へ帰って来たのも、自らの命を助けたコ・エシンへの密かな恋心からであった。

「朝鮮を救えたら、誰が暮らせる？　白丁は暮らせる？　奴婢は？」

帝国日本の近代朝鮮に対する圧迫が強まり、アメリカ人が朝鮮人の義兵に暗殺されたことを口実としてアメリカ軍も朝鮮に進駐するようになり、朝鮮の支配を狙っていたロシアも絡んで大韓帝国は国家としての存立が危うくなるという複雑な様相を呈する。このような状況に危機感を募らせた高宗と重臣は、それへの対応をめぐって苦慮する。また高宗は、国家を存続させるために上海《シャンハイ》の銀行に預けていた秘密資金の預金証書が行方不明になったため、大いに気を揉《も》むことになる。

キム・ヒソンはユジン・チョイの両親を死に追いやった大金持ちの両班の息子として生まれ、一〇年間の日本での放浪生活を経て近代朝鮮に帰ってくる。キム・ヒソンはコ・エシンの婚約者でもありキム・ヒソンは、ユジン・チョイやコ・エシン、ク・ドンメ、工藤陽花らと出会う。この独自の事情を抱えた五人は否が応でも朝鮮人であることを自覚せざるを得なくなり、結果的には朝鮮の危機を救おうとする各自の思惑が絡み、コ・エシンに対する三人の男の恋心を軸とした複雑な関係のストーリーが進行していく。

第六話では、ユジン・チョイはク・ドンメのことが気になって工藤陽花に聞くと、彼女は「白丁の息子だった頃から、話しましょうか?」と言うが、ユジン・チョイは武臣会のことに興味があると言う。第七話では、日本公使館に協力していたク・ドンメは伊藤博文と密かにつながる親日派のイ・ワニクに対して、高宗の預金証書に関して尋ねると、イ・ワニクは「白丁の息子は黙っていろ」と言う。そこで普段は冷静なク・ドンメが日本刀に手をやって「劣等感がある者に、よく言えますね。白丁の息子が預金証書を手にすれば、夜も眠れなくなるのは、あなたかも」とイ・ワニクに捨て台詞を吐き、これまでの良好な関係を断ち切ってしまう。

第九話では、互いに魅《ひ》かれるようになったコ・エシンに自らの素性を聞かれたユジン・チョイは「そうだ。私は朝鮮で奴婢だった」と明かし、かつて苦しんだ奴婢という自らの身分をふまえて「朝鮮を救えたら、誰が暮らせる? 白丁は暮らせる? 奴婢は?」と彼女に問いかける。第一〇話では、自らが裕福な両班の家に生まれたコ・エシンは、奴婢であったユジン・チョイと付き合うことが厳格な身分の区別を壊す罪である綱常罪《カンサン》となるのではないかと思い悩み、悲しい別れを決意する。

しかしコ・エシンは自らが義兵闘争の闘士でありながら両班意識に囚《とら》われていることに気づき、英語を勉強するようになって、ユジン・チョイが自らにとって「ミスター・サンシャイン」という存在であることを悟る。そしてユジン・チョイとコ・エシンは会って話し合い、互いを尊重して一旦は自らの道を歩むことを確認し合うが、二人は魅かれ合いながら一定の親しい微妙な関係を保ち続け、ふたたび深刻な事件に巻き込まれつつも徐々に距離を縮めていく。そして第一七話では、白丁として生まれたク・ドンメはユジン・チョイが奴婢であったことを知り、彼に「俺と境遇が似てる奴婢だったとは……」と打ち明け、互いを理解するようになって距離を近づけていく。

第一九話では、ク・ドンメはコ・エシンが危険なことをしないようにするため、また彼女への密かな恋心を断ち切るため、彼女の大切な長い髪を切ってしまう。そこでク・ドンメは、髪も身体の一部と考えるコ・エシンの祖父であるコ・サホンから箒《ほうき》で叩かれ、「またエシンの周りをうろついてみろ、その時は白丁と両班がどれほど違うか、きちんと分からせてやる」と言われるが、沈黙して耐えるしかない。しかし後にコ・サホンは何かとコ・エシンを助けるク・ドンメを信頼するようになり、彼女を守るように頼んで死んでしまう。

また朝鮮の植民地支配を目論んで日本からやってきた華族出身の軍人である森隆史が、ク・ドンメに「白丁が祖国を捨て、武臣会の親分の目に留まった。日本の犬のくせに。生意気だぞ」と言ったため、ク・ドンメは森隆史に対してまともに相手にせずに懲らしめる。第二〇話では、武臣会の首長が朝鮮に現れて「石田翔《いしだしょう》」と呼びかけたため、ク・ドンメの日本名が明らかとなるが、ク・ドンメは帝国日本に協力する武臣会と袂《たもと》を分かち、武臣会から命を狙われるようになる。

そして高宗は密使を派遣し、オランダのハーグで開かれていた一九〇七年六月の第二回万国平和会議において、帝国日本による一九〇五年の第二次日韓協約*によって奪われた外交権の回復を訴えようとする。しかし第二二話では、ついに帝国日本はハーグ密使事件*を理由として高宗を退位させるだけでなく、さらに朝鮮軍を解体させてしまう。この帝国日本のあまりの横暴さに対して義兵闘争が盛り上がり、高宗も陰で支援する。当然にコ・エシンは義兵闘争に邁進していくが、ク・ドンメは密かに想いを寄せるコ・エシンを守ることを通じて、朝鮮の独立を守ることに協力することにつながっていくようになった。

白丁を軸としたストーリーだけを追ったため、必ずしも『ミスター・サンシャイン』の面白さを存分に紹介したことにならないのは十分に承知している。可能であればぜひとも観ていただきたいが、つくづく何かを守るということの意味を考えさせられた。白丁として生まれたク・ドンメであれば、命を救ってくれたが傷つけてしまった両班のコ・エシンを守ることを通じて結果的には朝鮮の独立を守ることにつながったが、『ミスター・サンシャイン』は自分自身や愛する人、友人、家族、命、生きる、誇り、民族、国家、未来などを守ることの意味を問いかけているように思えてならない。さて私にとって守るべき価値あるものとは、はたして何であろうか。

第二次日韓協約　帝国日本が大韓帝国の外交権を強制的にほぼ奪い、事実上の保護国とした協約

ハーグ密使事件　高宗の命を受けた三人の密使が、第二回万国平和会議で自国の外交権回復を訴えようとしたものの具体的な成果は得られず、この動きを知った統監府統監の伊藤博文は、高宗を皇帝の地位から強制的に退位させた

第四章　悪政に義賊として立ち向かった白丁

1　義賊の一代記を描いた『林巨正―快刀イム・コッチョン』

原作は洪命憙の『林巨正』

二〇〇七年から韓国歴史ドラマを日常的に観るようになってから、どうしても『林巨正―快刀イム・コッチョン』（SBS、一九九六～一九九七年、全四四話）を観たくなった。早くから白丁《ペクチョン》と衡平《ヒョンピョン》社《サ》に関心を抱いていたので、林巨正《イムコッチョン》が白丁の盗賊もしくは義賊であることは知っていた。しかし私が世話になっているレンタルショップでは、残念ながら『林巨正―快刀イム・コッチョン』のDVDを置いてなかった。そこで仕方なく、二〇一一年にDVDをオークションで買うことになった。

観てみると、やはり期待どおりの作品であった。無骨なイム・コッチョンを中心として個性的な登場人物が配され、興味深いストーリーがテンポよく展開された。さすがに映像は古臭さを感じさせるが、それがまた良い味を醸《かも》し出していて、一気に最後まで観てしまった。脚本はキム・ウォンソク、演出はキム・ハニョンが担当したが、詳しいことは分からない。主人公のイム・コッチョン（林巨正）をチョン・フンチェ（一九六四〜）、妻のファン・ウンチョンをキム・ウォニ（金垣喜、一九七二〜）、父のイム・ドリをパク・イヌァン（朴仁煥、一九四五〜）、姉のソプソプをユン・ユソン（尹宥善、一九六九〜）、師匠のヤン・ジュパルをイ・ジョンギル（李政吉、一九四四〜）ら、今でも活躍する個性的な俳優が演じることになっている。

『林巨正―快刀イム・コッチョン』の作品としての完成度は高いが、脚本の原作となったのは小説家の洪命憙《ホンミョンヒ》が一九二八年から一九四〇年まで、『朝鮮日報』を中心に『朝光』にも休載しながらも連載した「林巨正」であり、単行本の『林巨正』については一九三九年と一九四八年に韓国で途中まで、一九五四年には北朝鮮で全編が出版された。洪命憙は一八八八年に忠清北道の両班《ヤンバン》の家に生まれ、一九〇六年には日本に留学したが、父からの「たとえ死んでも親日をしてはならぬ」という遺言を座右の銘《めい》にしたという。解放後の一九四八年に平壌《ピョンヤン》で開かれた南北連席会議に出席し、そのまま北朝鮮にとどまって初代副首相など北朝鮮政府の要職を歴任したが、一九六八年に亡くなった。

長大な歴史小説としての『林巨正』は、五編で構成された。まず「鳳丹《ポンダン》編」は、第一〇代王である燕山君《ヨンサングン》の暴政期に白丁の婿になって難を逃れた両班に関する野史が下敷きとなっていた。「皮匠《ピジャン》編」は、カッパチとチョ・グァンジョ（趙光祖）との交友や林巨正が生まれて二〇歳で結婚するまでが描かれた。「両班編」は、第一一代王である中宗《チュンジュン》の死による混乱や文定大妃《ムンジョンテビ》の第一三代王である明宗《ミョンジョン》に対する独善的な摂政、弟のユン・ウォニョン（尹元衡）の横暴など乱れた上層社会の様相が描かれ

『林巨正―快刀イム・コッチョン』主要登場人物

イ・ジャンゴン（李長坤）　両班《ヤンバン》の官僚であり、逃げ延びて白丁《ペクチョン》のポンダンと結婚するが、中宗《チュンジョン》から結婚を許されて重臣となる

イ・ボンハク　イム・コッチョンの幼なじみで、弓の名手

イム・コッチョン（林巨正）　楊州《ヤンジュ》の白丁として生まれ、やがて盗賊のリーダーとなる

イム・ドリ　イム・コッチョンの父で、白丁として屠畜を生業とする

イム・ベクソン　イム・コッチョンの息子

エギ　イム・コッチョンの母

キム・リュン　怪しい道士であり、ヤン・ジュパルの兄弟子

クンドン　ヤン・ジュパルの子となり、ソプソプと結婚する

ソプソプ　イム・コッチョンの姉

ソ・リム（徐林）　イム・コッチョンが率いる盗賊団の策士であるが、最後にイム・コッチョンを裏切る

ソフン　イム・コッチョンを慕う妓生《キーセン》

チョ・グァンジョ（趙光祖）　清廉潔白な両班で、カッパチのヤン・ジュパルを尊敬する

ナム・チグン（南致勤）　捕盗大将として、イム・コッチョンの討伐に執念を燃やす

ハン・オン（韓温）　広く商売をおこない、イム・コッチョンの協力者となる

ファン・ウンチョン　イム・コッチョンの妻で、天真爛漫《らんまん》な性格

ファン・チョナンドン　ファン・ウンチョンの弟で、速歩きと囲碁の名人

パク・ユボク　イム・コッチョンの幼なじみで、手裏剣の名手

ポウ（普雨）　邪悪な怪僧として、ユン・ウォニョン（尹元衡）らの悪政に加担する

ポンダン　白丁のヤン・ジュサムの娘に生まれ、イ・ジャンゴンの妻となる
ヤン・ジュサム　イ・ジャンゴンを助けた白丁で、ポンダンの父
ヤン・ジュパル　ヤン・ジュサムの弟で学識を備えたカッパチで、イム・コッチョンの師匠
ユン・ウォニョン（尹元衡）　文定王后《ムンジョンワンフ》の弟で、妻のチョン・ナンジョン（鄭蘭貞）とともに権勢をふるう

た。「義兄弟編」は、イム・コッチョンと行動をともにする仲間の一人ひとりが描かれた。そして最後の「火賊《ファジョク》編」では、イム・コッチョンを中心とした義賊と官軍の戦いが描かれた。

ただし韓国歴史ドラマの『林巨正―快刀イム・コッチョン』では、小説の『林巨正』から「白丁編」、「義兄弟編」、「盗賊編」の三編を中心としてストーリーが構成されている。また小説『林巨正』はあまりにも膨大過ぎるためか、残念ながら日本語訳は出版されていない。しかし小説『林巨正』に基づいて劇画の房学基《パンハクキ》『李朝水滸伝―革命児・林巨正の生涯―（新装版）』全九巻（金容権《キムヨングォン》訳、JICC出版局、一九八九年）が出版されているので、小説『林巨正』の雰囲気を楽しむことができる。

盗賊としての林巨正の実像

『林巨正―快刀イム・コッチョン』はあくまでも韓国歴史ドラマの作品であり、イム・コッチョンを義賊として描いているが、まずは歴史研究で明らかになった林巨正の実像を見ておく必要があろう。林巨正が生まれた年月日は明らかでないが、中宗の治世下である一五一九年に趙光祖らが粛清さ

れた後の一五二四年頃に、白丁の息子として京畿道《キョンギド》の楊州《ヤンジュ》で生まれたとされている。朝鮮王朝の正史である『朝鮮王朝実録』には、一五五九年三月に初めて林巨正の記述が登場するが、それは林巨正を討伐しようとする動きであった。

林巨正が盗賊として活動したのは、第一三代王である明宗の治世下であった。この時期は支配層内部での政争が激しくなることによって社会が極度に混乱し、それによって農村社会の疲弊や農民や商人らの没落と逃散などが激化した。このような状況に乗じて林巨正は白丁だけでなく生活苦に瀕した商人や農民、職人などの常民《サンミン》、そして一部の地方役人や兵士らをも組織し、黄海道《ファンヘド》を中心に京畿道、江原道《カンウォンド》、平安道《ピョンアンド》、咸鏡道《ハムギュンド》などで、集団的な盗賊行為をおこなうことになった。また林巨正らは略奪や殺人、放火さえも厭《いと》わず、自らを阻む者に対する報復行為は実に惨酷《ざんこく》であり、官庁を襲撃して牢《ろう》から仲間を救出し、官吏を殺害して官権にさえ挑戦するなど、大胆な行動をとることも少なくなかった。

しかし林巨正らは盗賊行為などをおこなったものの、国家に対する体系的な要求を示す計画性はなく、ましてや王権の転覆を図ったものではなかった。それでも林巨正らの行為を明宗らは国家の権威に対する武装蜂起と捉えて討伐しようとし、また林巨正らに同調する民衆に対して税や徭役《ようえき》などを免除して懐柔しようとした。そして当時の野史では、林巨正は「性格が狡猾《こうかつ》で素早く勇猛」と評価されていたが、官庁や両班らを快く思わない民衆は、林巨正らの盗賊行為に問題あるとしても、なかなか捕まらず悪徳の官吏を殺害するという行為を痛快にさえ感じたことは否めない。

その意味において林巨正らの盗賊行為は、歴史的位置づけとしては「林巨正の乱」と呼ばれている。後には農民を主体とした組織的な闘争形態になっていくが、林巨正の乱は組織的な農民的抵抗の以前における群盗という闘争形態を借りた、朝鮮王朝における民衆による初期的な反抗と位置づけることができよう。したがって『林巨正―快刀イム・コッチョン』では洪命憙の『林巨正』に基づいて、盗賊行為よりも義賊としての側面を強調しているが、これはあくまでも歴史的事実をふまえたものではなく、ドラマのためのフィクションとして構成された林巨正に対する思い入れが強い虚像と言えるであろう。

賤民身分に生まれた波乱万丈の人生

『林巨正―快刀イム・コッチョン』は歴史的事実をふまえないフィクションとしての虚像であるから、何らの意味がないというわけではない。あくまでも『林巨正―快刀イム・コッチョン』を韓国歴史ドラマの一作品として評価し、楽しんで観る必要があることは十分に承知している。『林巨正―快刀イム・コッチョン』の各話ではタイトルバックに歌が流れるが、象徴的であるのは次の歌詞である。

この国のこの山河に

わが身は生を享けた
ぼろ切れをまとい
野草の粥《かゆ》でつないだ命
なんと数奇でつらい歳月だろう
天の定めからは誰も逃れられない
月は傾き
星の光さえかすんで見える
待てど暮らせど
やってこない理想の世界
待てど暮らせど
やってこない理想の世界
悲しむことはない……

私は『林巨正―快刀イム・コッチョン』のオリジナル・サウンドトラック（ＯＳＴ）を手に入れて聞いているが、この歌も含めて全一四曲はいかにも韓国の伝統的な音楽の曲調を感じさせ、そうであるがゆえにオリジナリティが高いように思われて、歌詞も極めて興味深い。

冒頭では、イム・コッチョンが朝鮮王朝の討伐隊に追われて雪山で悲劇の最期を迎える場面から始まる。イム・コッチョンの討伐に燃える討捕使《トンボサ》のナム・チグン（南致勤）は「卑しい白丁出身の盗賊が、民衆を救うだと?」と言い放ち、顔一面が髭《ひげ》で覆われたイム・コッチョンが「俺はただ人間らしく生きたいだけで」と返す。また自らの「しょせん、俺は白丁の身分だ」という発言や父の「人は悪く言うが、おれ達は牛の魂を天に送る仕事をしてるんだ。たとえ牛を屠《ほふ》らなくても、お前は白丁の息子だ。高望みをしたところで、白丁の身分は変わらないんだ」の戒めなど、イム・コッチョンは自らが歩んできたことを回想する場面が、これから展開されるであろうストーリーの内容を暗示させる。

そして「林巨正は楊州に住む白丁だった。機転が利き、勇敢な彼と手を組んだ連中が、蜂起し盗賊となった。数千の討伐部隊が盗賊を包囲すると、大部分は降伏したが、林巨正とその仲間だけは、最後まで抵抗し、命を落とした」という野史からの文章が紹介され、「これは暗い時代に賤民《チョンミン》の身分に生まれ、波乱万丈の人生を送った若者とその仲間、そして名もなき人びとの物語である」と字幕でテーマが説明される。つまり『林巨正ー快刀イム・コッチョン』は白丁という賤民身分に生まれた林巨正の義賊としての側面に焦点を当て、そこから名前さえ残さなかった民衆が生きた姿を描こうとする物語であることを明確にしようとしたのである。言い換えれば、ここにこそ観る者をして感動させてやまない、『林巨正ー快刀イム・コッチョン』の痛快さが潜んでいると言えよう。

2　立派な体格の男の子が誕生

「ここは最下層の白丁の家じゃないか」

第一部「白丁編《ペクチョン》」の第一話「狂風」は、燕山《ヨンサン》一〇年という一五〇四年、すなわちイム・コッチョンが生まれる二〇年前から始まる。儒学者や反対する者らの殺戮《さくりく》と処刑など燕山君の暴政が吹き荒れ、官僚の両班《ヤンバン》であるイ・ジャンゴン（李長坤）は燕山君を諌《いさ》めたため巨済島《コジェド》に流刑となる。命の危機を感じて巨済島を逃げ出したイ・ジャンゴンは北へ向かい、とある村へ辿りついて旅人としてヤン・ジュサムという者の家で泊まることになるが、「何ということだ。ここは最下層の白丁の家じゃないか」と呟《つぶや》いて重病となってしまう。この逃げ延びた村は明示されていないが、後にイム・コッチョンの父となるイム・ドリが出てくるので、楊州《ヤンジュ》の白丁村であろう。

第二話「ポンダン」では、命を助けられた両班《ヤンバン》のイ・ジャンゴンは奴婢《ノビ》であるキム・テゴンと偽って村に居つき、ヤン・ジュサムの親族であるイム・ドリに会う。イム・ドリは白丁の世界ではよく知られたイム・ジャンスの孫であり、後に息子のイム・コッチョンを授かる。ヤン・ジュサムの妻は娘のポンダンに「年の差があるのが難点だけど、白丁の婿を探すのは大変よ」とイ・ジャンゴンとの結婚を勧め、二人は結婚することになり、イ・ジャンゴンは柳行李《やなぎごうり》を作る仕事を手伝うようになる。村の市場に柳行李を売りに行く途中で義父のヤン・ジュサムはイ・ジャンゴンに「白丁が学問を身につけても、何の役にも立たん」と愚痴を言うが、そこを通りかかった農民は自らを睨《にら》みつけたと見なしたイ・ジャンゴンに対して「それが白丁の態度か」と言い、通りかかった他の者も「この白丁野郎」「白丁が乱暴を働くとは、この世も終わりだな」と言って二人を殴りつける。

村の市場に着いてヤン・ジュサムが村長にイ・ジャンゴンを婿として紹介すると、村長は偉そうに「白丁の身分で頭《ず》が高いぞ」と言い、持っていた棒で彼の頭を叩《たた》く。そしてヤン・ジュサムの弟であるヤン・ジュパルが勉学に勤しんでいると聞くと、村長は「白丁が勉強して何になる」と言い、代金も払わずに柳行李を四つも勝手に持ち去ってしまう。イ・ジャンゴンが村長の家に行って代金を求めると、ヤン・ジュサムとともに袋叩きにされる。これに憤慨したイ・ジャンゴンは「両班に生まれたのが恥ずかしい。民衆のためにしたことなど、何ひとつない。白丁の婿になって、それがよく分かった」と憤慨し、彼が実は両班であることを知らないポンダンも、「両班と白丁の身分の違いなんて、なければいいのに」と嘆く。

暴政と享楽を極めた燕山君は廃位され、中宗《チュンジョン》が即位する。イ・ジャンゴンは両班として漢城《ハンソン》の重臣に会い、「白丁の家族になって社会から冷遇されて、初めて白丁の苦しい心情が分かりました。白丁も人間です。白丁にも立派な人がいます」と言う。イ・ジャンゴンはポンダンを迎えに来て後に一緒に帰ろうとするが、ポンダンは「私は白丁の娘だし、字も読めないから恥をかくのが怖いんでしよ？」「後世は白丁に生まれないよう、お祈りして暮らすわ」と拒む。そしてイ・ジャンゴンは中宗の計らいで弘文館《ホンムングァン》*と芸文館《イェムングァン》*の文官に復帰することになり、中宗に「国に仕える官僚が白丁の娘を妻にするのは、殿下と朝廷の法度を破ること。しかし糟糠《そうこう》の妻を捨てるのも男の道理に反します」と辞任を申し出たところ、自らも最初の王妃《ワンピ》であった慎《シン》氏と離縁せざるを得なかった中宗は前例を覆してポンダンとの結婚を許す。なおイ・ジャンゴンが白丁のポンダンと結ばれる話は、野史からのヒントであると思われる。

「悪い世の中に生まれて、こいつの将来が心配だ」

第三話「白丁の息子」では、中宗によってポンダンは淑夫人《スップイン》の称号を与えられるが、家に抱えられた奴婢《ノビ》の下女たちは「淑夫人だって？　田舎の白丁の娘なのに」「親戚のおやじの頭を見た？　白丁のくせに気取っているわ。むかつくわ」と悪口を言う。しかし淑夫人の立派な人柄に対して、奴婢の下女たちは「白丁らしくないわ」と言うようになる。

親しくする広大《クァンデ》の男に連れられたイム・ドリは「都の白丁の家が、こんなに遠いのか？」と言うと、「白丁が街の中心に住めるか？　ついて来い」と返される。広大の男の好意によって、イム・ドリは妻を迎えるため楊州にある別の白丁の家へ行く。白丁の男はイム・ドリを評して「あいつも、わしも白丁だ。騒ぐことじゃない」と言うが、イム・ドリは娘のエギを気に入って妻として迎えることになる。

ヤン・ジュパルは放浪の旅に出るが、出会った一人の道士に「白丁に生まれましたが、人間らしく生きるのが夢です」と言うと、道士から「人間らしい白丁が役に立てるかね？」と問われ、また両班の庶子《ソジャ》として不遇を味わって三年前に道士の弟子となったキム・リュンからも「あんた、白丁だって？」と言われるが仲良くなる。そして結局のところヤン・ジュパルは熱心さを認められて道士の弟子になり、めきめきと世を占う力をつけていくことになる。

妻の実家で屠畜を手伝うイム・ドリは、義父から「白丁と言っても色々ある。牛を屠《ほふ》る白丁が一番立派だ。柳行李職人とは違う。俺たちは牛の魂を天国に送る神聖な仕事をしてるんだ」と聞かされる。しかしイム・ドリの義父は官庁に革細工を献上品として納めたが代金をくれないので返してくれと頼むと、役人は「白丁が人の決まりを口にするのか？」と言われ、それでも抗議したため殴られ、恨みを残しながら死んでしまう。そしてイム・ドリとエギの間に待望の男の子が生まれ、「悪い世の中に生まれて、こいつの将来が心配だ」として、「心配」という意味の「コッチョン」という名が付けられる。かくしてイム・ドリは、義父がやっていた屠畜の仕事を本格的に継ぐことになる。

弘文館　蔵書管理や政治研究などを担当した部署
芸文館　王の記録などを担当した部署

幼少のイム・コッチョンが父の屠畜場を覗《のぞ》くと、姉のソプソプから「天宮《チョングン》に行ったら駄目よ」と言われ、さらに「牛はもともと天国に住む仙人で、死んだら天国に帰るの。牛を天国に送る所が天宮よ」と教えられる。イム・ドリは息子のイム・コッチョンを連れて両班の家に肉を届けるが、イム・コッチョンは両班の息子に馬鹿にされたため突き飛ばすと、その家にいた奴婢の下女から「白丁の息子が何をするの？」と叱られる。また両班が肉の代金を払わないため抗議すると、「素直に帰れ。白丁が勘定を催促するのか？」と言われ、仕方なく帰って母のエギに愚痴るしかない。ちなみに「エギ」とは「赤ちゃん」もしくは「子ども」、「ソプソプ」とは「残念だ」という意味であり、しばしば奴婢など賤民の名前として用いられることがあったという。

イム・コッチョンは姉のソプソプと遊びながら天真爛漫《らんまん》に育ち、体が大きく力持ちになる。しかしイム・コッチョンは次第に、官吏による悪どい仕打ちに苦しむ民衆の姿を見ることになる。そしてイム・コッチョンとソプソプが上げていた凧《たこ》が農民の家に落ちたのを拾いに行くと、農民の妻は「あきれた。白丁がうちの庭に入るなんて」と追い返される。そこでイム・コッチョンがなぜ追い返されたのかとソプソプに問うと、「白丁だからよ」と言われ、それでも「白丁はいい人なんだろ？」と問うても、白丁が差別されることを知っているソプソプは何も言えない。

「俺たちは牛の魂を天国に送る神聖な仕事をしてるんだ」

白丁の男たちが集まり、祭祀《さいし》をおこなう。そこではイム・ドリの「手を血で染める仕事だと、後ろ指を指すが大間違いだ。俺たちは牛の魂を天国に送る神聖な仕事をしてるんだ。魂が無事に極楽往生できるように、一年に一度、祭祀もおこなうんだ」という言葉が入り、男たちは人差し指を立てて両手を頭の上に置き、牛の格好で踊って牛の霊を慰める。そしてイム・ドリは、次のように嘆かざるを得ない。

一カ所に集まって住み、酒も肉も食わずに、僧侶のように清く生きるのが白丁だ。小僧には侮辱されるし、どこに行っても人間扱いされない。我々、白丁は土地があっても農業ができない。外套《がいとう》も正装のチョゴリも着られず、一生、竹で編んだ笠をかぶる。神はこの心を分かってくれるさ。父さんも、こんな腐った世の中、変えてみたいと思うよ。だが仕方がないんだ。一度、白丁に生まれたら、死ぬまで白丁でいるしかない。生まれた時から家の前に牛の尾を飾り、一生、牛の尾を掲げて生きて、棺《ひつぎ》にまで牛の尾を入れるのが定めなんだ。命より大切なのは、この刃物だ。これが錆《さ》びた家が滅び、なくしでもしたら先祖は極楽を追われ黄泉路《よみじ》をさ迷うことになる。肝に銘《めい》じろ。嫌でも抜け出せないのが、白丁の定めだ。

実に白丁の苦悩は計り知れなく深いものがあるが、この父が深く苦悩する姿をイム・コッチョンは静かに見ているしかない。そしてイム・ドリは気を取り直したようにイム・コッチョンが力強く正しく生きるよう、「おまえは、我が家の宝だ。どんなに厳しい世の中でも、立派な人間になれば、白丁も淑夫人や将軍になれるんだ」と言い聞かせる。

第四話「恵化門《ヘファムン》の革靴職人」では、修行を終えたヤン・ジュパルはイム・コッチョンと出会い、名前は漢字では「林巨正」であることを教え、「大きく正しく育てなさい」と両親に諭す。そして重臣となったイ・ジャンゴンは世話になったジュパルに恵化門の近くに家を用意し、息子をもつ寡婦を妻として紹介する。息子の名はクンドンであるが「白丁の息子は嫌だ」と言うものだから、ヤン・ジュパルはついつい自らを慕う妻を遠ざけてしまう。

立派な少年になったイム・コッチョンは父の勧めで書堂《ソダン》*に通うようになり、そこで先生が「人はもともと家柄があり」と教えると、両班の子がコッチョンを見ながら「白丁の子は白丁です」と言う。そこで先生が「それもまた正しい」と言うと、両班の子は「では、なぜ僕たちが白丁と一緒に勉強するのですか?」と尋ね、周りの者が一斉に笑う。そして書堂から帰る際に両班の子らはイム・コッチョンを「犬飼いの白丁。動物以下のクズ野郎」と囃《はや》し立て、両班の子が馬乗りになったために彼は反抗する。しかし先生はイム・コッチョンに理由も聞かずに詫びを求めて足を棒で叩《たた》いたため、彼は書堂を辞めてしまう。

イム・コッチョンは怒りに任せて木を押し倒すと、それを見た者は「将軍になれるのに、白丁の息子とは惜しいな」と言うが、両班は「身分の低い奴が力持ちとは、国の将来が心配だ」と言い放つ。また力を誇示したことがある男からは、「力は加減して使うべし。まかり間違えば、おまえのせいで家族はもちろん、白丁が皆殺しされる」と諭される。この男は、身分が低いにもかかわらず力を誇示したため、手を切られたという。

「父は楊州村の白丁で、先生はカッパチさ」

ヤン・ジュパルの息子になったクンドンは父に学んで革靴を作るが、「白丁の仕事より、観相学でも教えてよ」と言って母を心配させ、「ガキらに革靴職人ってバカにされるんだもん」と文句を言うが、ヤン・ジュパルは「革靴職人を革靴職人って呼んで、何が悪い。人の貴賤は、本人の行動にかかっているんだ」と言う。ここで「革靴職人」は実際には「カッパチ」と発言されているので、これからはカッパチと呼ぶことにする。そしてヤン・ジュパルは親の頼みに応じて、農民と両班の息子に文字を教えながら、革靴作りもさせることになる。

イム・コッチョンは父の屠畜を手伝わず、将来は王になると、夢だけは大きい。心配した父は高麗《コリョ》の時代に武臣であったチェ・ヨン（崔瑩）と一緒に戦場に行ったという先祖の弓を見せ、「白丁が何

書堂　各地の村に存在した、私設の初等教育機関

度、生まれ変わっても、なれないのが国王だ」と諭す。そしてイム・コッチョンは姉のソプソプに「僕は白丁に生まれたくなかった。なぜ馬鹿にされて、何にもなれないんだ?」と愚痴るが、ソプソプは「白丁は一生、白丁として生きるしかないの」と彼を慰めるしかない。

イ・ジャンゴンはヤン・ジュパルの家に出入りするが、両班の中には「なぜ長官様が、カッパチの家に出入りしてるんだ?」と疑問を呈する者がいるなかで、「カッパチが長官様の先生だそうです。実はカッパチが誰なのか、知りたかったのです」と言う者もいる。この者こそ、静庵《チョンアム》との号をもつ弘文館の官僚であるチョ・グァンジョ(趙光祖)であった。ヤン・ジュパルがカッパチという白丁であるにもかかわらず、チョ・グァンジョは腰を低くし、政治の改革に関して教えを乞う。チョ・グァンジョに名前を聞かれても、ヤン・ジュパルは「カッパチに名前などありません」と謙虚に振る舞う。

そして父のイム・ドリはイム・コッチョンの将来を心配してヤン・ジュパルに預け、彼は先に来ていた二人と友だちになる。二人は後に義賊としてイム・コッチョンと行動をともにするが、一人がイ・ボンハク、もう一人がパク・ユボクであった。イム・コッチョンはイ・ボンハクから「おまえは、白丁なのか?」と聞かれ、彼は頷《うなず》いたものの喧嘩になるが、結局のところ三人は仲良くなる。そしてイム・コッチョンは可愛い少女のソフンを見るために両班の屋敷に入り込むが執事から家の所在を問われ、「父は楊州村の白丁で、先生はカッパチさ」と答える。そこで執事が「何? 白丁野郎が騒ぎを起こしたと言うのか?」と言うが、主人である両班は「白丁か、その威勢が惜しいな」と言って彼を無事に帰らせる。しかしイム・コッチョンは飢えに苦しんで路上生活する多くの人びとの哀れな姿を見て心を痛め、イ・ボンハクとパク・ユボクとともに芋を盗んでは困っている人びとに配る。

3　白丁に生まれたがゆえの苦悩

「僕は牛みたいに頑固なんだ。白丁なんだから」

第五話「三兄弟」では、朝鮮王朝の初代王である太祖《テジョ》の血をひくというイ・ボンハクが恨みを抱いたままの父を失い、パク・ユボクは農民の父が王を侮辱したとして殺され、二人とも不遇の死を遂げた父の敵討ちを背負って育てられたことをイム・コッチョンが知る。そして三人は相変わらずつるんでは遊んでいたが、不遇な境遇を共有していたため終生をともにする義兄弟の契《ちぎ》りを結ぶことになる。イム・コッチョンはもともと力持ちであったが、イ・ボンハクは弓矢、パク・ユボクは手裏剣《しゅりけん》の練習に励み、三人はともに上達する。しかし三人は少年ながら謀反を企てたと疑いをかけられ、これによってイ・ボンハクとパク・ユボクはヤン・ジュパルのもとを去っていく。

またイム・コッチョンが恋慕うソフンは両班《ヤンバン》と妓生《キーセン》との間に生まれた娘であり、踊りを練習するようになる。そしてヤン・ジュパルがチョ・グァンジョに注意するよう助言したにもかかわらず、文定王后《ムンジョンワンフ》や奸臣らに唆《そその》かされた優柔不断な中宗《チュンジョン》によって、チョ・グァンジョは反逆者の烙印《らくいん》を押されて粛清されたように、ふたたび政治の腐敗と社会の混乱が進んでいく。

第六話「酔っぱらいの師匠様」では、ヤン・ジュパルの子であるクンドンとイム・コッチョンの姉であるソプソプが結婚するが、きつい性格の姑《しゅうとめ》は「白丁《ペクチョン》は役立たずだわ」となじる。そしてイム・コッチョンはソプソプを慰め、「ああ、俺は惨めな白丁さ。文句あるか」と姑に言ったものだから、もっと広い世界を見ろと言うヤン・ジュパルの助言によって放浪の旅に出る。イム・コッチョンは山で酔っぱらいの爺《じい》さんに出会い、山深い里で一緒に暮らすようになり、自らを「俺は牛みたいに頑固なんだ。白丁なんだから」と言うが、爺さんは意に介さない。そこで牧歌的な生活を営みながらも、イム・コッチョンは爺さんが剣術の名手であることを見抜き、爺さんを師匠と仰ぎながら本格的に剣術を修行する。イム・コッチョンは師匠から「おい、白丁野郎。たかだか一万回の素振りで、弱音を吐くのか?」と叱られつつも、自ら修行に専念して剣術を極め、生きるべき重要な教訓と名刀を授けられる。

第七話「この国この山河」では、爺さんが盗賊だとして官軍に襲撃され、二〇歳になったイム・コッチョンは山深い里を去り、ヤン・ジュパルのもとを経由して生家に戻る。イム・コッチョンは自らを心配しながら亡くなった母に詫び、父から結婚を勧められるが「白丁が結婚して何になる」と拒否し、新たな子を孕《はら》ませた女性と再婚した父とは馴染めない。またイム・コッチョンは恋慕うソフンが妓生になったことに衝撃を受け、ヤン・ジュパルと再び放浪の旅に出る。心の師であるヤン・ジュパルからは志を高くもてと言われるが、イム・コッチョンは「いくら志が高くっても、白丁だから何もなりません」と返す。しかしカッパチのヤン・ジュパルは、「白丁だって、いいではないか。人は天から、それぞれの役割を与えられて生まれてくるのだ」とイム・コッチョンを諭す。

二人は現在の開城《ケソン》である松都《ソンド》で妓生のファン・ジニ（黄真伊）と芸術に優れた両班のソ・ファダム（徐華潭）と名乗るソ・キョンドク（徐敬徳）に会い、合流したキム・リュンから大盗賊になると予言されたのでイム・コッチョンは怒ってしまう。三人は地元の官軍から怪しい者だと疑われ、ヤン・ジュパルが「カッパチです」と答えると、官軍から「カッパチ？　じゃあ、おまえは白丁か？」と言われ、盗賊と間違われたイム・コッチョンは官軍を懲らしめる。道中では盗賊とも出会って仲良くなり、悪徳の官僚や官吏らによって農民が盗賊にならざるを得ない現実を知ることにもなる。

「僕は牛を屠る仕事はしたくないんだ」

第八話「白頭山《ペクトゥサン》の野生馬」では、イム・コッチョンは凶作によって草の根をかじる子どもたち、そして老婆を山に捨てようとする男を見て衝撃を受ける。また途中で出会った両班の鉄笠をイム・コッチョンが被ると、ヤン・ジュパルは「笠を被ることを許されない白丁なんです」と言う。両班から

「白丁？」と訊《き》かれても、ヤン・ジュパルは「はい。私はカッパチで、あいつは牛を屠《ほふ》る白丁です」と言う。またヤン・ジュパルはイム・コッチョンを指して「真面目な白丁が、人に危害を加えないか心配です」と言うが、両班が去るとイム・コッチョンは「白丁と気軽に接するとは」と感心する。この両班とは、博識かつ奇人で知られるイ・ジハム（李之函）であった。

二人は白頭山の麓に辿り着き、地方官庁から逃げた奴婢《ノビ》の母と娘のファン・ウンチョン、息子のファン・チョナンドンと会い、民族の魂が宿るという白頭山に登る。そしてイム・コッチョンは、野性味が溢《あふ》れる天真爛漫《らんまん》な二〇歳のファン・ウンチョンと惹かれ合って結婚する。ファン・ウンチョンを演じたのは二四歳のキム・ウォニであるが、とても愛らしい。イム・コッチョンはあとで三人で楊州《ヤンジュ》に来るよう言い、ファン・ウンチョンを置いてヤン・ジュパルと放浪の旅に出かけるが、すぐ後にファン・ウンチョンはイム・コッチョンの子を孕んでいることを知る。

第九話「乱世」では、二人は名勝の妙香山《ミョヒャンサン》を経て霊峰の金剛山《クムガンサン》へ行き、ヤン・ジュパルは怪僧のポウ（普雨）と出会い、その邪悪な考えと行動の怪しさを叱りつける。このようにイム・コッチョンはヤン・ジュパルと各地をめぐりながら、自然の美しさとは反対に欲深く狡猾《こうかつ》な官吏による腐敗と圧政、そして飢えから脱出しようとして必死に生き抜こうとする民衆の悲哀を知るようになって嘆くしかない。そしてイム・コッチョンはヤン・ジュパルと別れ、自らの道を歩むようになる。イム・コッチョンは人妻に手を出して殺されそうになり、旅宿を営みながら手広く商売するハン・オン（韓温）

を助けて「白丁が命の恩人で嫌か?」と言うが、ハン・オンは「命の恩人なら白丁でも構わん」と意に介さず仲良くなる。

第一〇話「女人天下」では、イム・コッチョンは仁宗《インジョン》に呪いをかけて殺そうとしていたキム・リユンとユン・ウォニョンを懲らしめるが、彼をイム・コッチョンであると分かったキム・リユンが「楊州の白丁じゃないか」と言ったものだから殴られてしまう。イム・コッチョンは生家に戻り、姉のソプソプに結婚したことを告げるが、「僕は牛を屠る仕事はしたくないんだ」と言う。そして悪徳な官吏に苦しめられる民衆を助けたイム・コッチョンは、官吏から「おまえが、白丁のイム家の息子か?」「それなら、牛を屠る仕事でもしてろ」と言われ、また「白丁のくせに髭《ひげ》なんかはやして」と馬鹿にされたものだから、彼は暗闇で官吏を懲らしめる。

イム・コッチョンは謀反で死んだ両班が放置されていたので父と棺《ひつぎ》に入れて丁寧に葬ったため、両班たちは「世の中どうなってるんだ。白丁が余計なことをしやがる」「国法を守るために捨てた死体を、白丁が埋めたとなると、楊州には志のある両班がいないと噂《うわさ》され、恥をかかされる」と口々に言う。このことを機にイム・コッチョンと父は官庁に連行され、下級官吏から「白丁なのに、余計なことをしただろ?」「白丁が悪態をつくのか?」と酷《ひど》く殴られる。また他の官吏からは「棺に入れる仕事なら、白丁になぞ頼むものか」「白丁のくせに、人の道理を論じるのか」「何も知らずに白丁がしたことゆえに、特別に許す」と言われ、二人は五〇回の叩き刑を受けて釈放される。これによってイム・コッチョンは官庁と官吏に対して強い恨みを抱くようになり、白頭山に行ってしまう。これを知ったソプソプの夫は「俺だって、白丁って後ろ指を指されるより、家を出て自由に暮らしたいよ」と嘆き、溺れた義弟のトンイ、つまりイム・コッチョンの弟を助けようとして死んでしまう。

「白丁は国の恩恵を受けた覚えはない」

第一二話「男の涙」では、イム・コッチョンはハン・オンの旅宿で二〇年ぶりに義兄弟のイ・ボンハクに出会う。イ・ボンハクは官職につくことができず、妻にも先立たれていた。たびたび倭寇《わこう》が朝鮮に攻め入っていた状況のなかで、イム・コッチョンとイ・ボンハクの二人は師匠のヤン・ジュパルが将来は朝鮮を救うと予言する幼少のイ・スンシン（李舜臣）に会い、その立派な態度に感心する。

二人は官庁に行って兵士の採用に志願し、イ・ボンハクは即座に合格するが、イム・コッチョンは仕事を聞かれたので「牛を屠る白丁」と答えると、武官は「白丁？」「国が乱れたとはいえ、白丁まで兵士に志願するとは。さっさと引き下がれ」「白丁が民衆かどうか、考えたことはない」と言われる。イム・コッチョンは「白丁は国の恩恵を受けた覚えはない」と怒ってしまうが、イ・ボンハクは「おまえは俺が慕っていた兄貴じゃない。ただの白丁だ」と言って戦地へ去ってしまったため、イム・コッチョンは涙を流すしかない。

年老いたヤン・ジュパルは悩んで会いに来たイム・コッチョンに対して「私はもとは白丁だが、一度も牛を屠ることができず、カッパチの仕事をしても、靴の一足もまともに作れなかった」と嘆く。イム・コッチョンの生活は荒れていくが、ハン・オンから紹介された妓生のソフンから「国の兵士に採用されない白丁の男でも、貴賤を問うことはできないわ。でしょ？」と言われて怒ってしまうが、ソフンのことが気になる。かたやイム・コッチョンの妻であるファン・ウンチョンと一〇歳となった息子のイム・ベクソン、義弟のファン・チョナンドンは白頭山を下りて彼の実家に着き、イム・コッチョンがいないまま家族として一緒に暮らすようになる。

第一三話「天宮」では、イム・コッチョンが倭寇と戦う朝鮮軍に加勢して防衛隊長のナム・チグン（南致勤）から部下になるよう勧められるが、「私は白丁だ。防衛隊長が白丁を部下にしたら笑いものにされる。それでもいいのか？」と言う。そこでナム・チグンは「白丁が俺様を侮辱して、生きていられると思っているのか？」と言うが、イム・コッチョンはイ・ボンハクを助けただけだと言って帰ってしまう。イム・コッチョンの家では、ファン・ウンチョンとファン・チョナンドンの姉弟が野ブタをとってくると、父のイム・ドリは「これだから、村じゃ白丁と後ろ指を指されるんだ」と叱りつける。そしてイム・コッチョンは家に帰って来て、家族と暮らすようになる。

イム・ドリは息子のイム・コッチョンを屠畜場に連れて行き「ここに入れる人間は白丁だけだから」と言ったものだから、彼も「牛にとって俺らは、あの世の使者だろう」と言い、父は「これは牛を天に送る神聖な仕事なんだ」と言って彼に屠畜を勧める。しかしイム・コッチョンが「嫌だ」と言うと、父は「牛を屠らなくても、おまえは白丁だ。いくら着飾って気取っても、一生、白丁なんだ」と怒ってしまう。しかしついに僧侶が読経して父が水で清め、イム・コッチョンは自らが白丁であることによって、差別されたことを思い出しつつ牛を屠るようになるしかない。

「俺は牛を屠る白丁だ」

第二部「義兄弟編」は、後にイム・コッチョンのもとに義賊の義兄弟として集まる個人を中心として、平穏無事に生きられない民衆の過酷な境遇が、時には結婚をはじめ賭け事や酒などをめぐる牧歌的とも言える騒動も交えて描かれる。とりわけ全ての義兄弟が女性がらみで格別とも言える奇妙な喜怒哀楽を経験して見応えがある面白い展開となっているが、ここでは白丁に焦点を当てることにしよう。

第一四話「手裏剣の名手パク・ユボク（上）」では、イ・ボンハクが子どもに「イムという白丁の家は？」と言うと、子どもが「僕の家もイムで白丁だよ」と返し、イム・コッチョンはイ・ボンハクを天宮に招き入れて「ああ、おまえが入れたのは、白丁の兄貴のおかげだぞ」と言って旧交を温める。父は「笠を被った両班が、白丁の家に来るとは」と喜ぶが、イム・コッチョンはイ・ボンハクから「ところで兄貴は、死んでも嫌だと言っていたのに、いつ牛を屠る白丁に？」と問われて、「身分は変えられないだろ？」と笑う。第一五話「手裏剣の名手パク・ユボク（下）」では、イム・コッチヨンは「今のままでいい。高く険しいだけが山じゃない。家族を養って、白丁として一生を終わればいいんだ」と思うようになる。

第一六話「鉄殼竿の盗賊クァク・オジュ（上）」では、イム・コッチョンの弟が近くの家に肉を届けると夫は喜ぶが、妻は「白丁なのに、恥ずかしくない？」と嫌味を言う。夫は「俺たち常民《サンミン》が、白丁を見下してどうする？」と妻を叱る。イム・コッチョンは嫌々ながら牛を屠るが、妻のファン・ウンチョンになじられ、父のイム・ドリからは「嫁さんの言う通りだ。白丁は牛を屠るのが仕事だ」と叱られて悩んでしまう。しかしイム・コッチョンは親の仇《かたき》を討って黄海道《ファンヘド》にある青石村《チョンソッコル》の山奥に逃げ延びてタプ峠で盗賊をはたらいているパク・ユボクと再会するが、「俺は生まれながらの白丁だから、このまま暮らせればいいが」と言い、仕方なく盗賊となったパク・ユボクを心配する。

第一七話「鉄殼竿の盗賊クァク・オジュ（下）」では、イム・コッチョンはパク・ユボクが盗賊になったことを心配して、寺の和尚になったヤン・ジュパルに相談する。そこでヤン・ジュパルから「おまえは、なぜ白丁に？」「人は与えられた定めを生きるのだ」と言われると、イム・コッチョンは「一生、牛を屠って生きるなんて、悔しくて耐えられない」と愚痴を言ってしまう。またイム・コッチョンは寺で出会った妓生のソフンに「手を血で染めて生きている白丁の俺には、何の考えもない」と言うが、ソフンからも「相変わらず、ひねくれているのね。牛を屠る白丁には、恐れる者はないでしょ？」と言われて怒るが、結局は互いの境遇を嘆いてしまう。

第一九話「速歩きの達人ファン・チョナンドン」では、イム・コッチョンが屠った牛の毛を刃物でとる作業をする場面がある。イム・コッチョンを訪ねてきた常民の男に「うちみたいな白丁を？」と問うと、男は娘でうら若いイップニが彼の義弟で三三歳になったファン・チョナンドンが好きだと言う。しかしファン・チョナンドンは鳳山《ポンサン》のペクという両班の男に嫁選びのための将棋と占いの勝負に勝ち、二〇歳を過ぎた美しい娘のオンニョンと結婚することになる。そこでイップニの母は「だから白丁とは、付き合うべきじゃないのよ」と負け惜しみを言う。

第二〇話「石投げの名人ペ・ドルソク（上）」では、イム・コッチョンが肉を背負って歩いていると、両班の子どもが「白丁のイムだろ？」と言い、付き添いの奴婢も「白丁だから肉ばかり食べるので、力があるんです」と言うが、イム・コッチョンが無視すると子どもは「放っておけ。白丁に道理を質すのは愚かだ」と言い捨てる。イム・コッチョンは息子のイム・ベクソンに何になりたいかと問うと、彼は「父さんみたいに、白丁になりたいんだ」と答え、イム・コッチョンは嬉《うれ》しいような悲しいような複雑な表情になる。

第二二話「神弓イ・ボンハク」では、官職を得たものの妙なことから流刑となった義弟のファン・チョナンドンに会うため済州島《チェジュド》に来るが、ここにはイ・ボンハクが県監《ヒョンガム》として赴任している。イ・ボンハクに会ったイム・コッチョンは、師匠のヤン・ジュパルについて「カッパチと蔑視され、坊さんになったのも、あれほど真面目なユボクが盗賊になったのも、世の中が腐っているからだろ？」と乱れた世を嘆き、イ・ボンハクも同じ思いをする。

第二三話「天下の謀士ソ・リム（上）」では、イム・コッチョンを知っていると嘘《うそ》をついて青石村に連行されたソ・リム（徐林）が命を助けられると、イム・コッチョンは「立って下さい。俺は牛を屠る白丁だ」と丁寧に声をかけ、ソ・リムは「白丁も両班も関係ありません」と助けられたことを感謝する。第二四話「天下の謀士ソ・リム（下）」では、青石村の盗賊たちはソ・リムの策略で平壌《ピョンヤン》の官庁から漢城《ハンソン》の中央官庁への進上品を奪おうとして士官を騙《だま》すために、パク・ユボクがイム・コッチョンと腕力では武官が双璧だと言うと、単純な官吏は「無礼にも、白丁と比べるのか？」と怒る。そして盗賊たちは、まんまと酒幕《チュマク》で飲まないと決めていた酒飲みの士官たちを酔わせ、自らの仕業とは悟られずに進上品を奪う。

4　義賊として最期まで戦う

「俺は白丁だ。白丁の何が悪い」

第三部「盗賊編」は第二五話「白丁《ペクチョン》一家」から始まるが、イム・コッチョンの父であるイム・ドリは孫たちに「いくら世知辛《せちがら》い世の中でも、白丁だって立派な人物なら、長官の夫人にも大将にもなれるんだ」と言い聞かせる。しかしイム・コッチョンが青石村《チョンソッコル》の盗賊から品物を貰《もら》ったことが楊州《ヤンジュ》の郡守にばれてしまい、どこから手に入れたのか問い詰められた父のイム・ドリは「私は七〇の人生を白丁として生きてきました。両班《ヤンバン》の方々が黒と言えば黒と信じ、白と言われれば白と信じる、身分の低い白丁です」と言って真実を話さない。しかしイム・コッチョンが青石村に行ったことが分かり、家族の何人かは官庁に連行される。

姉のソプソプは弟のイム・コッチョンが知り合いの両班から貰ったと言うが、郡守から「白丁と親交のある両班がどこにいる?」と問われ、ソプソプが「私は確かに身分の低い白丁ですが、父はイ長官様のご夫人と姻戚関係にありました」と言うと、郡守は「白丁なのに顔が広いな」と疑う。姉のソプソプは父のイム・ドリと娘を気遣って釈放するよう頼むが、郡守は「白丁のくせに、孝行心は殊勝だな」と感心する。また牢獄《ろうごく》にいるイム・コッチョンの妻であるファン・ウンチョンも釈放を要求すると、監守たちは「さすが白丁の女だ。見上げた根性だよ」と笑い、イム・コッチョンの父であるイム・ドリと姉の娘だけは釈放されるものの、年老いたイム・ドリは拷問を受けて死んでしまう。家族が官庁に連行されたことを知ったイム・コッチョンは家に帰るが、下級官吏が彼を連行しようとすると父の葬式を終えてから出頭すると約束し、下級官吏は「身分は白丁ですが、自分が言った約束は守るでしょう」と郡守に報告する。

第二六話「入山」では、郡庁に捕らえられたイム・コッチョンは「白丁ではあるが、俺たちも人間だ。どうか父の葬儀を執り行わさせてほしい」と郡守に頼み、三日間の猶予を与えられて父のイム・ドリを葬る。そしてイム・コッチョンは盗賊らと牢獄から家族を救い出し、報告を受けた郡守は「白丁の分際で……、必ず奴を捕らえて殺しても構わん」と怒る。これによってイム・コッチョンの弟は矢を射られて死んでしまうが、イ・ボンハクの助けも借りてイム・コッチョンの家族は青石村へ逃げ延びる。そしてイム・コッチョンの姉であるソプソプは精神を病み、息子のイム・ベクソンは父を恨み、イム・コッチョンも「みんな、よく聞け。俺は白丁だ。白丁の何が悪い」と怒ってしまう。イム・コッチョンの姉であるソプソプは正気を取り戻して「父さん、極楽へ行ったよね。生涯、白丁だった人よ」とイム・コッチョンに話して遠くに逃げようと提案するが、彼は「どこへ行っても、人間扱いされないさ」「人の顔色をうかがい、動物のような真似をするのは、二度と御免だ」と青石村への入山を決意する。

第二七話「青石村」では、イム・コッチョンとの親しい関係からイ・ボンハクは官職を失って青石村の盗賊に加わり、ついにイム・コッチョンは六人の義兄弟と先輩格にあたる二人を加えた九人の頭領を従えた盗賊の大将になる。第二九話「結義」では、イム・コッチョンらは牢破りで仲間を助けるが、漢城《ハンソン》では重臣が「牢破りをしたイム何某は白丁の生まれで、役人や良民を容赦なく殺す凶暴な奴です」と明宗《ミョンジョン》に報告し、彼らを捕らえようとする王命が下る。そして大将のイム・コッチョンのもとに頭領と頭目を置く組織の体制を整備し、単なる盗賊ではなく正義のための義賊の集団として活動するようになる。

「俺は両班じゃない。身分の低い白丁だ」

第三〇話「嘘《うそ》つき男ノ・バム」では、武器を手に入れるために都に行ったイム・コッチョンがソフンに会って妓生《キーセン》になった身の上を聞くと、「いわれのない蔑視……その気持ちはよくわかる」「白丁や妓生が受ける冷遇は、死ぬまで避ける道はない」と言って同病相哀れむしかない。第三一話「英雄好色」では、イム・コッチョンはあくどい領府事《ヨンブサ》として権勢を振るうユン・ウォニョンが抱える奴婢《ノビ》らを殺すが、後に宿敵となるナム・チグンがソフンに「楊州の白丁だ。あいつは今、青石村の盗賊の親分だそうだ」とイム・コッチョンの仕業ではないかと疑う。しかしイム・コッチョンといえば至って気楽なもので存分に遊びを楽しみ、はてには両班になりすまして奇縁となった個性が異なる三人の女性に情が移って妾《めかけ》にしてしまう。

第三二話「主のない山」では、イム・コッチョンが両班の格好で酒色に溺れていることが青石村の仲間に知れてしまい、何人かの頭領や妻のファン・ウンチョン、息子のイム・ベクソンが説得しても、容易に彼は青石村に帰ろうしない。また大将のイム・コッチョンへの不満から頭領たちの反目が目立ち始め、一人の頭領は義弟のファン・チョナンドンに向かって「おまえは、なぜ姉さんを白丁の嫁に？」とまで責め立て、イム・コッチョンを案じた姉のソプソプまでが死んでしまう。第三三話「大統領」では、イム・コッチョンは妓生のソフンから「両班の身なりで偉ぶったら、白丁の血が両班に変わるの？」と聞かれて怒ってしまう。

さらにソフンから「世間が白丁を蔑視する訳が、やっと分かったわ」と言われて、イム・コッチョンは「年寄りの妓生が、そんなに偉いのか？」と返したものの、独り言で「両班を夢見る馬鹿な白丁は俺だ」と大いに反省する。そしてイム・コッチョンは三人の妾に「俺は両班じゃない。身分の低い白丁だ」と告白して別れ、姉のいない青石村に戻って「俺は本当に馬鹿だった。白丁に生まれたことも、盗賊になったことも恨んでた。自分だけが苦しいふりをしてた。これからはそうじゃない」と心を入れ替える。

第三六話「密使」では、まんまとイム・コッチョンに騙《だま》されたことを怒った鳳山《ポンサン》郡守がソフンの妓房《キバン》で、「白丁野郎が、黄海道《ファンヘド》と平安道《ピョンアンド》の進上品を略奪し、良民に狼藉《ろうぜき》を働くだけでは飽き足らず、各地の役人たちに恥をかかせてい」と捕盗大将《ポドテジャン》のナム・チグンに報告し、さらに「ああ、もはや、あの白丁は死んだも同然だ」「よし、私が白丁を捕まえた功績で出世した日には、旦那様も私に顔向けできないだろう」と大口を叩く。この報告を受けたイム・コッチョンは「白丁が何だって？」「人を屠《ほふ》る白丁と言われても、奴をぶっ殺してやる」と怒りまくる。これを知った頭領の一人は「大将を白丁とか何とか侮辱したんだ」と言い、もう一人の頭領も「一番、心を痛める言葉じゃないか？」と同意し、鳳山郡守を捕まえてイム・コッチョンに謝らせようと企む。

第三七話「罠《わな》」では、イム・コッチョンの配下の頭領に捕らえられようとして助かった鳳山郡守は、「あの白丁野郎」と悔しがる。そしてイム・コッチョンらは鳳山郡守を捕らえ、彼に「おまえが口癖のように話してた白丁野郎は、俺だ」と恥をかかせて気力をくじく。第三八話「復讐《ふくしゅう》」では、捕盗大将のナム・チグンはイム・コッチョンを妓房から逃がしたソフンに「身分の低い白丁出身の盗賊に心を許すとは？」と問い、彼女を殺してしまう。第四〇話「裏切り」では、ソ・リムがオム・ガイを名乗って漢城にいた妻子に会いに行ったところを捕盗庁《ポドチョン》に捕えられ、捕盗大将のナム・チグンに「なぜ白丁に、仕えることができるんだ？」と問われて「立派な男です」と返答するが、結局は悩みつつも生き延びるためにイム・コッチョンを裏切ってしまう。

「俺が生まれて初めて、人間らしく生きた世界だ」

第四一話「平山の戦い」では、イム・コッチョンはソ・リムが裏切ったことを知らないまま、ついに明宗は宣伝官《ソンジョングァン》にイム・コッチョンを捕らえる王命を下し、イム・コッチョンらに危機が迫る。イム・コッチョンらと一戦を交えようとする宣伝官は、臨津江《イムジンガン》の守備隊長であったイ・ボンハクを見つけて「貴様、官吏だった奴が、朝廷を裏切り盗賊になるとは、白丁以上に罰当たりな野郎だ」と言ったものだから、怒ったイム・コッチョンは宣伝官を殺してしまい、約五〇〇人の官軍は敗走する。しかし捕盗大将のナム・チグンは狡猾《こうかつ》な策略をめぐらしてイム・コッチョンの義弟であるファン・チョナンドンを捕まえて獄死させ、彼らを徐々に追いつめていく。

第四二話「討捕使《トポサ》」では、捕盗大将のナム・チグンが明宗からイム・コッチョンを捕らえるための討捕使に任命され、ソ・リムを従えて青石村を攻略する策略を練る。かたやイム・コッチョンは、「俺が生まれて初めて、人間らしく生きた世界だ」として何としても青石村を死守しようとする。しかしイム・コッチョンと五人の頭領らが青石村を出た隙をついて討捕軍が青石村に攻め入り、妻のファン・ウンチョンら多くの住民を殺戮《さつりく》して家々も焼き払ってしまう。

第四三話「兄弟よ」では、イム・コッチョンは影響力のある黄海道一帯の盗賊と謀って次々と郡庁などを襲いながら討捕軍を攪乱《かくらん》させ、朝鮮の始祖と称《たた》えられる檀君《ダンクン》が神仙になって天に昇ったという、伝説の御天石《オチョンソク》が頂上にあるという九月山《クウォルサン》に新たな拠点を移す。そしてイム・コッチョンはイ・ボンハクに「一歩、引き下がる考えは？」と問われて「自分が家族を捨てて逃げろと？　そうやって生き残って、また白丁として役人の顔色を見ながら生きろと？」と返答して徹底抗戦を決意するが、残る頭領も殺されて彼自身ら三人の義兄弟とわずかの仲間が残るのみとなる。

第四四話「九月山のこだま」では、イム・コッチョンらに対する討捕が長引いて民衆の間には不満が高まったため、討捕大将のナム・チグンに撤退の王命が下る。しかしナム・チグンは「白丁出身の盗賊のくせに、民衆を救うだと？」と言い、王命に従おうとはしない。これに対してイム・コッチョンは、女と子どもらを逃がして男たちは大軍の討捕軍との最終決戦に臨む。そして結局のところ生き延びることができたのはイム・コッチョン一人になったが、世間を見下ろせる雪深い九月山の頂上で討捕軍を迎えて壮絶な死を遂げる。そして最後に、次の文章が字幕で紹介されて終わりとなる。

朝鮮中期の暗い時代、白丁の息子に生まれた林巨正は、冷遇と蔑視から逃れようと必死にもがいたが、もがけばもがくほど挫折と絶望感が募った。遂に彼は運命の足枷《あしかせ》を壊すために、自分に従う者たちと義兄弟の契《ちぎ》りを交わし、不条理な世の中に立ち向かった。青石村に巣窟を作り、盗賊として活躍した三年間の間、数多くの役所を焼き払い、黄海道や京畿道《キョンギド》地方の郡守を殺し、何度も官軍を撃退し、国中を騒動に巻き込んだ。彼の名を聞いただけで、権勢家や欲深い官吏は恐怖に震えた。一五六二年一月、彼は壊れた夢を抱いたまま、九月山の雪原で四二年の波乱万丈の人生を閉じた。また彼の義兄弟も、最後まで生死を共にした。民衆は彼を義賊と呼び、朝廷は凶暴な盗賊と記録している。彼は人間らしく生きることを望み、美しい世の中を夢見た情け深い男だった。彼は伝説となったが、その後も世の中は変わらなかった。林巨正。彼は大きな火花であり、一つの希望だった。

第五章　近代朝鮮で外科医になった白丁

1　メディカルドラマとしての『済衆院』

西洋医学のメディカルドラマ

初めて『済衆院《チェジュンウォン》』（SBS、二〇一〇年、全三六話）という作品を観たのは二〇一一年であったと記憶するが、白丁《ペクチョン》を主人公としたストーリーに圧倒されてしまった。この作品は済衆院という病院を中心とした近代朝鮮における西洋医学の草創期を描いたメディカルドラマと呼ばれるジャンルに入るが、時代が時代だけに帝国日本の近代朝鮮に対する植民地支配をめぐる動向も取り入れた、日本人にとっても見過ごすことができない内容であった。小気味よいテンポで秀逸なストーリーが展開されただけに、全話を観終わってもなお観たいという欲求に駆られるほどであった。

『済衆院』は、後ほど述べる実在の朴瑞陽《パクソヤン》という白丁の青年をモデルとした作品であることが知られている。朴瑞陽は近代朝鮮で外科医になったことが多少とも知られていたが、その生涯の全貌が明らかになったのは、延世《ヨンセ》大学校医科大学のパク・ヒョンウとポ・ジョンウァンが発表した「朴瑞陽の

『済衆院』主要登場人物

イ・グァク　巫女《ムニョ》の子のチャクテとして育ち、ファン・ジョンの親友

オ・チュンファン　済衆院《チェジュンウォン》の管理人で、ファン・ジョンを嫌っていたが、やがて理解するようになる

高宗《コジョン》　第二六代王であり、済衆院に理解があり、朝鮮の独立を守ろうとする

鈴木　日本公使館が経営する漢城《ハンソン》病院の看護師

チョン捕校《ポギョ》　ペク・ドヤンに協力する捕盗庁《ポドチョン》の役人であるが、後に義兵闘争に加わる

ファン・ジョン　白丁《ペクチョン》のソグンゲとして白丁《ペクチョン》として屠畜に携わっていたが、済衆院に入学して医師となり、後に義兵闘争に加わる

ホーレス・アレン　済衆院の初代院長として、ファン・ジョンを指導する

ペク・キュヒョン　ペク・ドヤンの叔父で、済衆院の会計係となり、ファン・ジョンを嫌う

ペク・テヒョン　ペク・ドヤンの父で、刑曹判書《ヒョンジョパンソ》

ペク・ドヤン　ペク・テヒョンの息子で、済衆院に入学してファン・ジョンのライバルとなるが、やがて協力するようになる

マダンゲ　ファン・ジョンの父で、白丁として屠畜を営み、後にファン・ジョンブとなる

閔妃《ミンビ》　高宗の正妻で、済衆院とファン・ジョンの理解者

ミン・ヨンイク（閔泳翊）　閔妃の甥《おい》で、改革派の政治家

モンチョン　物乞いであったが、後に済衆院で働く

ユクソン　六本の指をもつ白丁で、密屠畜を犯したとして捕盗庁から追われる

ユ・ソンナン　ユ・ヒソの娘で、済衆院に入学して医師となり、ファン・ジョンと結婚する

ユ・ヒソ　英語の通訳官で、白丁のマダンゲとも知り合い、娘のユ・ソンナンを心配しながらも義兵闘争に参加する
ユン・ジェウク　ペク・ドヤンの友人で、なにかとファン・ジョンを目の敵とする
渡辺俊介　日本公使館が経営する漢城病院の医師で、済衆院を潰そうと企む

医療活動と独立運動」（『医史学』第一五巻第二号、二〇〇六年一二月）という論文であった。この論文の基本的な事実が作品に反映されることになったと思われるが、『済衆院』のストーリーはオリジナルなものである。

この作品は、脚本はイ・ギウォン（李起元、一九四一〜）、演出はホン・チャンウクが担当した。ホン・チャンウクは『韓国歴史ドラマ秘話録』（ぴあ、二〇一三年）で、当時における西洋医学の機器や施設、医学情報などをリアルに描くことに最も気を遣い、内容については「ファン・ジョンのモデルとなったパク・ソヤンもまた白丁の息子でした。身分差別に打ち勝って立派な医師に成長し、またその後、独立運動に参加したりもしました。そのようなモデルの人生に沿って歴史上の事件を肉付けしたので、他の作品よりもキャラクター作りの難しさは少なかったです。むしろ、女性主人公であるソンナンが、朝鮮末期に女性として医師に成長する過程、そして白丁の息子を愛するようになる過程に注意を傾けました」（九八頁）と振り返っている。

主人公のソグンゲもしくはファン・ジョンをパク・ヨンウ（朴埇佑、一九七一〜）、ライバルのペ

ク・ドヤンをヨン・ジョンフン（延政勲、一九七八〜）、ファン・ジョンの恋人で女医のユ・ソンナンをハン・ヘジン（韓惠軫、一九八一〜）、ファン・ジョンの父であるマダンゲもしくはファン・ジョンブをチャン・ハンソン（張項線、一九四七〜）、第二六代王の高宗《コジョン》をチェ・ジョンファン（崔鐘煥、一九六五〜）、ユ・ソンナンの父である通訳官のユ・ヒソをキム・ガプス（金甲洙、一九五七〜）らが演じた。とくに『朱蒙《チュモン》』（MBC、二〇〇六〜二〇〇七年、全八一話）でもソソノ（召西奴）を演じていたハン・ヘジンの凛々《りり》しい美しさは、群を抜いていたように思う。

この作品が撮影されたのは、主として慶尚北道《キョンサンプクト》で二〇〇八年に開設された聞慶《ムンギョン》セジェという韓国歴史ドラマのためのオープンセット場であった。「セジェ」とは「峠」の意味であり、この一帯は現在では道立公園となり、そのなかの広大な敷地に光化門《クァンファムン》や官庁、民家などが再現されている。ここへは二〇一四年一〇月に連れ合いとソウルからバスとタクシーを乗り継いで苦心して訪れ、三時間くらいをかけて足が棒になるほど見て回った。演出したホン・チャンウクは前掲の『韓国歴史ドラマ秘話録』で、「孫である女性が、聞慶のセットを訪問してくれたんです。苦労の多い撮影現場だったので、その出来事がいまだに記憶に残っていますね。苦労が報われた気がして、とてもありがたかったです」（九九頁）と語っているように、主人公のモデルとなった朴瑞陽の孫娘が訪ねてきたという実に興味深い事実を紹介した。

王立病院として設立された済衆院

『済衆院』という作品名は、近代朝鮮で初めての西洋病院である済衆院の名前から採られた。済衆院が設立される契機となったのは、一八八四年一〇月に金玉均《キムオッキュン》ら急進開化派勢力による甲申政変＊の際に、後に明成皇后《ミョンソンファンフ》と称される閔妃《ミンビ》の甥《おい》である閔泳翊《ミンヨンイク》が重傷を負い、彼をアメリカ北長老教会から派遣された医師のホーレイス・ニュートン・アレンが助けたことであった。これによってアレンは高宗から信頼されることになり、高宗の許可を得て一八八五年四月一〇日に漢城《ハンソン》の斎洞《チェドン》で初めての西洋病院である広恵院《クァンヘウォン》という王立病院が設立された。しかし四月二六日に、広恵院は済衆院と改称されることになった。この済衆院とは、「民を救済する家」という意味であった。

一八八六年には済衆院医学校が設立され、一六人の医学生を選抜して自前で西洋医師を養成することになり、女性の患者のために婦人部も開設されることになった。済衆院は拡張されることになり、一八八七年に銅峴《クリゲ》に移転されることになった。一九〇四年にはアメリカ人実業家のルイス・セブランスから資金の提供を受け、桃谷《トゴル》に新たな病院が設立され、病院名はセブランス病院に改称された。こ

甲申政変　急進開化派が親清《しん》勢力の一掃を図り、日本の援助で王宮を占領して新政府を樹立したが、清国軍の介入によって三日で失敗したクーデター

れに伴って、済衆院医学校も一九〇九年にセブランス医学校に改称された。解放後の一九四七年にセブランス医科大学に昇格し、一九六二年には延世大学校医科大学セブランス病院となり、現在に至っている。なお一九八七年に、延世大学校の構内に広恵院が復元された。

二〇一二年であったと記憶するが、連れ合いと訪れたソウルの龍山《ヨンサン》にある国立中央博物館に近代朝鮮の医学に関するコーナーがあり、そこに朴瑞陽の写真が展示されていたのは誠に嬉《うれ》しかった。また『済衆院』にちなんだ場所へは、朝鮮衡平運動史研究会の関係で二〇一七年三月に訪れることになった。まず延世大学校の構内に復元された広恵院を訪れ、次に広恵院と済衆院があった場所にも行ったが、その場所は現在では憲法裁判所の敷地内であった。その日は朴槿恵《パククネ》大統領の弾劾裁判において罷免が妥当であるという判断が下された翌日の一一日であったので憲法裁判所の警備が厳重であり、敷地内に入ることができずに塀越しに眺めただけであった。そしてソウルの中心部である仁寺洞《インサドン》にある朴瑞陽と父の朴成春《パクソンチュン》も在籍していた勝洞《スンドン》教会、ソウル駅前にある延世大学校医療院セブランス病院一階の済衆院に関する記念コーナーにも訪れ、『済衆院』の世界に少しでも触れることができた。

屠畜に生きた父の朴成春

『済衆院』でのソグンゲのモデルは、実在した朴瑞陽である。朴瑞陽を説明するためには、まず父の朴成春に触れておく必要があろう。朴成春は一八六二年に現在はソウルの鐘路《チョンノ》区貫鉄洞《クァンチョルドン》にあたる貫子洞《カンジャドン》で生まれ、白丁として屠畜に携わっていた。漢城の中心部である鐘路三街の避馬屏門《ピマピョンムン》にある飲食店に肉を納めていたというから、一定の経済力を有していたと考えられる。

朴成春の妻は趙《チョ》氏であり、朴瑞陽となるポンジョリという長男、朴陽斌《パクヤンビン》となる長女、パク・テヤンとなる次男の五人家族であった。後には妻の趙氏が亡くなり、一八七〇年生まれの李信心《イシンシム》が後妻となったが、新たに子どもが生まれることはなかった。一八九三年になって朴成春はイエス教の学校を開いた宣教師のサムエル・ムーアと知り合い、そこに自らの子どもを通わせた。朴成春は一八九四年に腸チフスにかかって生死の境を迷い、ポンジョリがアメリカ北長老教会のムーアに頼み、カナダ人の医師で済衆院医学校の校長であるオリバー・エビソンに助けられた。なおエビソンは、朝鮮王朝の第二六代王である高宗の主治医という地位にあった。

これが契機となって、かつては天主教と呼ばれたカソリックを信仰していた朴成春は、一八九五年四月に妻と三人の子どもとともにプロテスタント系のコンダルコル教会で洗礼を受け、この時から朴成春を名乗るようになった。それ以前に正式な名前はなかったということであるが、通常はどのように自称していたか興味がそそられる。ちなみに「成春」とは「春に生まれ変わった」との意味であり、嬉しい気持ちが察せられる。そして朴成春はムーアとともに、白丁らに対して布教のために活動することになった。ちなみに次男のパク・テヤンの「ヤン」は漢字では「陽」であったと思われ、後に述べるように朴瑞陽と朴陽斌という他の二人にも「陽」が使用されたことから、人生に陽が当たることを意味すると思われる太陽への強い思い入れがうかがわれる。
朴成春は一八九四年六月に自らを白丁から外すこと、すなわち免賤《めんせん》を内務大臣に嘆願したが、これは『独立新聞』一八九七年六月五日付では後に実現したと報じられた。このことはエビソンの回顧録(英文)には、朴成春が「初めて人間として歩く姿」と記述された。そして仁寺洞にある一九〇五年に設立された勝洞教会に通い、エビソンの地域医療活動を助けるようにもなった。一八九八年には独立協会*に参加し、六六人いる総代委員の一人となった。この年の一〇月二九日に鐘路の普信閣《ポンシンガク》で開かれた、独立協会が主催する官民共同会の冒頭で演説し、次のように述べて多くの人から共感を得ることになった。

私は大韓帝国の最も賤《いや》しい人間であり、また無知蒙昧《もうまい》でもあります。しかし忠君愛国の意味は、おおよそ分かっています。そして利国便民の道とは、すなわち官民が心を合わせたのちこそ、可能だと思います。テントにたとえるならば、一本の長い竹竿《たけざお》で支えると力不足でも、多くの竹竿を合わせると、その力はとても強くなります。願うことならば、官と民が心を合わせて、我が大皇帝の聖徳に報い、国づくりにおいて万々歳を享有しましょう。

ここには朝鮮の独立を願う、朴成春の強い願望が表現されている。そして一九〇八年に、朴成春は普興《ポンフン》夜学校の設立にも加わった。朴成春は一九一一年一二月には勝洞教会の数少ない長老の一人となり、子どもの教育活動に対しても極めて熱心であったという。一九一八年になると、朴成春は江原《カンウォン》道《ド》にある春川《チュンチョン》の長老教会で財政を担当するようになり、エビソンの回顧録によると、後には銀行家になったとも言われている。そして朴成春は、一九二二年六月に六〇歳で亡くなった。これが朴成春の実像として明らかにされているが、後に述べるように『済衆院』ではストーリーの展開のうえで大きく異なった人物として描かれた。

ソグンゲのモデルは朴瑞陽

朴瑞陽は、ポンジョリとして一八八五年に生まれた。一八九三年にサムエル・ムーアがイエス教の学校を開いて子どもを集めていたが、これを知った朴成春がポンジョリを通わせることになった。そして一八九五年四月に父らとともに洗礼を受け、朴瑞陽という名前を名乗るようになった。ちなみに「瑞陽」とは、「縁起のいい太陽」との意味である。

朴瑞陽は一八九七年もしくは翌年にムーアの司会のもとに二歳年上の李《イ》氏との結婚式をおこない、三男三女をもうけることになった。この結婚式を終えて父の朴成春は出席していたオリバー・エビソ

独立協会　一八九六年に設立された開化派の運動団体で、朝鮮における立憲君主制の導入を目指した

ンに、朴瑞陽を病院に連れて行って修行させてくれと頼んだ。エビソンの回顧録によると、父の朴成春がエビソンに息子を「済衆院に入学させて、人間にしてほしい」と頼んだという。エビソンは朴瑞陽に一八九八年から二年間にわたって済衆院医学校で雑用に従事させ、真面目な彼に対して一九〇〇年には済衆院医学校の正規課程への入学を許すことになったという。

一九〇一年の『済衆院年次報告書』には、「パク・ソヤン 二年 白丁」との記述がある。ただし原文の英語では、白丁は屠畜人を意味する「the butcher」と記されていた。『大韓毎日申報』一九〇七年三月一八日付で朴瑞陽と朴成春の目覚ましい活動が報じられ、『漢城新聞』一九〇七年九月二二日付では朴瑞陽が漢城基督教青年会で講義するとの記事もある。この時に学生たちが白丁であることを理由に、朴瑞陽を賤視する態度を見せたが、彼らしく「私の中にある五〇〇年にわたる白丁の血ばかりを見るのではなく、科学の血を見て学べ」と述べて学生たちを覚醒させたという。そして朴瑞陽は一九〇八年六月三日に韓国統監の伊藤博文も出席した卒業式によって、済衆院医学校の第一回卒業生として朝鮮初の外科医になり、その後は母校の専任教授を務めるほど優秀な医師でもあった。

しかし朴瑞陽は一九一七年に中国東北部である吉林省延吉県、いわゆる間島に移住し、現在の延吉市の局子街で救世《クセ》病院を開業した。局子街では崇信《スンシン》学校を設立して民族教育に力を注ぎ、一九三〇年に約五〇人の生徒が独立運動のデモをおこなった。そして生徒が一九〇七年に結成された独立運動の秘密結社である新民会《シンミンフェ》や青年学友会などに関わったとして、一九三二年六月には崇信学校は強制廃校される憂き目に遭《あ》った。

朴瑞陽は一九一九年に吉林省汪清県の北間島で独立運動のために設立された大韓国民会の軍医となり、『東亜日報』の間島支局記者としても独立運動に携わった。しかし一九三六年に帰国を果たし、黄海道《ファンヘド》の延安《ヨンアン》で医院を開業することになった。一九四〇年の八月一日には創氏改名*の影響もあってか朴瑞陽は「植野」という氏を名乗ったというが、今となっては本来的に帝国日本を必ずしも快く思っていなかったであろう彼の心中を探れないのが誠に残念である。そして朴瑞陽は約四カ月を経た一二月一五日に五五歳という若さで亡くなり、独立運動に多大な貢献をもたらしたとして、二〇〇八年には韓国政府から独立功労者として建国褒章を授与されるに至った。

創氏改名　帝国日本による植民地政策の皇民化政策の一環として、一九四〇年二月から半強制的に朝鮮人に対して新たに氏を創設させ、また名を改めることを決定した政策で、多くの朝鮮人は日本式の氏名を名乗ることになった

2 屠畜に携わるゆえの苦悩

「お前だって、白丁の人生が嫌なんだろ?」

さて『済衆院《チェジュンウォン》』の第一話は、高宗《コジョン》二〇年である一八八四年に白丁《ペクチョン》らが屠畜する場面から始まる。木魚を叩《たた》きながら先導する僧侶の後に、長老やソグンゲら八人の白丁が、藁葺《わらぶき》屋根の中央が抜かれたほぼ円形の屠畜場に入っていく。それとともに荘厳な音楽が流れ、道具が飾られた屠畜場では長老が「牛を入れろ」と命令する。赤牛が中央に連れて来られ、長老が「布を掛けよ」と命じ、牛の目を覆うように赤い布が頭から背中にかけて掛けられる。

次に長老が「清めの水を」と命じると、一人の男が桶《おけ》から汲《く》んだ水を軽く牛にかける。そこで長老は「ソグンゲ」と声をかけ、大きな金槌《かなづち》をもったソグンゲは目をつぶって意識を集中した後、滑らないよう手に唾をかけて金槌を牛の眉間に力強く振り下ろすと、牛は見事に倒れる。ソグンゲが捌《さば》こうとして牛刀を振り上げた時、持った柄から刃先が落ちてしまう。ちなみに「ソグンゲ」とは「小斤犬」と書き、小さい犬の意味であるという。

そこへ不法に密屠畜した六本指の白丁であるユクソンを探していた捕盗庁《ポドチョン》*の役人であるチョン捕《ポ》校《ギョ》が踏み込み、長老らを外へ連れ出して並ばせる。このユクソンとは、六本指という意味であった。

長老は「恐れながら、ユクソンの奴は白丁の掟《おきて》に背き、この村から追放されて久しいのです」などと言うが、聞く耳をもたないチョン捕校は配下の者に殴るよう指示し、殴りかかる。そこでソグンゲは「旦那様。密屠畜は、白丁にとって殺人も同然です。ユクソンは掟を破り、密屠畜した。あのバチ当たりで不届きな男は、お上でなく、私らの手で始末してもいい。なのにユクソンを、かくまっているとでも？　どうか、ご勘弁ください」と言ったものだから、仕方なく捕盗庁の役人は去っていく。密屠畜は、明らかに犯罪であった。

長老はソグンゲを屠畜場に連れて行き、ソグンゲが落ちた刃先を拾おうとすると「触るな」と命じ、「邪気が宿った」と続けて赤い布で刃先を覆うように拾う。そして長老は「ソグンゲよ。今後、一月の間、牛刀には触れず、謹慎なさい」と言うが、ソグンゲは怪訝《けげん》な顔で「長老？」と理由を聞こうとするが、長老は「汚れた牛刀に触れ、軽率なことをすれば、天罰が下るだろう」と言う。それでもソグンゲが「私が解体しなければ……」と言いかけると、長老は「他の奴に任せる。ここには一歩も近づくな」と命じて去るが、ソグンゲは「それは、あんまりです」と呟《つぶや》く。

食い扶持《ぶち》を断たれたソグンゲは、官庁で罪を犯したものに代わって尻叩きの刑を自ら受けてまで小銭を稼ぎ、病を患った母の薬を手に入れる。ソグンゲが住む粗末な家には、ソグンゲが読んでいる書

捕盗庁　治安維持と犯人の逮捕、裁判などを担当した部署

籍がある。ソグンゲは白丁であったが、勉強熱心であった。そして村の一人から四日後に清渓川《チョンゲチョン》にある英語の通訳官であるユ・ヒソの屋敷にステーキ用の肉を届けてくれと頼まれて行く。そこでは洋医《ヤンイ》と呼ばれて南山《ナムサン》にある日本公使館病院の医師を務めていた渡辺俊介が、「人間の肉を切ったり縫ったり、白丁みたいなものさ」と言ったものだから、その西洋医師にソグンゲは興味をもつ。

ユ・ヒソの屋敷に肉を届けたソグンゲは、ユ・ヒソの娘であるユ・ソンナンと刑曹判書《ヒョンジョパンソ》＊の息子で、成均館《ソンギュングァン》＊に学びつつも西洋医師を目指すペク・ドヤンに会う。この二人は、婚約者の間柄であった。屋敷では多くの西洋人を招いた踊りもある西洋式の華やかなパーティーが開かれ、ステーキや酒などが振る舞われる。屋敷の入り口でソグンゲに「賤民《チョンミン》はよそへ行け」と言って蹴りつけた、成均館でペク・ドヤンと同学のユン・ジェウクはブランデーを飲み過ぎて気を失い、倒れて後頭部に裂傷を負ってしまう。そこに居合わせた渡辺は即座に麻酔の注射を打ち、傷口を糸で縫い合わせる。これを、ソグンゲとペク・ドヤンが注目して見る。

ソグンゲは、巫女《ムニョ》の子どもであるが白丁村で育ったチャクテとともに村から追い出された六本指のユクソンに会い、「どうして、白丁の掟を破ったんだ。両親の最期を忘れたのか?」と問うと、ユクソンは「忘れるものか。密屠畜した親の子だからと、俺は村で白丁扱いすらされなかった。忘れてたまるか。掟などクソ食らえだ。賤民にもバカにされる惨めさが、お前に分かるか?」と言い返されてしまう。ユクソンは両班《ヤンバン》の格好をして指も渡辺に頼んで五本にし、「服のおかげで誰にも見抜かれず、人間扱いされた」と言い放つ。そしてユクソンが「白丁なのに、なぜ字を学んだ?」「お前だって、白丁の人生が嫌なんだろ?」と聞いても、ソグンゲは「お前とは違う」としか言えない。白丁に対する差別への怒りは、二人に共通していた。

そしてソグンゲは、子どもの頃を思い出す。首に縄を巻かれて跪《ひざまず》いたソグンゲが「俺だって同じ人間なんだ」と言うと、虐《いじ》めていた四人の子どもたちは「白丁が同じ人間?」「お前は四本足で歩け」「四本足で、這《は》いつくばれ」「エサをやるから食え」「さあ食え」「口を開けろよ」と言って口に藁《わら》をねじ込む。ここに駆けつけてソグンゲを助けたのが、他ならぬ少し年長のユクソンであった。

「神聖な仕事をする白丁は、死んだら天の国に行けるのよ」

母が病に倒れ、ソグンゲが母を背負って運んだのが日本公使館の医院であった。医師の渡辺が肺に膿《うみ》が溜まっていると言うと、看護師の鈴木はソグンゲに分からないように日本語で「あの人たちは、白丁のようです。たぶん治療費を、支払えないと思います」と言う。そこで渡辺は「しかし追い出す

刑曹判書　司法や刑罰などを担当した中央官庁の長官

成均館　国立の最高教育機関で、寄宿生活を送りながら儒教に基づく政治理念を教え、科挙《クァゴ》の文科のうち、小《ソッ》科《クァ》に合格した者が入学を許され、卒業すると大科《テックァ》の受験資格をえることができた

のは、大日本帝国の体面を傷つけることだ。適当に治療して、後で口実をつけて追い出せ」と日本語で言い、注射器で膿を吸い出す。母は結核性肋膜炎《ろくまくえん》であり、鈴木はソグンゲが払えそうにもない法外な治療費を要求したため、それを聞いていたソグンゲは母の意向を汲んで家に戻る。

　しかし母の病状が悪化したため、ソグンゲは治療費のために請われても断っていた密屠畜を引き受けてしまう。これは明らかに、白丁の掟を破ることであった。そしてソグンゲは、幼い頃に母と交わした会話を思い出す。母が「牛はもともと天の国の王子様だったの」と言うと、ソグンゲは「王子様がどうして牛に?」と問う。そこで母が「罪を犯したから、神様が牛に変えたの。一日中、働けとね」と答えると、ソグンゲは「かわいそうな牛」と言う。しかし母が「そうよね。人間たちに一生こき使われて、天の国に帰っていくの」と言うと、またソグンゲは「どうやって帰るの?」と問う。これに対して母が「白丁が牛を屠《ほふ》ると、王子様の魂が天に昇るの。神聖な仕事をする白丁は、死んだら天の国に行けるのよ」と付け加えると、ソグンゲが「本当に行けるの?」と尋ねたものだから、母は「もちろんよ。だから絶対に、白丁の掟を破ってはダメよ。分かった?」とソグンゲを諭す。

　ソグンゲは密屠畜に携わってしまうが、その手捌きは実に見事である。密屠畜の動きを察知した捕盗庁のチョン捕校らは山深い密屠畜の現場をおさえ、ソグンゲだけを別の場所に連行する。そこにはユクソンの死体があり、チョン捕校《ポギョ》とつるんで顔を見せないペク・ドヤンは自らの人体への強い関心からソグンゲにユクソンの死体を解剖させようとし、ソグンゲは仕方なく解剖に手を貸してしまう。

第二話ではペク・ドヤンがソグンゲに「その死体を解体せよ」と命令するとソグンゲが拒否するが、ペク・ドヤンは「白丁だろ？」と言う。ソグンゲは「屠畜が仕事とはいえ、遺体を傷つければ、故人の霊が浮かばれません」と返すが、結局はチョン捕校に刀で脅されて解剖に手を貸してしまう。そしてソグンゲは、取り出した内臓を元に戻し、丁寧に糸で縫う。

ソグンゲが解剖したユクソンの死体が発見されて捕盗庁で検死がおこなわれ、内臓を狙ったものと判断した医官が「ハンセン病患者が薬として持っていくとか」と言うが、捕盗庁の役人は「これは白丁の仕業だ。だが普通の白丁なら、こんな真似はしないだろう。密屠畜犯に違いない。死体をなぶりものにする冷血漢だ」と決めつける。そしてソグンゲの母は亡くなり、家族と親しい周りの者で手厚く葬るが、ソグンゲは密屠畜の犯人として捕盗庁に追われる身となる。

ソグンゲはチャクテとともに漢城《ハンソン》を出て、両班と奴婢《ノビ》から服と号牌《ホペ》＊を奪い、ソグンゲはファン・ジョン、チャクテは奴婢のイ・グァクを名乗り、逃げ延びようとする。これからソグンゲのことをファン・ジョン、チャクテのことをイ・グァクと呼ぶことにしよう。しかしファン・ジョンは船着き場でチョン捕校に捕まり、殺害を狙った船から逃げようとして川に飛び込んだが銃で撃たれてしまう。

第三話では、ファン・ジョンは川べりで花火を楽しんでいたユ・ソンナンに助けられ、通訳官であ

号牌　小さな札に名前や生年月日などが刻まれた、一六歳以上の全ての男性に携帯が義務づけられた身分証

るユ・ヒソの家に来ていた宣教師で医師のホーレス・アレンによって体から銃の玉が取り出され、命拾いする。しかし身元が暴かれることを恐れたファン・ジョンは家を出て行くが、物乞いのモンチョンに助けられる。

「白丁のくせに両班や医者のまね事をするとは」

一八八四年一〇月一七日、日本が後ろ盾となったキム・オッキュン（金玉均）ら開化派が閔妃《ミンビ》の甥《おい》であるミン・ヨンイク（閔泳翊）らの排除を狙った甲申政変が起こり、ファン・ジョンが通訳官のユ・ヒソを助ける。第四話では、キム・オッキュンらによって大けがを負ったミン・ヨンイクが、外交顧問の穆麟徳《モクインドク》参判《チャムパン》、すなわちドイツ人のメレンドルフの家に運び込まれるが、アレンによる治療をめぐって朝鮮人の医師は、「賤民の靴屋ですら、人の皮は縫わぬもの」と反対する。字幕では「賤民」となっているが、実際は「カッパチ」と言っている。

心配して来たユ・ソンナンをファン・ジョンが家に送り届ける際、「西洋では、賤民でも医師になれたんですね」と聞くと、ファン・ジョンが白丁であることを知らないユ・ソンナンは「刃物の扱いに慣れていたもの。朝鮮で言えば、白丁かしら」と答える。そこで焦ったファン・ジョンが「白丁？あの白丁ですか。さすがに無理ありません？」と問うと、ユ・ソンナンは「白丁も刃物を使いこなすわ。革靴も作るから、縫うのも得意でしょ？　肉を切って針で縫って……ぴったり」と返し、ファァン・ジョンは「そうですね。確かに説得力がある。ぴったりだ」と笑って嬉《うれ》しがる。

ペク・ドヤンの父である刑曹判書のペク・テヒョンがキム・オッキュンらによって大けがを負わされ、叔父であるペク・キュヒョンに頼まれる。そしてファン・ジョンは見様見真似でテヒョンの手術をおこなうが、ペク・テヒョンは死んでしまい、ペク・ドヤンから責められる。第五話では、ファン・ジョンはイ・グァクに「白丁の分際で、大それたことしやがって」と責められてしまう。そしてファン・ジョンはユ・ソンナンの協力を得て、罪を追及しようとしたペク・ドヤンから逃げてしまう。しかしファン・ジョンはアレンから自らの手術がペク・テヒョンの死の原因でないことを教えられ、西洋医学を学ぼうとしてアレンの医療助手となる。

一方、イ・グァクは生きるために町の市場通りで占いをやるが、奴婢の下女を従えた妓生《キーセン》の女性に「あなたの人生は、水ではなく血と縁がある」と言うと、女性は「血？　白丁にでもなると言うの？　縁起でもない。帰るわ」と怒って去ってしまう。この女性は後に済衆院の女医になり、下女は済衆院で働くというから、実に面白い。

そしてイ・グァクがファン・ジョンを訪ねるが、ファン・ジョンを白丁と知っていたチョン捕校から「あの白丁に何を命じられた？」と問い詰められて殴られてしまう。そしてチョン捕校はイ・グァクを脅してファン・ジョンを捕まえ、「白丁のくせに両班や医者のまね事をするとは。卑怯《ひきょう》者め。今度こそ逃がさないぞ」と言って殺そうとする。しかしファン・ジョンと揉《も》み合っているうちにチョン捕校が石に頭を打ちつけて瀕死《ひんし》の状態となり、助けようとしてファン・ジョンがアレンのもとへ担ぎ込む。

ちょうどアレンは治療所を開設しようとしていた矢先で、そこには高宗がミン・ヨンイクを伴って訪れる。ファン・ジョンによって担ぎ込まれたチョン捕校はファン・ジョンの協力を得てアレンから手術を受け、辛うじて一命をとりとめる。これを見た高宗はアレンを中心に広恵院《クァンヘウォン》を設立して支援することになり、アレンは朝鮮名の安連《アルリョン》を名乗ることになる。この広恵院は、謀反を起こしたホン・ヨンシク（洪英植）の斎洞《チェドン》にあった家を使うことになる。

しかし高宗は広恵院という名前が気に入らず、直後に〝民を救済する家〟という意味で済衆院に変えてしまう。この済衆院こそアレンが院長になった、朝鮮王朝が初めて設立した西洋式の本格的な王立病院であった。そしてミン・ヨンイクの提案によって、西洋医は〝医学の師〟という意味から医師と呼ばれるようになる。また済衆院は医師を養成するために医学堂を設立することになり、そのために試験を実施することになる。

3　医師を目指しての努力

「白丁になれと言うのか?」

第八話では、ファン・ジョンが試験を受けるため英語を勉強しようとするが、ペク・ドヤンとの婚約が危うくなりかけたユ・ソンナンが通訳官の娘であることを活かして英語を指導し、徐々に二人の距離は縮まっていく。そして第九話では、ファン・ジョンが試験を受けようとするが本物のファン・ジョンが現れたため、代わりに替え玉として受験する。次々と試験をクリアーするファン・ジョンを本物のファン・ジョンは「見上げた白丁《ペクチョン》だ」と感心するが、本物のイ・グァクである下男に対して「いいか、やつは白丁だぞ。白丁を殺しても、殺人とは見なされぬ」と言い放つ。

実技として豚を解剖して内臓を描くという最終の試験があり、「白丁になれと言うのか?」と怒りながら会場を後にする者も現れる。三人で一組となって解剖することになるが、従兄の名をかたって替え玉受験したユ・ソンナンに代わって、利き手の右手を骨折していたファン・ジョンが左手で執刀するが、さすがに白丁として手慣れた解剖を実施する。試験を終えて本物のファン・ジョンはファン・ジョンを殺そうとするが、ファン・ジョンは「両班《ヤンバン》は皆、そうなのか? 白丁の命など、ハエの命より軽いのか?」と言い、本物のファン・ジョンは自らが替え玉受験に関わったことによって厳罰に処せられるのを恐れて郷里へ帰ってしまい、ファン・ジョンは事なきを得る。

しかしペク・ドヤンの叔父で済衆院《チェジュンウォン》の会計係であるペク・キュヒョンの策略によって、ファン・ジョンは不合格となり、済衆院を追われてしまう。そこで第一〇話では、首席で合格を果たしたユ・ソンナンが自らの不正を明かして辞退したことによって、二位のペク・ドヤンが首席合格となり、補欠となっていたファン・ジョンが繰り上げによって合格し、念願であった医学堂の医学生となる。そしてユ・ソンナンは、済衆院で医師と患者の意思疎通を図る役目として働くことになるが、仲良くなっていくファン・ジョンとユ・ソンナンに対してペク・ドヤンは嫉妬するようになり、ユ・ソンナンは済衆院を去らなければならなくなる。しかし第一一話では、ユ・ソンナンが婦人科の女医であるリリアス・ホートン、朝鮮名のホドン（好敦）の助手となり、女医を目指すようになる。

済衆院に肉を納めに来たマダンゲは、帰ろうとした患者から「白丁のくせに、うろつくな」と蹴られてしまう。そこでイ・グァクは、ソグンゲことファン・ジョンが死んだと思い込むマダンゲが、ファン・ジョンと会わないように気を遣う。そしてファン・ジョンは自らが白丁であることを知られていないが、補欠で合格したこともあって、周りの医学生からは何かと虐《いじ》められる。そこで第一三話では、イ・グァクがファン・ジョンに「白丁だとばれたら、八つ裂きにされるぞ」と注意を促す。

この頃、朝鮮では天然痘が大流行していたが、これまで朝鮮では治療できないものとされていたので巫堂《ムダン》や巫女《ムニョ》などによって祈祷《きとう》をするしかなく、奇怪にも敬称として語尾に用いられる〝媽媽《ママ》〟という俗称で呼ばれていた。そこで日本公使館の医院から協力を得られない済衆院では、天然痘の治療に全力で取り組むことになり、アレンを中心にファン・ジョンやペク・ドヤン、ユ・ソンナンらが患者に投与するため、牛の膿《うみ》を精製した牛痘ワクチンという薬を独自に作ることになった。

ファン・ジョンは種痘《しゅとう》針を手に入れるため鍛冶屋に出かけるが、かつて天然痘の専門医として『牛痘新説』を著した池錫永《チソギョン》が「白丁村に牛痘ワクチン用の種痘場まで造った」という記述に教えられる。実のところファン・ジョンは幼い頃に、自らの村の種痘場で池錫永がワクチンを接種する場面を見ていたことを思い出す。また通訳官のユ・ヒソは、「私は知り合いの白丁に頼んで、白丁村に種痘場を作れるようにしました」とかつて池錫永に協力したことを思い出し、また「今日、子牛を買うために当時の協力者だった、マダンゲという白丁に会ってきました」と協力を申し出る。

しかし複雑であったのは、マダンゲの息子であるファン・ジョンである。種痘場に行く当日、アレンは「白丁村は、注意が必要だそうだ。屠畜が生業《なりわい》なので気性が荒く、怒らせると何をされるか分からない」と言う。しかしファン・ジョンは「そんな心配は無用です」と返すが、ペク・ドヤンは「白丁は、あの無知な民より危険なのだぞ」と諫《いさ》める。それでもファン・ジョンはマスクで顔を隠し、マダンゲに伴われてペク・ドヤンとユ・ソンナンとともに自らが生まれた白丁村へ行く。

「白丁の身で頭がよくても、宝の持ち腐れです」

第一四話では、ユ・ソンナンとマダンゲは旧知の仲であり、ファン・ジョンが死んだと思い込むマダンゲはユ・ソンナンに対して、「白丁の身で頭がよくても、宝の持ち腐れです」と、死んだと思い込む息子を惜しむ。ペク・ドヤンは「白丁村によそ者が入れば、何が起こるか分からない」とユ・ソンナンを帰らせせようとするが、結局は一緒に行くことになる。マダンゲは釘《くぎ》を踏んで足を痛めていたが、ファン・ジョンは「あの白丁は、右足を痛めてますね」と「白丁」という言葉まで使って気遣う。そしてファン・ジョンは「身の程を知れ。賤民《チョンミン》どもときたら、人の言うことを聞きやしない」と言い、断ろうとする父のマダンゲに無理やりにでも軟膏薬《なんこう》を渡す。

そして三人は、白丁村で子牛からワクチンを無事に採取し終える。しかし巫堂と巫女が率いる集団が来て「世間知らずな両班さんが、白丁村で何を始めたのです?」と聞き、さらに「ここは誰が死のうと、不思議でない。白丁村の外れですぞ」とまで言って脅したものだから、乱闘騒ぎになる。逃げ延びたファン・ジョンとユ・ソンナンは老人とぶつかったが、その老人は「ソグンゲ」と言ってしまう。この老人こそソグンゲとしてのファン・ジョンをよく知る白丁村の長老であり、ファン・ジョンは「どこに目を付けておる」と叱りつけて去るしかなく、長老はいぶかしげに首をかしげる。帰りが遅い三人であるが、イ・グァクでさえアレンに対して「種痘場は白丁村にあるので、罪人などが行けば、半殺しにされる恐れが……」とファン・ジョンを心配する。

ふとしたことからユ・ソンナンはソグンゲという名が気になり、自らの下女に尋ねたところ、下女は「犬の子」という意味であり、さらにマダンゲは「庭の犬」という意味であるとも言う。そしてユ・ソンナンが「なぜ人間にそんな名を？」と聞くと、下女は「人間ですって？　白丁は白丁ですよ。名字のない白丁に、名前があるだけマシです」と言う。そこでユ・ソンナンはファン・ジョンに「昨日の帰り道、老いた白丁にぶつかったでしょ？　あの人、ファンさんのことソグンゲと呼んだわ。白丁村では、よくある名前みたい」と言うが、ファン・ジョンが「へえ、そうでしたか」ととぼける。それでもユ・ソンナンは「あの白丁はぶつかられて、悪態をついたのかも。私、ソグンゲの意味も知らず、二人は知り合いかと思った。白丁村に土地勘もあるし……」とまで言うが、正直に言えないファン・ジョンは「地理には強いんです」とはぐらかすしかない。

そして苦労の末に牛痘ワクチンが完成し、済衆院には予防を求めて多くの人びとが訪れるようになる。成功を振り返るペク・ドヤンとユ・ソンナンの会話では、ペク・ドヤンは「本当に白丁も顔負けの手捌《てさば》きだった」と言ってファン・ジョンを褒めるが、ユ・ソンナンは「白丁？」と不思議がる。そしてユ・ソンナンはファン・ジョンが深夜にマダンゲの家先に軟膏薬を置くのを見てしまい、ファン・ジョンが白丁ではないかとの疑いを強める。

「私の卑しく穢れた血が、あなたまで穢したようで」

そこで第一五話では、ユ・ソンナンはファン・ジョンに対して「白丁村に、何のご用です?」と問うが、ファン・ジョンは「軟膏を届けに」と言うばかりなので、ひどく悩んでしまう。そしてユ・ソンナンの下女もユ・ソンナンに対して、ファン・ジョンが「深夜に白丁村を訪ねて行った?」と疑ってしまう。またイ・グァクに対しても下女は「白丁村に行ったら怪しい? 怪しくない?」と聞くが、イ・グァクは「用もなく白丁村に行くはずもない。誤解ですよ」と言う。このことをイ・グァクから知らされたファン・ジョンも「夜中に白丁村に行ったりしたら、疑われて当然だ」と、ユ・ソンナンだけには打ち明けようと思い悩んでしまう。そしてファン・ジョンはユ・ソンナンに「昨日の晩、白丁村に行ったのは、実は……」と言いかけると、うすうす感付いているソンナンは笑いながら「秘密にします。また誤解されたらいけないわ」と気遣ったため事なきを得る。

済衆院では患者の大量出血死を契機として、ペク・ドヤンが採血して血の相性を調べる。この時点で、まだ医学的には血液型が発見されていたわけではなかった。ともかくも採血されたファン・ジョンは「私の血は他の人と違う?」と、自らが白丁であることから普通の人とは違うのではないかと心配するが、この疑問に対してペク・ドヤンはいぶかしがる。このことを聞いたイ・グァクは「白丁だとばれたら、どうする気だ」と心配するが、ファン・ジョンとイ・グァクは「白丁の血などなかった。他の人と同じなんだ」と非常に喜ぶ。

　正月になり、済衆院のアレン院長らは昌徳宮《チャンドックン》にいた高宗《コジョン》と閔妃《ミンビ》に挨拶に行く。ホートンとユ・ソンナンらは愛蓮池《エリョンヂ》でスケートを閔妃に披露するが、氷が割れてユ・ソンナンが溺れて大怪我を負ってしまい、ファン・ジョンの人工呼吸によって一命をとりとめる。しかし第一六話ではユ・ソンナンの出血が激しいことが分かり、ペク・ドヤンの提案によって輸血をすることになる。ファン・ジョンの血がユ・ソンナンの血に合うことが分かって輸血することになり、ファン・ジョンはなかなか目覚めないユ・ソンナンの枕もとで「おかげさまで、白丁……、白丁のソグンゲから、医学生に生まれ変われた」と言いつつも、「私の卑しく穢《けが》れた血が、あなたまで穢したようで」と心配するが、辛うじてユ・ソンナンは助かる。

　しかしユ・ソンナンはファン・ジョンの言葉を聞いていて、ファン・ジョンが白丁のソグンゲであることを知ってしまう。そこでユ・ソンナンは悩みつつも興味をもったソグンゲのことを父のユ・ヒソに聞くが、ユ・ヒソは「私は会ったことはない。白丁は村の外に子どもを出さないからな。だが賢い子だと聞いていた」と言う。これに下女が「白丁が賢くても意味がない」と話を挟むが、ユ・ヒソは「白丁村に住む卑しい身分の子どもが、村の外でまで賢いと噂《うわさ》されたのだから、よほどの頭脳だったはずだ」と庇《かば》う。そしてユ・ヒソはソグンゲがハングルを覚えたが、「白丁が字を知ると不幸になる」とマダンゲが言っていたことや、ソグンゲが「屠畜の腕もよく、革靴も器用に縫ったそうだ」ということも話す。

「白丁なんかでも、尊重される日が来る?」

ファン・ジョンが白丁であることを知ったユ・ソンナンはホートンに「すごく卑しい身分の白丁なんかでも、尊重される日が来る?」と聞くが、ホートンは「じきに、そういう日が来るわ」と言ってアメリカでの奴隷解放の例を話す。またユ・ソンナンはマダンゲになぜ子どもが死んだのかと問うが、マダンゲは「白丁の掟《おきて》を破り、密屠畜をしたのです」と言い、そのために銃撃を受けたことも伝える。これを聞いたユ・ソンナンは、さらに深く悩むようになる。しかし第一七話では、ユ・ソンナンはファン・ジョンに対して、以前に増して自らの思いを伝えるように優しく接するようになり、ファン・ジョンは自らが白丁であることが知られたのではないかと思うようになるが、二人は互いへの愛を確かめるように急速に接近していく。

そしてアメリカ政府の都合でアレンが済衆院の院長を辞めてアメリカへ帰り、より医術が優れ何事にも原則を貫くヘロンが第二代の院長になる。日本と清《しん》の兵士による乱闘によって、怪我人が済衆院に運び込まれ、そこへ医師の渡辺と看護師の鈴木がやって来る。鈴木はかつて日本公使館の医院に病気の母を連れて来たファン・ジョンがソグンゲを名乗る白丁であることを渡辺に伝えると、渡辺は「あの男が白丁だと? 大日本帝国のヒポクラテスが、白丁にもてあそばれるとは」と悔しがる。そして日本公使と渡辺は、マダンゲがファン・ジョンの父であることを知ったうえで、マダンゲを写真に撮る。この時期の日本公使とは、おそらく林権助であろう。

第一八話では、マダンゲを撮った写真を密かに受けとったファン・ジョンは、誰から送られたのか分からず心配でならない。日本公使館では公使が渡辺に「済衆院にいる白丁の件だが、間違いでは？」と聞き、公使の部下も「白丁村で聞いた話では、犯罪を起こしたその男は逃走中に銃殺された」と言うが、鈴木は「その程度は私も白丁村で調べました」「偶然にも、その白丁の父親は公使が撮られた写真に写っていました」と返す。そこで公使は済衆院を潰すためにファン・ジョンが「白丁だと暴露しよう」と言い、鈴木も「医学生の中に白丁がいると知れたら、誰が済衆院で治療を受けます？」と返す。またファン・ジョンから写真のことを知らされたイ・グァクは「白丁だとばれたら、どうする気だ？」とユ・ソンナンとの関係も含めて心配するが、ファン・ジョンはユ・ソンナンだけは知っていると言ってしまう。

4　高い能力の誠実な医師

「白丁のくせに王立病院の医師を目指したのよ」

第一九話では、通訳官であるユ・ヒソに着せられた冤罪《えんざい》を晴らすのに大きな役割を果たしたペク・ドヤンはユ・ソンナンとの結婚の意思を固め、結婚を申し込む請婚書をユ・ヒソに送るが、これをファン・ジョンとユ・ソンナンが知って悩んでしまう。そしてユ・ヒソは結婚の申し出を受ける許婚書を書くが、ユ・ソンナンは即座に「私は今、結婚できません」と言い、これをユ・ヒソは受け容れる。第二〇話では、このことをユ・ソンナンがファン・ジョンに伝えて「私、どうしたらいい」と決断を促すが、ファン・ジョンは容易に即断できない。しかしファン・ジョンは悩んだ末に結婚を申し込み、ユ・ソンナンは承諾する。そしてユ・ソンナンは両親に対して、ファン・ジョンと結婚を前提として交際することを伝え、その意志を父は尊重する。

しかし急に、ファン・ジョンに危機が迫る。鈴木は「すぐに白丁《ペクチョン》の秘密を暴露します?」と渡辺に問うと、渡辺はまだ早いという。また第二一話では、マダンゲが足の治療のために済衆院《チェジュンウォン》に行くと、五人くらいの通行人から「白丁のくせに、うろつくな」「朝から白丁に会うとは、胸くそ悪い」との暴言を吐かれて暴行を受ける。しかしマダンゲの写真のことを知っているペク・ドヤンが済衆院に迎え入れたマダンゲに写真のことを聞き、その場にいたイ・グァクは「白丁の写真など知りませんよ」と誤魔化そうとするが、マダンゲは日本人が撮ったことを明かす。またペク・ドヤンが渡辺に写真のことを話すと、渡辺は「老いた白丁が？」と焦るが、ペク・ドヤンは「なぜ、白丁とお分かりで？」と疑い、ついに渡辺は「ファンの父親です。つまりファン・ジョンも白丁ということです」と明かしてしまう。

また患者の一人は「穢《けが》らわしい白丁が、病室に運ばれました」と会計係のペク・キュヒョンに伝えると、ペク・キュヒョンは「白丁を病室に？」と言い、医学生のユン・ジェウクは「いよいよ白丁の面倒まで看るのですか？」と呆れる。さらに他の患者もマダンゲに対して、「穢らわしい白丁めが」と言う。そしてついに済衆院から出ていこうとする父のマダンゲにファン・ジョンは会うが、それでもイ・グァクは「この白丁は、帰したほうがいいのでは？」と事実が知れるのを恐れる。しかし多くの者が見ている前でファン・ジョンはマダンゲを診察しようとするが、マダンゲは密《ひそ》かに帰ってしまう。

済衆院ではファン・ジョンがマダンゲの子であり、しかも白丁であることがばれてしまい、ファン・ジョンは済衆院から追い出されようとする。これを知ったユ・ヒソは娘のユ・ソンナンをファン・ジョンから引き離そうとするが、ユ・ソンナンは「ファンさんは白丁だって知っていたの」と言い訳をする。しかし医学生までもが「白丁ソグンゲを直ちに捕盗庁《ポドチョン》へ引き渡し、法の裁きを下せ。白丁ソグンゲが首席となった試験を無効とし、やり直し試験を実施せよ」との決議をヘロン院長に渡し、女性の医学生のなかには「白丁のくせに王立病院の医師を目指したのよ」とファン・ジョンをなじる者まで出てくる。

そしてファン・ジョンを済衆院から追い出そうとする会計係のペク・キュヒョンは「やつは白丁です」と言うが、管理人のオ・チュンファンは「白丁とは、呆れたものだ。前は女が首席を取って騒ぎになったが、今度はさらに進んで白丁ときたか。済衆院で最高の学生が白丁だった」と言いつつも、ファン・ジョンを庇《かば》おうとする。結局のところマダンゲは腐った右足の膝から下を切り落とす手術を済衆院で受けることになるが、ファン・ジョンはイ・グァクとともに済衆院を追われてしまう。

「あなたも彼が白丁だから、医師の資格がないと思う？」

第二二話では、ファン・ジョンは白丁村に帰り、村人から「白丁の掟《おきて》を破り、密屠畜をした罰だからな」と言われて殴られるが、長老の理解によって助けられる。またユ・ヒソは娘のユ・ソンナンに対して、「彼が白丁であることを知っていたと聞いて、父さんは衝撃を受けた」と打ち明ける。また医学生のユン・ジェウクは「犬だか、ソグンゲだかと一緒に、白丁村に夜逃げしたのでは？」、他の医学生は「ソンナン嬢は、白丁の血を輸血したから、半白丁ですか？」とユ・ソンナンをなじり、「半白丁、ソンナンは去れ」との貼り紙まで済衆院の壁に貼られる。

それでもユ・ソンナンはファン・ジョンを庇うが、ペク・ドヤンさえ「白丁の秘密を隠すためだろう」とファン・ジョンを批判する。これに対してユ・ソンナンは「白丁を医師として迎えるところが、どこにあるの？　あなたも彼が白丁だから、医師の資格がないと思う？」と返すが、ペク・ドヤンは「白丁が人を欺く行為」を激しく非難する。また落胆するファン・ジョンは済衆院に対抗しようとする渡辺から「あなたが白丁だからこそ歓迎します」と誘われるが、これを断る。ユ・ソンナンは心配して白丁村のファン・ジョンを訪ねるが、ファン・ジョンは不本意にも「本当に白丁なのかを、確かめに？　たとえ賤民《チョンミン》でも、村では将来の長と目されていた。二度と来ないで」と嫌味を言う。

兵曹判書《ピョンジョパンソ》＊の娘が重病に陥り、コレラ対策のためへロン院長らが済物浦《チェムルポ》に出かけていたため、ユ・ソンナンはファン・ジョンに手術をするよう提案するが、会計係のペク・キュヒョンは「白丁に兵曹判書の令嬢を治療させるだと？」と激怒する。第二三話では、ユ・ソンナンの説得に応じてファン・ジョンが済衆院に来たため、ペク・キュヒョンは「こいつが白丁だとばれたら、先方は黙っていないぞ」と脅すが、ファン・ジョンが兵曹判書に内緒で手術して娘は助かる。

しかし兵曹判書の娘は男性ファン・ジョンが手術したことを知り、儒教的な考えから「意に反する形であれ、男に体を委ねました。生き恥はさらしません」との思いから自死する。そしてファン・ジ

兵曹判書　武官の人事や国防などを担当した中央官庁の長官

ヨンが手術したことが明るみになって捕盗庁に連行され、娘の婚約者である左議政《チャウィジョン》の息子から「お前、白丁だそうだな。白丁の分際で、令嬢に手を出した?」と言われて棒で殴られる。そしてペク・ドヤンは捕盗大将《ポドデジャン》からファン・ジョンがかつて密屠畜を犯していたことを知らされ、「単なる白丁だと思っていたのに」と衝撃を受ける。

ファン・ジョンが密かに手術したことを知らされた高宗《コジョン》が「白丁が医師のまね事をし、兵曹判書の娘を自殺に追い込んだ」と言うと、閔妃《ミンビ》は「白丁ですって?」と返し、高宗は「その白丁が誰だと思う? ファン・ジョンという私が目をかけてきた学生だ」と悩む。しかしファン・ジョンに対して、「大逆罪を犯した白丁ソグンゲは、甲申の年に密屠畜した後、両班《ヤンバン》になりすまし、翌年、済衆院に入学した。また罪なき娘を凌辱《りょうじょく》し自殺させた。その罪深さは底知れない。ソグンゲには死をもって罪を償わせる」との判断が下される。

「白丁に生まれたのが罪なのか」

第二四話では、ファン・ジョンは獄中に訪ねてきたペク・ドヤンに対して、かつてのユクソンの解剖について「いくら白丁でも、友の遺体を解剖させるなど、許されないことです」と言い、ユ・ソンナンについて聞かれると「お嬢様は、私を白丁ではなく、人間として見てくれた。ソンナンを頼みます」とペク・ドヤンに要望する。三日後の処刑を控えて済衆院では多くが心配するが、会計係のペク・キュヒョンだけは「白丁が調子に乗ると、こうなるぞ」と冷たく、女性の医学生も「白丁のくせに、済衆院で好き放題したわ」と言う。閔妃はファン・ジョンを気遣うが、高宗は「あの白丁は、斬首するよう命じた」と決意は固い。そしてファン・ジョンは、「白丁に生まれたのが罪なのか」と怒るしかない。

またユ・ヒソが知っている教会では「牧師、我々は白丁と同席できません」という者に対して、アメリカ人宣教師のアペンゼラーは「ここでは白丁も両班も同じです」と答えると、その者は「白丁ではなく、我々を追い出すのですか？」と怒って出ていく。これを見ていたユ・ヒソとユ・ソンナンの親子は、アペンゼラーに高宗を説得するよう依頼する。ファン・ジョンと親しい済衆院の医学生も彼を助けようと署名を集めるが、一人は「白丁と一緒に食事や勉強をしていたと思うと、吐き気がする」と拒否する。これに対してペク・ドヤンは署名して周りを説得し、拒否した一人はファン・ジョンを「白丁とは知らなかった」と言い訳をするが、結局はほぼ全員が署名する。

そしてユ・ソンナンは、ファン・ジョンに「白丁に布教している宣教師たちがいて、彼らと一緒に国王様に直訴するの」と伝える。しかしファン・ジョンは日本の渡辺から国籍を変更する提案を受けたことを隠しつつ、「白丁のいない国で、医師になった自分を、想像しただけです」と漏らすが、国籍を日本に変更するつもりはない。マダンゲは知り合いの斬首人のところへ行き、「今日、おまえが首を斬るのは、わしの息子だ」と言い、苦しまずに逝かせるよう頼む。この斬首人とは厳密には劊子《フェジャ》手《ス》と呼ばれていたが、身分的には明らかに白丁であった。

多くの人が高宗に直訴するが、高宗は容易に考えを変えようとはしない。ファン・ジョンが処刑場に連れて行かれようとした道端で、民衆の何人かは「白丁が医師のふりを……」と強くなじる。そしてついに斬首人によって処刑されようとするが、高宗は「白丁の医学生なら、白内障を手術できる」とヘロンから聞き及び、ファン・ジョンを呼びつける。側近のミン・ヨンイクはファン・ジョンに「白丁から脱するのだ」と励まし、ファン・ジョンはヘロン院長とともにロシア公使の白内障を手術することになる。手術が成功してファン・ジョンは高宗に「代々、白丁として生きてきました」と報告すると、高宗はファン・ジョンが白丁を脱して平民になることを許す。そして高宗はファン・ジョンの漢字である「黄丁」の「丁」に対して「白丁にも使われる字はやめておこう」と「正」を使うことを提案し、晴れて正式な平民としてのファン・ジョンを名乗るようになる。

「白丁の血ではなく、医学生の血と考えてください」

ファン・ジョンは高宗から布を賜《たまわ》って父のマダンゲに服を仕立てようとするが、マダンゲは「白丁の身で両班の服など着たら、えらい目に遭《あ》う」と言うと、ファン・ジョンは「白丁ではない」と返す。そして第二五話では、済衆院でも多くが「白丁から平民になるなんて」と喜び、洋装で髪も切ったファン・ジョンを暖かく迎える。ファン・ジョンは「私は医学生のファン・ジョンです。他人の名前ではなく、白丁のソグンゲでもない」と述べると、医学生の一人は「西洋医に化けた白丁とは勉強できん」と教室から出て行こうとし、ファン・ジョンが「白丁の血ではなく、医学生の血と考えてください」と言っても医学生は出て行く。そしてヘロン院長はアメリカの黒人解放を例に挙げて、「あなたは白丁の身分を脱したが、いまだ白丁として見る人もいる。それでも、くじけないで」とファン・ジョンを励ます。済衆院に来る患者のなかには、「白丁出身の医者か？」と帰って行く患者がいて、またペク・ドヤンを「白丁だったという医師は、あなたですか？」と間違える入院患者も出てくる。

マダンゲは通訳官であるユ・ヒソの家に行って息子のファン・ジョンをユ・ソンナンに近寄らせないことを約束し、自らが平民のファン・ジョンブになったことも告げる。しかしファン・ジョンに娘を殺されたと恨みをもつ兵曹判書は刺客を差し向け、刺客は「人間を屠《ほふ》る白丁だ」とうそぶいてファン・ジョン親子を殺そうとする。そしてファン・ジョンは新しい立派な家に移るが、父は心配して「ソンナン様との結婚は許さんぞ」と釘《くぎ》を刺す。

父は長年の念願であった漢城《ハンソン》の有名な食堂でファン・ジョンと美味しくクッパを食べるが、兵曹判書の刺客がファン・ジョン一人を騙《だま》して食堂から連れ出す。その隙に刺客は父に「白丁のマダンゲじゃないか。白丁のくせに、両班のまね事かい？」「白丁が両班と飯を食う？」、鉢を地面に置いて「白丁らしく食え」とからかい、父が「私はもう白丁ではない」と言っても、刺客らは「白丁野郎」と暴言を吐いて殴る。駆け付けたファン・ジョンは女将《おかみ》から「白丁のくせに、両班の格好をしたと絡まれて袋叩きに……」と聞かされ、大怪我を負った父を済衆院に運び込むが、父は「わしが、お前の父親で悪かったな」という言葉を残して死んでしまう。

しかし医学生のユン・ジェウクが「白丁が殴り殺されたって? 済衆院は白丁の居間でもないのに、いつまで診療室を占領するんだ」と言い放ったので、怒ったファン・ジョンは殴りかかる。ファン・ジョンは激怒してユ・ソンナンに、「白丁が両班をまねたと難癖をつけられた」「白丁が両班をまねたからと、犬のように、人間ではなく犬のように、殴り殺された」と話すしかない。そして父の忠告を思い出してユ・ソンナンに危険が及ぶことを心配し、「私たちは一緒になれない」と頑《かたく》なに距離を置き、二人は何もなかったように医学に精進するしかない。

5　医師として朝鮮独立運動に参加

「白丁が路上で殴り殺されたくらいで……」

第二六話では、赤痢になったヘロン院長に対して高宗《コジョン》が療養を命じる。そこで済衆院《チェジュンウォン》の責任者としてファン・ジョンが浮上するが、医学生のユン・ジェウクは「それでは白丁《ペクチョン》を表に立てることになる。白丁に院長代理などをさせたら、いずれ院長になる」と言い、会計係のペク・キュヒョンも同意する。またホートンはユ・ソンナンにファン・ジョンと話し合うよう勧めるが、女性医学生の一人は「白丁が路上で殴り殺されたくらいで……」と言ったところで、ホートンに止められる。また食事の席でファン・ジョンがご飯と汁を混ぜて食べようとすると、ユン・ジェウクが「顔を皿に寄せるのも、白丁ならではの食い方だ」と嫌味を言ったものだから、ファン・ジョンは怒ってしまう。またペク・ドヤンは自らを引き抜こうとする渡辺に対して「ファンさんが白丁ということも、私から聞くまで教える気もなかった?」と責め、師と仰ぐヘロン院長のいる済衆院を辞めないと言うが、ヘロン院長は死んでしまう。

五年後に第一回済衆院医学堂卒業式が開かれ、ファン・ジョンやユ・ソンナンら七人が正式な医師となり、医師免許を授与される。何かとファン・ジョンを虐《いじ》めたユン・ジェウクは、研修医にさえなることができずに済衆院を去る。そしてエビスンが第三代院長となった済衆院が、アメリカ北長老会の運営に移されて治外法権を獲得したのに対抗して、日本公使館は朝鮮人の感化を目的として新たに漢城《ハンソン》病院を開設させる。新たな日本公使はロシアと友好を進める閔妃《ミンビ》を「女狐狩り」と称して暗殺しようとし、院長となった渡辺には済衆院を潰せと命じる。ドラマでは日本公使の名は明かされていないが、歴史的事実としては三浦梧楼《みうらごろう》であろう。

ペク・ドヤンはヘロン院長が亡くなってからファン・ジョンとユ・ソンナンを気遣って日本へ留学し、東京帝国大学医学部で医学を極めて首席となる。しかし同級生から「下等な朝鮮人」と蔑まれ、「死ぬまで刀と一生を共にする白丁、朝鮮人の中で最も下等な連中、それがお前だ」と差別を受ける。ペク・ドヤンは「私が白丁？」と返すが、同級生は「お前ほどの腕は、練習だけでは会得できない。間違いなく、お前は白丁だ」と言う。そしてペク・ドヤンはファン・ジョンを思い出したのか、「俺が白丁だと？」と悔しながらも嬉《うれ》しい表情を見せる。そして第二七話では、ついに高宗と閔妃が住む景《キョン》福《ボッ》宮《クン》に押し入った日本の刺客らが、毅《き》然《ぜん》として立ち向かう閔妃を無残に殺して焼き捨ててしまう。このように朝鮮が日本の植民地化という重大な危機に直面するなかで、朝鮮における医療の中心である済衆院の運営は困難に陥り、さらにはペク・ドヤンが朝鮮に帰って来て日本公使館の漢城病院で外科医として働くようになる。

「身分制度なんて、今や消え去って平等になったんです」

ファン・ジョンとユ・ソンナンは済衆院での仕事に没頭するが、かつては物乞いであったが済衆院で働くモンチョンは「もうファン先生は白丁じゃない。身分制度なんて、今や消え去って平等になったんです」とファン・ジョンを励ます。事実、一八九四年の甲午改革によって、朝鮮の身分制度は廃止されていた。そしてファン・ジョンはユ・ソンナンとの愛だけは再び確認することになるが、まだ恋愛と結婚までには至らない。ユ・ソンナンは一八八七年に設立された朝鮮初の女性専門病院である保救女館《ポグヨグァン》に誘われ、済衆院と兼務することを選択する。折から朝鮮では独立を守ろうとする義兵闘争が巻き起こるが、済衆院は犠牲者となった患者を救う拠点となっていく。

第二八話では、漢城病院のペク・ドヤンが治療の応援として済衆院に駆けつけ、ファン・ジョンやユ・ソンナンから済衆院に戻るよう説得されるが、日本から受けた奨学金の関係もあって漢城病院でも朝鮮人を治療できると主張する。ファン・ジョンは高宗の意向も関係して、ユ・ソンナンの協力も得て高宗と後に純宗《スンジョン》となる世子《セジャ》を景福宮から無事にロシア公使館へ避難させることに成功する。

第三〇話では、済衆院に来たアヘン中毒者がファン・ジョンに対して「白丁の分際で医者面か」と言いつつも、自らに父を殺すことを指示したのはかつての兵曹判書《ピョンジョパンソ》だと明かしたので、ファン・ジョンは復讐《ふくしゅう》を考えて悩む。かつての兵曹判書は肺ガンによってペク・ドヤンから漢城病院で手術をうけようとしていたが、これを知ったファン・ジョンは自らを「国王様に免賤《めんせん》していただいた白丁ソグンゲです」と紹介し、かつての兵曹判書に対して自らの父を殺したことの謝罪を求めるが、彼は「免賤自体が、身分制度の秩序を乱すのだ」と居直ったので衝撃を受ける。しかしファン・ジョンはペク・ドヤンの手術を手伝って殺そうとするが、結局はかつての兵曹判書を医師としての良心から助けることになる。

第三一話では、ペク・ドヤンがファン・ジョンに対して、東京帝国大学医学部で自らのメス捌《さば》きを見た日本人が「白丁だと見下してきたのです」と嬉しそうに言うと、これを受けてファン・ジョンが笑う。さらにペク・ドヤンは「日本に五年間いた中で、一番、そのことが嬉しかった」と明かし、これまでのこともファン・ジョンに対して謝り、二人は完全に和解する。

「白丁の息子と通訳官の娘という身分で出会いました」

第三二話では、ユ・ヒソは自らが朝鮮の独立に尽くすから、これからは娘のユ・ソンナンのことを頼むとファン・ジョンに依頼する。第三三話では、一九〇五年一一月に日本は朝鮮に対して第二次日韓協約*を強制的に締結させ、朝鮮は日本によって保護国にされて外交権を奪われてしまう。これを機に朝鮮の各地で義兵闘争が展開され、ペク・ドヤンは第二次日韓協約を締結に導いた親日派の軍部大臣を手術によって助けたことによって、大日本帝国から勲章を授けられようとする。しかしペク・ドヤンは漢城病院を辞めて済衆院に戻り、ファン・ジョンやユ・ソンナンらとともに日本に対抗するようになる。そしてファン・ジョンとユ・ソンナンの二人は婚約して結婚する日取りまで決めるが、ユ・ヒソが義兵闘争の頭目として日本の軍人に捕らえられたため、なかなか結婚できない。

第三四話では、ファン・ジョンは義兵闘争の闘士を治療し、高宗から義兵隊長になることを頼まれるが躊躇《ちゅうちょ》する。しかし第三五話では日本が強制的に王位を高宗から世子に譲位させ、また日本公使は何かと漢城病院に対抗するファン・ジョンに対して「国王の許しで、白丁から医者になったらしいが、少々、調子に乗りすぎたようだ」と憎しみを露《あら》わにし、ファン・ジョンを逮捕する。
しかしイギリスなどから不当逮捕であるとの批判が日本に浴びせられてファン・ジョンは釈放され、ついには義兵隊長になることを決意する。そして日本公使はファン・ジョンが義兵の一員であることを突きとめ、親しい者が集まった済衆院でのユ・ソンナンとの結婚式でファン・ジョンを逮捕しようとするが、失敗する。最終の第三六話では、ファン・ジョンとユ・ソンナンは近親者だけが参加して漢城の第一教会で結婚式を挙げ、司祭を務めたアレンは「甲申の年にあたる一八八四年に、二人が白丁の息子と通訳官の娘という身分で出会いました」と紹介して無事に結婚式を終える。そして念願であった済衆院セブランス病院が開設されるが、ファン・ジョンは日本から追われる身となり、漢城で医師としての役割を果たそうとするユ・ソンナンを残して、「満州」の独立軍に軍医として加わることになる。五年後、ファン・ジョンとユ・ソンナンは「満州」で再会し、病院と学校を建てる決意を固く約束してドラマは終わる。

第二次日韓協約　帝国日本が大韓帝国の外交権を強制的にほぼ奪い、事実上の保護国とした

第六章　衡平社創立に参加した白丁

1　激動の近代朝鮮社会を描いた『名家の娘ソヒ』

衡平社創立を描いた唯一の作品

『林巨正―快刀イム・コッチョン』（SBS、一九九六～一九九七年、全四四話）は朝鮮王朝における白丁《ペクチョン》を主人公として描き、『済衆院《チェジュンウォン》』（SBS、二〇一〇年、全三六話）は近代朝鮮における白丁を主人公として描いていたので、それ以外には白丁を重要な素材としてストーリーに組み込んだ韓国歴史ドラマは存在しないのではないかと私は思っていた。事実はそうではなく、白丁が頻繁に登場するだけでなく、ましてや日本での一九二二年三月三日の全国水平社創立に比肩する歴史的意義をもつ、一九二三年四月二五日の衡平社《ヒョンピョンサ》創立をも描いた『名家《ミョンガ》の娘ソヒ』（SBS、二〇〇四～二〇〇五年、全五二話）があることを知って、大いに驚くとともに変な感動さえ覚えてしまった。

これまで私が書いた韓国歴史ドラマに関する論文から推測すると、『名家の娘ソヒ』を初めて観たのは二〇一一年であったと思われる。この作品への関心は、もちろん白丁と衡平社創立にあったが、朝鮮王朝の末期から帝国日本の植民地支配を経て解放に至るまでの激動の近代朝鮮社会を描いたユニークな作品であるということにあった。

韓国歴史ドラマの作品は多く存在するが、衡平社創立が描かれるのは『名家の娘ソヒ』だけである。日本においては『橋のない川』（東陽一監督、一九九二年）など部落問題を主題とした映画で全国水平社創立が描かれることはあったが、これまで日本のテレビドラマで全国水平社創立が描かれたことはまったくない。これを考慮に入れると、『名家の娘ソヒ』が韓国歴史ドラマにおいて衡平社創立をも描いた作品であることは、まことに画期的な出来事であったと言えよう。

原作は朴景利の歴史大河小説『土地』

『名家の娘ソヒ』に衡平社創立が登場するのは、原作である朴景利《パクキョンニ》の長篇小説である『土地』に白丁がしばしば登場し、また白丁の一人が衡平社創立に関わる場面が描かれたからであろう。韓国で最も著名な小説家の一人である朴景利は、衡平社が創立された晋州《チンジュ》に程近い慶尚南道《キョンサンナムド》の統営《トンヨン》（現在の忠武《チュンム》）で一九二六年に生まれた。

当初こそ自らの体験を重ね合わせて、朝鮮戦争によって戦争未亡人となった女性が、社会の不条理に直面して恨《ハン》の世界に逃げ込みながらも、社会を鋭く告発しようとする作品を立て続けに発表した。しかし朝鮮戦争の未亡人としての被害者意識による悲哀を乗り越え、それを人間の宿命的な根源とし

『名家の娘ソヒ』主要登場人物

イ・ヨン　農民で妻のカンチョンの嫉妬に苦しみながら、密《ひそ》かにコン・ウォルソンを慕う
キム・ギソン　キム・ドゥマンの息子で、ソン・グァンスの息子であるソン・ヨングァンを虐《いじ》める
キム・ギルサン　チェ家の下男であったが、チェ・ソヒの夫となる
キム・コボク　没落した両班《ヤンバン》であるキム・ピョンサンの長男で、チェ・ソヒの天敵
キム・ドゥマン　農夫であるキム・イピョンの息子で酒屋を営み、ソン・グァンスと衡平社《ヒョンピョンサ》を憎む
キム・ハンボク　キム・ピョンサンの長男で、兄のキム・コボクと違って穏やかな性格
キム・ピョンサン　没落した両班でチェ家を憎み、イ・チルソンとともにチェ・チスを殺す
クィニョ　チェ家の下女で、チェ・チスの後継ぎを産もうと企んで殺そうと企む
コン・ウォルソン　巫女《ムニョ》の娘で、イ・ヨンを恋慕う
ソン・グァンス　白丁《ペクチョン》の娘と結婚し、独立運動を担いつつ衡平社創立にも参加する
ソン・ヨングァン　ソン・グァンスの息子で、悩みつつ音楽の道に進む
チェ・ジュング　チェ・チスの従兄弟で、チェ家の財産を奪いチェ・ソヒの仇敵となる
チェ・ソヒ　チェ・チスの跡を継ぎ、キム・ギルサンと結婚し、チェ・ジュングに奪われた土地と財産を取り返す
チェ・チス　チェ家の当主で、チェ・ソヒの父
チェ・ファングク　チェ・ソヒとキム・ギルサンの長男で、ソン・ヨングァンの友人
チェ・ユングク　チェ・ソヒとキム・ギルサンの次男で、ヤンヒョンを慕う
ボンスン　チェ家の下女でチェ・ソヒと親しいが、後に妓生《キーセン》となる
ヤンヒョン　ボンスンの娘で、チェ・ソヒの養女となり、ソン・ヨングァンを慕う

て社会的かつ歴史的な現実の中に投影させて客観的に観察するようになり、さらには朝鮮戦争がもつ悲劇性を自らが新たな活路を切り拓《ひら》こうとする人生観と結びつけて描く作品を発表するようになった。

朴景利は実に数多くの小説や詩、エッセイなどを発表し、多くの文学賞や芸術賞を受賞して〝韓国文学の母〟と呼ばれるようになった。晩年には環境問題に関心を深め、自宅の菜園で有機栽培をしながら精力的な執筆活動を続けたが、二〇〇八年に亡くなった。そして二〇一一年には、世俗に妥協せずに最も人間的な小説家精神をもつ文学者に対して、国と地域を超えて選定するという趣旨のもとに朴景利文学賞が創設され、現在まで韓国をはじめ各国の小説家が受賞している。

『土地』は一九六九年九月に第一部から筆を起こし、一九九四年八月一五日に第五部を脱稿したが、この連載は文芸雑誌などに六〇七回にも及ぶものであった。『土地』は実に二五年の歳月がかけられた、四〇〇字詰め原稿用紙にして二万枚にも及ぶ大作であり、韓国における最大の歴史大河小説として、ベストセラーになった。『土地』は、まず一九九四年に全一六巻として刊行され、二〇〇二年には全二一巻として刊行された。そして研究者らが検討を重ね、作者の意図を最も忠実に反映した完全版が、死後四年を経た二〇一二年に全二〇巻として刊行された。

『土地』は大韓帝国末期から日本の植民地支配、一九四五年八月一五日の解放に至るまでの過程を、典型的な農村である慶尚南道の東に位置する河東《ハドン》郡平沙《ピョンサ》里の両班《ヤンバン》かつ大地主である崔参判《チェチャムパン》＊家の家族史を中心として、約三〇〇人にも及ぶ登場人物の複雑に絡み合う人間模様などを描いた、いわば〝国民文学〟の代名詞になっている。そして『土地』は民族全体の問題を扱った叙事詩的なテーマと、複雑に絡み合う人間関係と個人の内面的苦悩を描いた壮大なスケールの〝全体小説〟とも評された。

このように『土地』は祖母から主人公である孫娘のチェ・ソヒへと受け継がれる三代にわたる土地をめぐる対抗を軸としながら複雑に絡み合う人間関係を描いたが、同時に時代状況を克明に活写しているだけに、当時の宗教や民俗、世相なども含めた社会状況、そこに生きる人びとの生々しい息遣いまでも知ることができる作品でもある。とりわけ崔参判家については、誰が家を継ぐかという後継ぎの問題が大きくのしかかる。つまり家をめぐる儒教的な思考が朝鮮社会に貫かれているなかで、この作品はチェ・ソヒの祖母が卑しい身分の男性との間に息子を生み、父は跡継ぎの息子をつくることができず、母に至っては下男と逃亡するなど、儒教的な思考から逸脱した動きさえも設定しているが、ここにこそ朴景利の特異かつ独自な意図が示されていると言えよう。

作者がタイトルを『土地』としたのは、単なる「土」や「大地」の意味ではなく、まさしく「土地」という言葉が権利文書を連想させ、「所有」の観念に結びついているからであるという。つまり「土地」は誰かに所有された途端、人びとの間に格差や対立などが生まれるだけに、作者はタイトルを『土地』とすることによって、人間のもつ原初的な欲望と、それによって引き起こされる様々な亀裂や葛藤などを暗示しようとしたとされている。なお『土地』の日本語訳については〈青年ダイジェスト版〉が二〇一一年に出版され、幸いにも〈完全版〉が二〇一六年から出版され始め、その完結が待たれるところである。

韓国では三度目のドラマ化という人気作品

日本での作品名は『名家の娘ソヒ』であるが、韓国では小説の通りに『土地』というタイトルであった。それ以前にも小説の『土地』は、一九七七年にハン・ヘスク（韓恵淑、一九五一〜）、一九八七年にチェ・スジ（崔秀知、一九六九〜）の主演のもと、KBSでドラマ化されたことがある。これが三度目のドラマ化であるから、『土地』は韓国歴史ドラマにおける格好の原作であると言えよう。

三度目の演出はイ・ジョンハン（一九五二〜）、脚本はイ・ホング、キム・ミョンホ、イ・ヘソンの三人が担当した。出演したのは主人公を演じたチェ・ソヒのキム・ヒョンジュ（金賢珠、一九七七〜）、キム・ギルサンのユ・ジュンサン（劉俊相、一九六九〜）、ボンスンのイ・ジェウン（李在銀、一九八〇〜）ら、今も第一線で活躍する俳優が多い。またチェ・ジュングのキム・ガプス（金甲洙、一九五七〜）や妻であるホン氏のト・ジウォン（都知嫄、一九六六〜）、キム・ピョンサンとその長男のキム・コボク（ドゥス）の二役を演じたユ・ヘジン（柳海真、一九七〇〜）、イムの母のパク・チヨン（朴志

参判　中央官庁の次官

永、一九六八〜）らは、アクの強い熱演でストーリーを大いに盛り上げた。さらにチェ・ソヒ、キム・ギルサン、ボンスンの幼少期を演じた、今も活躍しているシン・セギョン（申世炅、一九九〇〜）、キム・ジフン（金智勲、一九八一〜）、ハム・ウンジョン（咸恩恒、一九八八〜）ら若手の俳優は序盤のストーリーを引っ張った。

この作品は多大な人気を博すことになり、三〇・五％の最高視聴率を獲得した。二〇〇五年のSBS演技大賞では大賞こそ逃したものの、愛くるしい美しさが光るキム・ヒョンジュが人気賞、逞《たくま》しさが迸《ほとばし》るユ・ジュンサンが演技賞、欲深く狡猾《こうかつ》な役柄の演技が光ったキム・ガプスが助演賞を受賞した。しかし原作者の朴景利は、ソヒが叔父のジュングに対する復讐《ふくしゅう》に執着することに終始するストーリーが必ずしも気に入らなかったという。

日本では韓国での放映から七年を経た二〇一一年一二月からKNTVで初めて放映され、その後にDVDも発売されることになった。KNTVによる作品のキャッチフレーズは、「激動する時代の流れの中でたくましく生きるソヒの人生と愛憎劇を描いた女性ヒロインの時代劇」であった。そしてKNTVでは見どころとして、①「身分を超えた愛」を貫く芯《しん》の強い女性ソヒの波乱万丈一代記、②「韓国文学の母」と称される女性作家の長篇小説『土地』をドラマ化、③当代最高の女優が演じるヒロインの三点が挙げられた。

作品自体の全体的なストーリーは基本的に原作に忠実であるが、ドラマであることから特徴的な事項についてでは場面を盛り上げるためにフィクションとして誇張され、また小説にない新しい要素が盛り込まれているのも事実である。また従来の韓国歴史ドラマであれば、多くが漢城《ハンソン》の王宮や官庁などでの王と両班を中心とした権力闘争や派閥抗争などを描き、また見栄えのする戦争や戦闘などの場面も少なくない。

しかし、この作品では派手な場面は全く登場することなく、基本的に崔参判家を中心として一貫して農村における村人たちの日常生活だけでなく喜怒哀楽、欲望と嫉妬など人間そのものを描くことに終始している。このことは韓国歴史ドラマでは稀有《けう》なことであり、そこにこそ『名家の娘ソヒ』の真骨頂があると言えよう。ただ前半は伝統的な服を着る姿が歴史ドラマであることを彷彿《ほうふつ》とさせるが、後半になると時代と舞台の変化もあって洋服の者も出てくるようになり、伝統的な雰囲気が薄れて現代ドラマを観ているかのように感じられることもなくはない。

このような『土地』の設定をふまえて、韓国において『土地』を撮影するために再現されたのが、慶尚南道の河東に設けられたセット場であり、現在は民俗文化村の様相を呈するテーマパークとなっている。この二〇〇二年に完成したテーマパークは、急斜面の広大な敷地に主人公のチェ・ソヒが少女時代から過ごしたとされる屋敷、周辺に配置された二〇棟あまりの藁葺《わらぶき》屋根の民家などが韓国歴史ドラマと韓国現代ドラマの撮影用に作られた。その後は韓国歴史ドラマの『美賊イルジメ伝』（ＭＢＣ、二〇〇九年、全二四話）や『太陽を抱く月』（ＭＢＣ、二〇一二年、全二〇話）、『アラン使道伝―アランサトデンー』（MBC、二〇一二年、全二〇話）、『朝鮮ガンマン』（KBS、二〇一四年、全二二話）など、韓国現代ドラマの『ハローお嬢さん』（KBS、二〇〇七年、全一六話）や『家門の栄光』（SBS、二〇〇八〜二〇〇九年、全五四話）など、多くのドラマと映画の撮影地としても使われた。

私は二〇一八年六月二九日に朝鮮衡平運動史研究会による踏査の一環として、このテーマパークを訪れた。再現された崔参判家の屋敷は一四棟の伝統的な瓦《かわら》屋根の韓屋によって構成され、朝鮮王朝後期の雰囲気と時代劇『土地』を情緒たっぷりに偲《しの》ぶことができた。これらの他に物産品を売る店や食堂、文化体験施設、朴景利の『土地』に関連した平沙里文学館などがあり、見ごたえのある民俗文化村として多くの人が訪れる著名な観光名所となっている。

2　白丁に対する偏見と差別

「巫女は白丁の家も大臣の家も、同じように扱うわ」

これから白丁《ペクチョン》を中心としてストーリーを追うが、『名家《ミョンガ》の娘ソヒ』には出てこない場面については日本語訳の『土地』青少年ダイジェスト版を参照することにしよう。まず第一話から、白丁に関する会話の場面が登場する。崔参判《チェチャムパン》家の農地を耕す農民のイ・ヨンは仲の良くない妻のカンチョンに向かって、「可愛げのある女房なら、皮の敷物も用意してやるさ」と言うと、カンチョンは「白丁の作る物なんか、いらないね。子どもも白丁とは結婚させない」と言い放つ。

しかしイ・ヨンは「子どもも、いないくせに」と言い返すと、カンチョンは「これからだって生めるわよ」と返し、またまたイ・ヨンが「白丁が嫌なら、巫女《ムニョ》がいいか？」と問うと、カンチョンは「本音を吐いたわね」と喧嘩《けんか》になる。巫女とはヨンが心を寄せるコン・ウォルソンを指している。ここでの白丁とは屠畜を生業《なりわい》とする者だけではなく、皮を扱う皮匠《ピジャン》、靴を作る鞋匠《ヘジャン》もしくはカッパチなども広く指している。

第四話では、崔参判家の下女であるクィニョと没落した両班《ヤンバン》で横柄なキム・ピョンサンが、崔参判家の当主であるチェ・チスを陥れようと会話する。ちなみに、この作品の字幕では下女、下男となっているが、実際にハングルの台詞《せりふ》では奴婢《ノビ》となっている。クィニョが「昔からチェ家は両班で、私の先祖は下女だったの？　逆賊の宰相は一日で滅び、生き残った子孫が白丁や下女になるんじゃ？」と言うと、キム・ピョンサンは「じゃ何か。お前、両班になると言うのか」と驚き、クィニョは「私の願いは、私を下女として蔑んだ奴らを、こき使ってやることだけよ」とまで言う。実際には逆賊として生き残った家族は奴婢になるが、白丁になることはなかった。それにしてもクィニョの崔参判家に対する恨みは凄《すさ》まじく、実際にチスの殺害に加担してしまう。

第五話では、キム・ピョンサンらはコン・ウォルソンが営む居酒屋に行って悪態をつく。キム・ピョンサンがコン・ウォルソンに向かって「誰を睨《にら》みつけてんだ。巫女の身分で」と言うと、彼女は「巫女は白丁の家も大臣の家も、同じように扱うわ」と言い返す。そこでキム・ピョンサンは、「クソ生意気に。なら巫女は、両班より偉いのか?」と言うしかない。コン・ウォルソンとしては当たり前のことを言ったに過ぎなかったが、両班としての意識だけは強いキム・ピョンサンは、彼女が言ったことが我慢ならない。

「牛を天に返すから、白丁は神聖な人だって」

第七話では、後に衡平社《ヒョンピョンサ》の創立に参加するソン・グァンスが初めて登場する。容姿と性格がキム・ピョンサンと瓜二つの長男のキム・コボクが、ソン・グァンスに小石を投げながら「白丁のくせに睨みつけるな」と言うと、ソン・グァンスは「俺は白丁じゃない、常民《サンミン》だ」と言い返す。そこでキム・コボクがソン・グァンスを押し倒して、「白丁の居候だろ」と言い放つと、そこを通りかかった崔参判家の主治医が、「あの親にして、この子ありか」と言い、傷を負ったソン・グァンスに薬を渡して立ち去る。ソン・グァンスは生まれとしては白丁ではなかったが、幼い頃から白丁の家で育ったため、周りからは白丁と見なされていたのである。

キム・ピョンサンはチェ・チスの殺害に加わったため処刑され、次男のキム・ハンボクが子どもたちに虐《いじ》められる場面が、第一一話に登場する。子どもたちがキム・ハンボクに向かって「人殺しの息子め、何しに来た」と石を投げると、崔参判家の下男であったキム・ギルサンとソン・グァンスがキム・ハンボクを助けようとする。しかし子どもたちがソン・グァンスに向かって「白丁の子は、黙ってろ」と言い、これに対してソン・グァンスは「何だと？　白丁？」と殴りかかるが、周りから止められてしまう。そこで子どもたちは、「白丁と人殺しか、お似合いだな」とソン・グァンスとキム・ハンボクをなじる。即座に殴りかかろうとするソン・グァンスを、キム・ギルサンが止めて落着となる。人殺しと白丁は同列に扱われ、これが個人を攻撃する材料になったことがうかがわれる。

この出来事に関してキム・ハンボクがソン・グァンスに礼を言うと、ソン・グァンスは「俺を白丁の子だとからかったからだよ。父さんは東学について行って、母さんは病気で死んで、飢え死にしそうな俺を白丁が助けてくれたんだ。キム・ギルサン、死にそうな人を放っておく人と、人を助ける白丁と、どっちがいい？」とキム・ギルサンに聞く。そこでキム・ギルサンが「白丁がいいよ」と言うと、ソン・グァンスは「だよな。でも牛を殺したから、極楽には行けないだろう？」とうなだれてしまう。

しかしキム・ギルサンは「いいや、牛はもともと天の神仙だったのに、玉皇大帝に背いた罰で牛にされたんだって」と言うと、他の一人が「神仙を殺したなら地獄に行くね」と言う。すかさずキム・ギルサンは「違うよ。牛を天に返すから、白丁は神聖な人だって」と返し、これを聞いていたソン・

グァンスは嬉《うれ》しそうに「話の分かる奴だ」と満足げな顔をする。ここで物知りのキム・ギルサンに白丁自身の集団によって伝えられてきた屠畜に携わる伝承を語らせた意味は大きく、これがキム・ギルサンとソン・グァンスの長きにわたる友情の出発点となっている。

「自分は白丁の子なのか、それとも大道芸人の子なのか」

しかし、農村の現実は厳しい。第一一話では、村の女たちはチェ・チスの殺害に加わって死んだイ・チルソンの妻であるイムの母を悪く言う。ある女性は、村を出て市場で小豆粥《かゆ》を売るイムの母のことを「夜は白丁のあばら家で寝て、昼は粥を売ってるってさ」と言うが、これは噂《うわさ》をもとにした出《で》鱈目《たらめ》であった。また第一二話では、別の女性がイムの母に向かって「白丁にまで身を売って、恥ずかしくないのか」とまで言って悪態をつく。そこで気の優しいヨンパルの妻は、「やめなよ、同じ未亡人だろ」とイムの母を庇《かば》う。これでもかというほど他人を責める姿は、閉鎖的な農村社会で日常を過ごす村人の惨酷な一面を照らし出している。

キム・ギルサンたちは崔参判家を乗っ取った遠い親戚のチェ・ジュングの横暴に耐え兼ね、チェ・ジュングが奪った土地の権利書を取り返そうとチェ・ジュングを襲うが失敗する。そして第二〇話では逃げ延びた場所として、白丁の娘と結婚したソン・グァンスの家が描かれる。ソン・グァンスはキム・ギルサンたちを温かく迎え入れて食事を用意し、「遠慮なく。白丁だから肉には困らない」と歓待する。そしてソン・グァンスは東学を中心とした甲午農民戦争で死んだ義父の息子だと言って、心配する妻を振り切って家を出ることになり、キム・ギルサンたちを助けることになる。そしてソン・グァンスは晋州《チンジュ》に出て義兵闘争を担う東学の人びとと付き合うようになるが、第二三話では自らを堂々と「白丁のソン・グァンスだ」と名乗るようになる。ちなみにグァンスを演じたのはパク・チンソン（朴真星、一九六三〜）であるが、大きな眼を見開いて差別への怒りを露《あら》わにし、直情的に力強く行動する演技が光っている。

中国東北部の龍井に移ったキム・ギルサンは自らを下人と自覚していただけに、主人で両班のチェ・ソヒとの結婚話に悩むことになる。第二四話では、キム・ギルサンがコン・ウォルソンの居酒屋で、「おばさんは巫女の娘で、私は生まれてからすぐ、山に捨てられた。自分は白丁の子なのか、それとも大道芸人の子なのか」と彼女に自らの思いを吐露し、容易には超えられない身分の壁を嘆く。

やがてソン・グァンスは、晋州で独立運動を担うようになっていく。第三二話ではヘグァン和尚が独立運動についてソン・グァンスに「教師は教師として闘い、白丁は白丁として闘う」と言うと、ソン・グァンスは「俺は白丁じゃないぞ」と怒ってしまう。しかしヘグァン和尚は「細かい奴だな」と言い返し、これに対してもソン・グァンスは「何だって？」と怒ってしまう。そしてヘグァン和尚が「どんな人間も、御仏の子ではないか。お前は心が狭いから修行が必要だ」と諭すと、ソン・グァンスは「生臭坊主に説教されたくない」と乱暴に言葉を返す。ソン・グァンスは自らを「白丁のソン・

ヴァンスだ」と名乗っていたが、他人から白丁と言われるのに対しては極度に嫌っていたのである。

3　差別に対抗して立ち上がる白丁

「白丁は低い身分だが、ここにいる人間より清らかだ」

第三三話では、晋州《チンジュ》に来たチェ・ジュングは、キム・ドゥマンの妾《めかけ》が営む居酒屋でソン・グァンスと教師となったチョン・ソクに出会い、そこへキム・ドゥマンが入ってきて口論となる。キム・ドゥマンは崔参判《チェチャムパン》家の下人であったキム・イピョンの息子であり、晋州で酒問屋などを営んで成功したが、目先の金に目を奪われる欲深い人物であった。キム・ドゥマンはソン・グァンスを指して「いったい、何のまねだ。白丁《ペクチョン》のくせに、店で騒ぐな」と割り込むと、チェ・ジュングは「なに？　白丁？　白丁が両班《ヤンバン》に乱暴を働こうとしたのか」と暴言を吐く。

チョン・ソクが立ち上がってチェ・ジュングを睨《にら》みつけるとソン・グァンスが「我慢するんだ」と言い、さらにソン・グァンスは周りに向かって大きな声で「皆さん、酒問屋の話は間違いだ。俺は白丁じゃない。白丁の婿だから、半分は白丁かもしれんがな。白丁は低い身分だが、ここにいる人間より清らかだ」と言う。しかしチェ・ジュングが「黙って聞いてたら、勝手なことを」と言うと、チョン・ソクが「この野郎、おまえなんか死ね」と殴りかかる。しかしソン・グァンスが「落ち着け」と止めて店を出ていくと、殴られたチェ・ジュングは「白丁の奴、俺を殺す気か。あいつらめ」と悔しがる。居酒屋で二人となったキム・ドゥマンとチェ・ジュングであるが、キム・ドゥマンはチェ・ジュングに向かって、「白丁も迷惑だが、お宅も早く帰ってくれ」と凄《すご》む。

青少年ダイジェスト版では、このやりとりを受けて、「一般人の白丁に対する感情は想像を絶しており、これまでの慣行から毛先ほどもはみ出すのを許さないだろう。／一八九四年の甲午改革は形式上は、卑賤な人びとの身分をなくした。東学党の乱も身分制度を緩和するのに寄与した。しかし、根深い慣習が法律一つだけですぐに変わるはずもなかった。官奴《クァンノ》（官に仕える奴婢）、大道芸人、皮革職人、奴婢《ノビ》、ムダン、白丁らは相変わらず蔑まれ、虐待されていたのだ。また、両班が常民《サンミン》に接する以上に、常民は賤民《チョンミン》の上に君臨した。その中でも白丁には恐怖に近い嫌悪感を抱いており、虐待も一番酷《ひど》かった」（第四巻、六九頁）との解説が付される。

「俺は白丁の婿になったのを後悔したことがない」

また青少年ダイジェスト版では、『名家《ミョンガ》の娘ソヒ』になかった次の重要な場面も登場する。チョン・ソクにとって、居酒屋でのやりとりは我慢がならない。二人になった時にソン・グァンスが察してチョン・ソクに「白丁の話か?」と問うと、彼は「こんなことじゃ何ができますか。両班の横暴に歯ぎしりしていた常民たちが、その両班よりも酷い横暴を賤民にするのは、なぜですか?」と返す。そこでソン・グァンスは、「両班に犬のように従う奴らこそ、賤民が自分のように、いや、自分よりもっと服従することを願うのが道理だろう? 人の生きる道理さ。王や、両班や、常民、賤民などといった区別は天ではなく、人が作ったものだ。それなら人の手で壊すべきだ。だが、両班も人だ。神ではなく、同じく飯を食い、糞《くそ》をする人で、白丁も同じく人だ。牛や豚ではなく、同じく飯を食い糞をして働く人だ! だから、誰もが平等に生きるべきじゃないか? だからって、俺たちが生きているうちに、そんな世の中になると思ったら、それは間違いだ。まだ早い。とにかく元気を出せ」(第四巻、七三〜七四頁)とチョン・ソクを励ます。

またソン・グァンスが「さて、何年になるんだ? 十年は過ぎたと思うが、俺も義父に聞いたんだが、おまえ、玉峰《オッポン》教会で白丁にまつわる騒動があったのを知ってるか?」と聞いたところ、チョン・ソクは「知りません。何のことですか?」と聞き返す。そこでソン・グァンスは、「広林《クァニム》学校の校長と何人かが集まって、白丁十五人を玉峰教会に通わせたそうだ。そうしたら、何人かが白丁とは同じ場所では礼拝できないと反対し、こっちは神の前では皆一緒に礼拝ができると主張した。勢力は五分五分だったが、結局教会は真っ二つに割れ、多くもない教徒たちが二つに分かれ、別々に礼拝をすることになったんだよ。その間に挟まれた白丁たちの気持ちはどんなだったことか。結局、四十九日目には白丁たちが引き下がるしかなかった。俺の義父の話では、血の涙を流しながら引き下がったそうだ。そりゃそうだろう。やっと人並みに扱われる希望が見えていたのに、白丁はイエスも信じることができなかったのさ」（第四巻、七四～七五頁）と笑う。

そしてソン・グァンスは「白丁はイエスも信じることができなかった。だからって牛を殺す白丁が仏教を信じるか？　俺の義父が東学を信じるようになったのは、イエスも釈迦《しゃか》も受け入れてくれなかったからだ。俺は白丁の婿になったのを後悔したことがない。ただ、俺が侮辱されるのは我慢できるが、妻子が侮辱されるのは頭に来る、我慢ならないんだ」と言って小さな声で笑い、「人は蔑まれれば蔑まれるほど団結するものだ。いずれにしろ、今はもう法で白丁を縛ってないから、これから学問に励む人も増えるはずだ。それに、白丁は数万人以上もいるから、自分を救ういい方法もこれから見つかるはずだ」（第四巻、七五頁）とも付け加える。ここには白丁に対する厳しい差別だけでなく、白丁自身による差別に対する対抗の意思が示されている。

この事件の舞台となった玉峰教会は、金仲燮《キムチュンソプ》『衡平運動―朝鮮の被差別民・白丁とそのたたかい―』（高正子《コオチョンジャ》訳、解放出版社、二〇〇三年）では「玉峯里教会」（四七頁）となっている。ここには、二〇一五年一一月二一日に慶尚《キョンサン》大学校で開かれた国際学術大会「衡平運動を再び考える」の前日である一一月二〇日に、衡平社史料研究会の会員とともに訪れた。そこには展示室があり、一九〇九年三月に晋州に赴任したライアル牧師は、五月九日に一五人の白丁の信者と五〇人の一般民衆の信者がともに礼拝をおこなうべきだと主張するが、二〇人は拒否するものの、結局は八月一日から同席するようになったとの解説があった。つまり朴景利《パクキョンニ》は『土地』を執筆するにあたって、この事件を知っていたということになろう。

さて『名家の娘ソヒ』に戻ると、第三五話では晋州で病んでしまったイ・ヨンの後妻であるイムの母が家にある鶏肉を見つけて誰がくれたのかと問うと、息子のイ・ホンが「ソン・グァンスさんだ」と答え、イムの母が「そう、ありがたいね」と言う。しかし欲の張ったイムの母を嫌うイ・ホンが「母さんのじゃないよ。父さんの薬にする烏骨鶏だ」と言うと、イムの母は厭味《いやみ》ったらしく「白丁のくせに、太っ腹じゃないか」と悪態をついてしまう。もうイ・ホンは呆れ果てて、即座に家から出ていくしかない。

「白丁には、牛の血が流れていると言う気か？」

厳しい差別を受けていた白丁は徐々に差別に抵抗して立ち上がろうとするが、その軸となったのは教育に関する出来事であった。第四〇話では、ソン・グァンスの家で妻が息子のソン・ヨングァンに向かって「革のカバンを持ってお行き」と言うが、ソン・ヨングァンは「イヤだ」と言う。それでも妻は「お祖父ちゃんの贈り物なのに」と勧めるが、ソン・ヨングァンは「牛を殺して稼いだ金だろ。白丁の子が革のカバンを持ってるとからかわれる」と言い返し、これに対して妻は何も言えず泣いてしまう。そこへ入ってきたソン・グァンスが妻に「騒々しいな。なぜ泣いている」と問うと、妻は「何でもありません」と言い、ソン・ヨングァンは「行ってきます」と家を出てしまう。またソン・グァンスが「カバンも持たずに行くのか?」と妻に問うが、妻は黙ってしまうしかない。

学校の教室でソン・ヨングァンがオルガンを弾いていると、キム・ドゥマンの息子であるキム・ギソンが「白丁の息子は、オルガンを弾くな」と暴言を吐くが、チェ・ソヒの長男であるチェ・ファングクがソン・ヨングァンを助ける。学校を出るとキム・ギソンがソン・ヨングァンを呼びとめて「オルガンが弾けるからって、威張るな。お前は牛でも殺してろ」と言うと、ソン・ヨングァンは「俺は白丁じゃない」と言い返すが、キム・ギソンは「白丁の息子のくせに」と言い、周りの者も「そうだ、そうだ」と囃《はや》し立てる。それでもソン・ヨングァンが「父さんは違う」と言うと、キム・ギソンは「ふざけるな。祖父ちゃんも、母ちゃんも白丁じゃないか」と言ったものだから、ソン・ヨングァンはキム・ギソンに殴りかかるが、かえって皆から殴られてしまう。これを見たチェ・ファングクが助けると、キム・ギソンはソン・ファングクに向かって「下男の息子と白丁の息子で、お似合いだ。母ちゃんは両班でも、父ちゃんは下男だもんな」と言ったものだから、ソン・ファングクは「この野郎」と言って殴りかかり、キム・ギソンに傷を負わせてしまう。

これを知って怒ったキム・ギソンの父であるキム・ドゥマンは学校に圧力をかけ、校長はソン・ヨングァンを中学校に来させないようにしてしまう。これを知って学校に乗り込んだソン・グァンスが校長に抗議すると、校長は平然と「白丁とは学ばせたくないと保護者から投書が来ました。ソン・ヨングァンを退学させないと、子どもを学校に通わせないと言っています」と言うが、ソン・グァンスは「私は白丁じゃありませんよ」と言い返す。そこに居合わせたキム・ドゥマンがソン・グァンスに向かって「父親は違うだろうが、母親の実家は白丁だ」と言うと、ソン・グァンスは「なるほど、おまえの仕業か」とキム・ドゥマンを睨みつける。

しかしキム・ドゥマンが「俺だけじゃない。保護者が全員、同意したよ。白丁とは学ばせないと」と言ったものだから、ソン・グァンスは「白丁には、牛の血が流れていると言う気か？ なら、お前には下男の血が流れているのか」と言い返す。そこでキム・ドゥマンが「何だと？ 今、何て言った？」とソン・グァンスに殴りかかるが、校長が「落ち着いて下さい」と割って入る。しかしキム・ドゥマンはソン・グァンスに対して「どんなに騒いでも無駄だよ。白丁の子だと知れたから」と言うが、ソン・グァンスは「結構だ。学校は他にもある。忘れるな。稼いでるからって、調子に乗るな。白丁も肉や皮を売って稼いでるし、金も持ってんだ。皆で力を合わせて、仕返ししてやる」とキム・ドゥマンに対して捨て台詞《ぜりふ》を返すしかない。

これを知ったキム・ドゥマンの父であるキム・イピョンが、息子のキム・ドゥマンに「ソン・グァンスの女房が白丁だから、子どもを退学させたって？」と問い詰める。しかしキム・ドゥマンは「白丁と付き合わぬよう、手を打っただけです」と平然と言い放つが、キム・イピョンは「他人の子の将来を妨げたうえに、白丁と喧嘩《けんか》して、恥ずかしいから、どうかやめてくれ。うちは自慢できる家柄か？」と返す。しかしキム・ドゥマンは「先祖が下男でも、白丁よりマシだ。下男は金さえあれば人間扱いされるけど、白丁は違う。殺生する人間と、一緒にしないでくれ」と逆切れしたものだから、父のキム・イピョンは「何だと？　ひどい奴だ」と自らの息子にまで呆れ果ててしまうしかない。

4　衡平社の創立をめぐる対抗

「牛を殺す白丁は、相手が人だから殺さないんですかね？」

まずは、青少年ダイジェスト版で衡平社《ヒョンピョンサ》創立についての記述が登場する場面を紹介しておこう。キム・ピョンサンの次男である真面目な青年のキム・ハンボクはチョン・ソクに向かって「クァンス兄さんの息子が釜山《プサン》で勉強してるって？」と問うたところ、チョン・ソクは「晋州《チンジュ》で戦ってもしようがないから、仕方ないですね」と答える。そして「あれこれ試みたが、晋州では息子を学校に通わせられなかったからだ。昨年五月、晋州で結成された衡平社は、息子を勉強させようとする白丁《ペクチョン》とそれをひたすら拒む一般民衆との長い戦いの結果だった。白丁の婿であるグァンスはもちろん先頭に立って戦った。人間として認めてもらおうとする白丁の力は間違いなく大きくなっていた。この衡平社運動はもう全国に広まっていた」との説明があり、同席していたヨンは「クァンスは並の人間と違う」（第四巻、二六八頁）と褒め称《たた》える。ここでは「戦って」「戦う」となっているが、差別との闘争を意味するので「闘って」「闘う」が相応しく、またチョン・ソクが言った「昨年五月」は明らかに間違いであるが、ともかくも前年である一九二三年四月二五日に晋州で衡平社が創立され、ソン・グァンスが衡平運動を先頭に立って担っていることを述べたのである。

ある日、崔参判《チェチャムパン》家に晋州警察署のナ刑事が人を探すために訪れ、ソン・グァンスと親しい執事に「あんた、宋（ソン）・グァンスがどこに行ったか知っているだろう？」と問うたところ、執事は「知るとか知らないとか、何のことですか。衡平社か何かについての件ですか？」と答えた。ナ刑事の言い方がいかにも無礼だったので、執事は「知っていることは何もありません。白丁を相手にするのはちょっと何ですからね。白丁が怖いのはよくご存知じゃありませんか？　牛を殺す白丁は、相手が人だから殺さないんですかね？」（第四巻、二七五頁）と突き放す。これは一見したところ白丁に対する差別のようではあるが、衡平社を理解していた執事は、こう言うことによってナ刑事を追い返し、ソン・グァンスを守ろうとしたのである。ダイジェスト版では、この場面から後に白丁と衡平社が登場することはなくなる。

「白丁と妓生とどこがちがうの？　蔑まれてるのは同じよ」

これから『名家《ミョンガ》の娘ソヒ』に描かれた衡平社創立を紹介するが、重要な役割を果たすのがソン・グァンスとともにボンスンである。ボンスンは崔参判家にいた下女であり、幼い頃からチェ・ソヒと親しくし、キム・ギルサンに想いを寄せていた。しかしチェ・ソヒとともに中国東北部に行くことが叶わず、生まれつきの素質を生かして妓生《キーセン》となり、ギファを名乗るようになる。その後は漢城《ハンソン》でソヒの婚約者であったイ・サンヒョンと同棲《どうせい》して子どもを生んだ後、イ・サンヒョンのもとを去り、晋州に帰って来るがアヘンのために重い病気を患っていた。

第四一話では、晋州でソン・グァンスが歩いていると道端で倒れたボンスンを見つけ、病院に運び込む。そこでソン・グァンスとボンスン、駆け付けたチョン・ソクの間で、次のような会話のやりとりとなる。ソン・グァンスが「不思議だ。今日は何度も妓生に会う日みたいだ」と言うと、チョン・ソクが「何の話です？」と聞き、ソン・グァンスは「衡平社を創立した記念に、妓生組合へ歌の依頼に行ったんだ。断られたがね。白丁の行事に出たら、声が出なくなるとさ」と口惜しく言う。そこでボンスンが「それ……、私でもよければ歌うけど」と申し出ると、ソン・グァンスが「白丁と聞くだけで、皆、嫌がるのに。平気なのか？」と尋ねる。しかしボンスンは、「白丁と妓生とどこがちがうの？　蔑まれてるのは同じよ」と意志は固い。

ボンスンは妓生も白丁と同様に朝鮮王朝においては身分的に賤民《チョンミン》であることを知っていて、ソン・グァンスを慮《おもんぱか》って協力しようとしたのである。この場面は、前掲・金『衡平運動』によって紹介された、五月一三日に晋州座で衡平社創立祝賀大会が開かれた際、余興のために妓生に公演を頼んだが晋州妓生組合が反対し、結果的には日本の歌舞団に任せることになったという事実(七四頁)などを参考にしたものであろう。また前掲・金『衡平運動』によると、実際の衡平社創立祝賀会には約四〇〇人が集まり、午後一時に姜相鎬《カンサンホ》の開会の辞で始まり、午後五時頃に「衡平社万歳」の三唱で幕を下ろし、余興は午後六時半頃まで続いたという(六五〜六六頁)。

「これからは全国の白丁で力を合わせよう」

かくして、衡平社創立を記念する行事を迎えることになった。川に面した岩場では二人が棒に付けられた五メートルくらいの横断幕を持ち、三人が長い棒に付けた旗を大きく振っているが、残念ながら双方とも画面ではハングルの文字が小さ過ぎるので読みとれない。ソン・グァンスが息子のソン・ヨングァンとチョン・ソクを含む五〇人くらいの参加者の前で、力強く訴えることから始まる。ソン・グァンスが「諸君。白丁はどんなに金を稼いでも、絹の服も外套《がいとう》も着られない」と言うと一同は「そうだ、そうだ、その通り」と応え、ソン・グァンスが「髷《まげ》も結えず、女はかんざしも挿せない。なぜか、白丁は人間でないからだ」と言うと一同が「そうだ、そうだ、その通り」と返す。

またソン・グァンスが「結婚する時も、新郎は馬の代わりに牛に乗り、新婦は駕籠《かご》の代わりに板に乗る。死んでも輿《こし》には乗れない。白丁は人間じゃないからだ。だが、これからは人間らしく生きよう」と訴えると、ある者は「その通りだ。俺たちも人間なんだ」と切り返し、ソン・グァンスが「我々は、これまで酷《ひど》い人生を送ってきたが、これからは全国の白丁で力を合わせよう。子どもたちには教育を受けさせ、人間らしい人生を送らせるんだ」と言うと、一同と「そうだ、その通り」と反応する。そしてソン・グァンスは最後に、「今日のこの日を祝うために、余興を用意した。皆で楽しんで、邁進しよう」と締め括る。

ソン・グァンスは白丁が苦しんできた厳しい差別を切々と説明し、この差別と対抗するために全国の白丁が力を合わせ、子どもの教育にも力を注ぎ、これからは人間らしく生きようと訴える。これを聞いている者も全てが真剣であり、希望に満ちた顔つきをしている。ここでは白丁も人間であることが強調されているが、これは一九二二年三月三日に日本で創立された全国水平社の理念との共通性がうかがわれる。

「生意気な白丁を叩きのめしてやれ」

そして近くの岩場にいたボンスンが伝統的な打楽器の杖鼓《チャンゴ》を奏でながら歌を吟じる場面へと移るが、この場面が撮影されたのは晋州城である。晋州城に入ってすぐ左を降りていくと、晋州市内を流れる南江《ナムガン》の川辺に岩場がある。この岩場は、義岩《ウィアム》史跡碑とされている。一五九三年の倭乱《ウェラン》（文禄の役）では晋州城で激しい戦闘となったが、この義岩は妓生の論介《ノンゲ》が日本の武将を道連れにするため抱きかかえ飛びおり殉死した場所として知られている。このことからしても、衡平社創立を記念する行事に妓生であったボンスンを登場させている象徴性の意味は、極めて大きいと言えよう。

この場所を私は衡平社史料研究会の会員とともに二〇一五年一一月二〇日に訪れたが、嬉《うれ》しくなって不覚にも周りの者に説明しまくってしまったことを記憶している。また晋州城を出てすぐ近くの場所には、一九九二年に設立された衡平運動七〇周年記念事業会によって、一九九六年に衡平運動記念碑が建てられた。晋州は衡平社の創立地として重要であり、まさに晋州城こそは衡平社の創立を記念する行事を撮影する場所として、最も相応しかったと言えよう。川辺の岩場に座ってボンスンが歌うが、その歌詞は次の如くであった。

恨み多きこの世　無情な人よ
情だけ残して逝《い》った人　こぼれ落ちる涙
いかにも　そうさ　そうともさ
たかだか五百年　生きようというのに　何を言うのだ
青春を踏みにじり　心を傷つけた愛

涙を流しながら　どこへ行く

この歌詞に「五百年」とあることから、おそらく朝鮮王朝における義岩での妓生の悲劇を歌ったものであろうが、同時に悲劇を生きてきた白丁の心情も重ね合わすことができる。ボンスンを演じたのはイ・ジェウン（李在銀、一九八〇〜）であるが、彼女は大学校では国楽を専攻しただけあって歌声は誠に素晴らしく、この作品では随所で歌を披露している。ちなみに可愛い子役として人気を博した七歳のイ・ジェウンは、一九八七年一〇月二四日からＫＢＳで放映された大河ドラマの『土地』で幼少期のソヒを演じたというから、何か因縁めいたものを感じてしまう。

ところがボンスンの歌が終わらないうちに突然「やめろ」との声が響き、こん棒を持った男たちが参加者に襲いかかる。居酒屋でソン・グァンスと揉《も》め、日頃から白丁を快く思わないキム・ドゥマンが「生意気な白丁を叩《たた》きのめしてやれ」と叫び、参加者との乱闘騒ぎとなる。キム・ドゥマンは「殺せ、殺してしまえ」と周りの者をけしかけ、乱闘が続く。これは民衆が決して白丁を快く思わず、衡平社創立を好意的に迎えないばかりか、集団で敵対さえしたことを如実に表現する場面であった。

さてソン・グァンスは、中国東北部の龍井から晋州に帰ったチェ・ソヒを訪ねる。いかにも気位が高いチェ・ソヒが毅然《きぜん》として「何をしに来たのだ。衡平社に使う資金の要求ではあるまいな？」と問うと、ソン・グァンスは「頼んだら、くれますか？　でも、感謝します。白丁の集まりと言わず、衡平社という名称を呼んで下さるのだから」と嫌味っぽく返すしかない。チェ・ソヒは自らの地位を守るために、日本を利用しようとして表面上は親日派を演じていたため、必ずしも快くは思っていなかったソン・グァンスが参加した衡平社に対しては辛うじて理解していたであろうが、衡平社に対して資金を提供しようなどとは決して考えていない。

5 苦悩する白丁の若者

「父さんも白丁の婿がイヤで独立運動を始めたんだろ」

第四三話では、ソン・グァンスの息子である中学生のソン・ヨングァンは一九二九年の光州《クァンジュ》学生運動に影響を受けて独立運動に関わろうとするが、ソン・グァンスは心配してやめるように説得する。そこでソン・ヨングァンは「白丁《ペクチョン》は勉強しても無駄だ」と言い、「転校先でも白丁だとバレたからね。父さんも白丁の婿がイヤで独立運動を始めたんだろ」とも付け加えるが、ソン・グァンスは何も言えない。

そしてソン・ヨングァンはチェ・ソヒの長男であるチェ・ファングクと会い、「白丁だからと二度も退学を」と不満を打ち明ける。希望を持てないソン・ヨングァンはチェ・ファングクに向かって「朝鮮を離れる。船に乗って、日本へ行く」「運動が終わっても、将来がない。白丁の息子だからな」と言い、両親に告げずに日本へ旅立ってしまう。

ソン・ヨングァンを恋慕うカン・ヘスクも日本に行くが、カン・ヘスクの母はソン・グァンスの家に来て「あんたの息子のせいで、家出したんだ」「男と逃げただけでも、みっともないのに、相手が白丁の息子とは」と言うと、ソン・グァンスは「うちのヨングァンが、白丁の息子だと？」と怒ってしまう。衡平運動が展開されても白丁に対する差別は緩和されず、苦悩する白丁の若者にとっては朝鮮を離れるしか希望がもてなかったのである。

第四五話では、ソン・グァンスは信頼し合うキム・ギルサンと相談して、自らが独立運動のために中国東北部に行こうとする。そしてソン・グァンスは安全を考えて娘を、独立運動の仲間であるキム・ガンセの息子に嫁がそうとする。このことを聞いて驚くキム・ガンセを見て、ソン・グァンスは「白丁の娘は、嫁にできないって？」と念を押したため、キム・ガンセはソン・グァンスの申し出を受け容れるしかない。内心ではキム・ガンセは喜んでいたが正面切って言えず、ソン・グァンスは嫌味っぽく言うことによって、娘を嫁がせたのであろう。

第四六話では、キム・ギルサンから東京へ行くことを勧められた長男のチェ・ファングクは東京で働くソン・ヨングァンを見つけ、学校に通って欲しいから援助するというソン・グァンスの言葉を伝える。しかしソン・ヨングァンは「俺は、白丁の母を恨み、家族を放っておく父を嫌った。援助を受けられない」と言い、いくらチェ・ファングクが説得しても「援助を受けたら、俺は永遠に、身分の壁を乗り越えられない」と言って断ってしまう。ソン・ヨングァンは自らを白丁と卑下しつつも、それを日本社会で乗り越えようともがき苦しんでいたのである。

しかし第四七話ではソン・ヨングァンは日本でトランペット奏者として新たな人生の活路を見いだし、後に朝鮮に帰ってきて父のソン・グァンスに詫びを入れるが彼は亡くなってしまい、母に対しても詫びを入れる。そしてソン・ヨングァンはボンスンの娘でチェ・ソヒのチェ家に養女として籍を入れたヤンヒョンに会い、「父が作った衡平社《ヒョンピョンサ》の集まりに、君のお母さんが来て、歌ってくれた。あの姿は、今も忘れられない。お母さんは、他の誰よりも美しかったよ」と感謝を述べる。

「白丁の息子と妓生の娘か。卑しい者同士で組織をつくるか?」

第四八話ではソン・ヨングァンとヤンヒョンは互いに魅《ひ》かれるようになり、ヤンヒョンが「私の母は乳母の娘で、そして妓生《キーセン》になった。父親は河東《ハドン》のイ家の主人なんですって」と言うと、ソン・ヨングァンは「それが、どうした?」と返す。そしてヤンヒョンは「自分の出生は気にならない?」と問うと、ソン・ヨングァンは逆に「白丁の息子と妓生の娘か。卑しい者同士で組織をつくるか?」と嫌味っぽく反問する。これに対してヤンヒョンは「卑しいと言った? 出生を乗り越えた人が、そんな言葉を使うの？」と問うと、白丁の息子であることに悩むソン・ヨングァンは「乗り越えたいんじゃない。考えるだけ無駄なんだ」と返答し、互いに気を遣いつつも情を通わせることができない。

第四九話では、チェ・ソヒが結びつけようとする次男のチェ・ユングクとヤンヒョンの二人が話すことになる。ヤンヒョンがソン・ヨングァンを慕っていると言うと、兄妹として育ったヤンヒョンを密《ひそ》かに慕って諦めきれないチェ・ユングクは、ヤンヒョンがソン・ヨングァンと結ばれれば苦労することを口実に、「今、なんて言った？　ソン・ヨングァン？　あいつはダメだ」と言うが、ヤンヒョンは「白丁に対する偏見だわ。私も妓生の娘よ」と言い返して噛《か》み合わない。そして長男であるチェ・ファングクの妻である身分意識が強いファン・トクヒは義妹にあたるヤンヒョンに向かって、「妓生の娘と白丁が付き合うのは構わないけど、家を出たら？」と追い詰める。しかしヤンヒョンの真意を知ったチェ・ソヒはソン・ヨングァンとの結婚を許そうとするが、ソン・ヨングァンは中国へと去ってしまう。

ヤンヒョンはソン・ヨングァンを追いかけてハルピンで会うが、ソン・ヨングァンは心を閉ざしてしまう。結局のところソン・ヨングァンとヤンヒョンが結婚することは叶わず、それぞれが自らの人生を歩み、一九四五年八月一五日の解放を迎えることになる。白丁が愛を貫いて結婚しようとすれば身分の壁を越えなければならなかったが、ソン・ヨングァンとヤンヒョンが結ばれるには、当時においては相当な困難を克服するしかなかったことを、如実に示すものであった。

第七章　解放後に苦悩した白丁の末裔

1　解放後の韓国社会を描いた『星になって輝く』

白丁の末裔が登場する現代劇

二〇一七年の夏頃と記憶しているが、何気なくパソコンで「韓国ドラマ　白丁《ペクチョン》」と打って検索していると、思いもかけず『星になって輝く』（KBS、二〇一六年、全一二八話）がヒットした。韓国歴史ドラマをほぼ観尽くしていた私は、『星になって輝く』という韓国歴史ドラマなどないことを知っていたので、白丁が登場している韓国現代ドラマがあることに驚いてしまった。そこで『星になって輝く』のキャストを調べてみると、「白丁の息子というコンプレックスを持った男。お金と成功の為なら何でも出来る悪い男だが、表向きでは限りなく善良な姿に偽装する事ができる利口な面貌を持っている」と紹介された、ソ・ドンピルという人物が登場していることが分かった。つまりソ・ドンピルとは、白丁に出自をもつ実に嫌な男であることを連想させた。

この『星になって輝く』は二〇一七年一月にDVDとなっていたので、とり急ぎレンタルショップで借りることにした。『星になって輝く』は約三〇分枠のＴＶ小説として、毎週の月曜日から金曜日にかけて放映された。演出は女性のクォン・ゲホン、脚本はユ・ウナとチョ・ソヨンが担当した。主人公であるチョ・ボンヒのコ・ウォニ（高媛熙、一九九四〜）、ソ・ラモンのソ・ユナ（一九八八〜）、ユン・ジョンヒョンのイ・ハユル（李河汨、一九八七〜）、ホン・ソングクのチャ・ドジン（一九八三〜）らフレッシュな若手の俳優が全体のストーリーを引っ張り、ユン・ギルジュのユン・ジュサン（尹柱相、一九四九〜）やソ・ドンピルのイム・ホ（林湖、一九七〇〜）、オ・エスクのチョ・ウンスク（曺銀淑、一九七〇〜）らのベテランと中堅の俳優がしっかりと脇を固めることになった。韓国では一六・七％という最高視聴率を稼ぎ、日本では二〇一七年四月からＢＳ日テレで初めて放映された。

ＢＳ日テレによる作品のキャッチフレーズは「一九六〇年代のソウル、四人の若者たちの情熱と愛が交差する……。ファッションデザイナーを目指してひたむきに生きるヒロインの愛と成功の物語」とあり、いかにも韓国現代ドラマらしい宣伝文句という感じがする。『星になって輝く』で描かれた時期は、一九四五年八月一五日の解放直前から一九六〇年代中頃までであり、いわば韓国経済が大きく発展する以前におけるソウルの民衆社会、それを背景としながら夢と希望をもちながら必死に生き抜こうとする若者の群像などを描いた作品である。

『星になって輝く』主要登場人物

オ・エスク ソ・ドンピルの妻として洋服店を営み、娘のソ・モランを溺愛するあまり、チェ・ボンヒ一家を敵視する

ソ・ドンピル チェ・ボンヒの実父で紡績会社を営み、白丁《ペクチョン》に生まれたコンプレックスのために猜疑心が強いが、最後にはチェ・ボンヒと和解する

ソ・ラモン ソ・ドンピルとオ・エスクの娘で気が強く、恋敵のチェ・ボンヒを嫌う

チョ・ジェギュン チェ・ボンヒが実子でないことを知りながら大切に育て、自らは紡績会社の社長を務めるが、オ・エスクに殺される

チェ・ボンヒ チョ・ジェギュンの夫婦に育てられるが両親を慕い、健気にファッション・デザイナーを目指す

パク・ミスン 親日派の父をもち、チェ・ボンヒの実母であるが、それを知らずファッションデザイナーとなり、チェ・ボンヒを助けるようになる

撮影された順天ドラマロケ地

この『星になって輝く』の撮影場所の一つとなったのが、順天《スンチョン》ドラマロケ地である。ここには朝鮮衡平運動史研究会による踏査の一環として、二〇一八年六月三〇日に訪れた。かつては軍営地であった四万平方メートルの広大な敷地には、一九五〇年代後半から一九七〇年代までの順天の町並み、一九七〇年代中頃までのソウルの冠岳《クァナク》区奉天洞《ポンチョンドン》にあったタルドンネと言われる貧民街や一九八〇年代のソウルの町並みなどが再現されていた。ちなみに「タルドンネ」を直訳すると「月の町」となる

が、韓国では坂道を登りきった所、もしくは丘の上のような月に届くほど高い場所にある「貧民街」を意味する言葉であるという。

順天ドラマロケ地では一九七〇年代から一九八〇年代にかけての学生服を着て、市場でチヂミなどを食べる、ディスコダンスを踊る、劇場で映画のダイジェストを鑑賞するなどの体験を楽しむこともできる。実際に訪ねてみると、あたかも過去にタイムスリップしたようなレトロな気分が味わえるだけに、多くの韓国人が訪れる著名な観光スポットの一つともなっている。

この韓国でも最大規模を誇る順天ドラマロケ地は、もともとは『愛と野望』（SBS、二〇〇六年、全八一話）のためのセットとして組まれた。その後は韓国現代ドラマの『エデンの東』（MBC、二〇〇八〜二〇〇九年、全五六話）や『製パン王キム・タック』（KBS、二〇一〇年、全三〇話）、『ラブレイン』（KBS、二〇一二年、全二〇話）など、映画の『江南《カンナム》一九七〇』（二〇一五年）や『愛を歌う花』（二〇一六年）など、日本でもよく知られている作品が撮影されることになった。

解放村という貧民街

順天ドラマロケ地のタルドンネが『星になって輝く』の撮影地の一つとして選ばれたのは、後に述べるように主人公であるチョ・ボンヒの父であるチョ・ジェギュンが殺害され、残された家族が生活苦に陥ったためソウルの解放村《ヘバンチョン》という貧民街に住むことになったからである。つまり解放村とは、解放後において生活苦に陥った民衆が生き抜くために辿り着いた生活拠点に他ならない象徴的な場所であった。

この解放村は南山《ナムサン》の南側に広がる急斜面の一帯に位置し、現在では行政的には龍山二街洞《ヨンサンイガドン》と厚岩洞《ファムドン》の一部に区分され、日本の植民地であった時期には多くの日本人が住んでいたという。歴史を振り返ると「解放区」であれば革命勢力が支配した地域を一般的に意味するが、ここが解放村と呼ばれるようになったのは、一九四五年八月一五日の解放後に海外から戻って来た人や北の故郷に戻れなくなった人らが定着したからであると言われている。

しかし解放村でも一九七〇年代から地域開発が徐々に進んで古い家屋は取り壊され、かつての面影が漂うのは一部しか残っていないという。そして現在では、解放村通りを中心として立派な住宅や異国的な情緒さえもが漂う洒落《しゃれ》たカフェとレストラン、それにオブジェなどが立ち並び、多くの観光客が訪れる新しい文化的な街並みに大きく変貌しているというから、ぜひとも訪ねてみたいと思っている。

2　白丁の末裔に対する結婚差別

「時代が変わったとはいえ、白丁に娘を嫁にやれるか」

さて全一二八話にも及ぶ『星になって輝く』は、一九四五年八月一五日の解放直前から一九六〇年代中頃までのソウルを中心とした韓国社会と人間模様の一端を知るうえで興味深い作品である。第一話の冒頭から、白丁《ペクチョン》に関する場面が登場する。一九四五年八月一五日に日本がアジア・太平洋戦争に敗北して朝鮮は植民地から解放されるが、その直前から物語は始まる。テヨン紡績に勤めるソ・ドンピルは恋人のパク・ミスンとともに、ミスンの父に結婚の許可を得ようとして立派な屋敷の門をくぐる。庭からパク・ミスンが「お父さん」と呼ぶと、天皇と旭日旗の額を掲げた部屋から出てきた父が縁側で「おい、ソ・ドンピル。この家に来るとは、いい度胸だ。ふざけるな。よりによって、この男を連れてくるとは。白丁……」と続けようとすると、パク・ミスンが「お父さん」と遮ってしまう。そこで父は「時代が変わったとはいえ、白丁に娘を嫁にやれるか」と横柄に言い放つ。ちなみに日本語の字幕では、ミスンの父が発した一つ目の「白丁」はあえてカタカナの「ペクチョン」となり、二つ目の「白丁」は「こんなヤツ」と変更されている。

そこでソ・ドンピルが「父は牛や豚を殺すのが生業《なりわい》で、白丁だ。そっちは人殺しだから、似た者同士だろ」と言い返すと、父が「何だと」と凄《すご》んだものだから、さらにソ・ドンピルは「日本軍の手先の娘が恋仲とは、俺だって誰にも言えない」と言い返してしまう。このやりとりを聞いていたパク・ミスンが「ドンピルさん」とたしなめ、父は「何だと」と言って急いで縁側から降りてきて、ソ・ドンピルを平手で打ったものだから、互いが激しい睨《にら》み合いとなる。そこでソ・ドンピルは「いつか時代が変われば、その時、あんたの末路を、この目で見届けてやる」と捨て台詞《ぜりふ》を投げつけて屋敷から出て行き、パク・ミスンが「ドンピルさん」と後を追いかける。それを見ていた父は、悔しそうに「時代が変わるだと? そんなことあり得ない」と呟く。

「白丁である俺は、これ以上、みんなに軽蔑されたくない」

パク・ミスンの父は朝鮮が日本の植民地であった時期に日本軍の手先となって同胞の朝鮮人を踏み台にして金を稼ぎ、自分の娘が白丁の男性と結婚することにも猛烈に反対したのである。そしてソ・ドンピルはパク・ミスンに「俺たち、終わりにしよう」と言うが、パク・ミスンは「誰も知らない所へ、駆け落ちしましょう」と返したものの、ソ・ドンピルは躊躇《ちゅうちょ》して決断することができない。

そして一九四五年八月一五日に日本が戦争に負けたとのラジオ放送があり、朝鮮は解放を迎えることになる。同胞の朝鮮人から恨みを買っていた親日派であるパク・ミスンの父は、自宅を襲った五人くらいの朝鮮人から袋叩きに遭《あ》う。そこをテヨン紡績に勤めるチョ・ジェギュンが通りかかり、父とパク・ミスンを助ける。パク・ミスンと父は危険を感じてソウルから逃げることになり、ソ・ドンピルとパク・ミスンは会えなくなってしまう。

一〇カ月後の一九四六年六月、ソ・ドンピルとパク・ミスンが二人だけの秘密の場所で再会することになる。この時にパク・ミスンはソ・ドンピルの子どもを宿していることを告げて彼と結婚しようとするが、ソ・ドンピルは「俺たちは終わったんだ。俺の子だと？」とパク・ミスンを疑ってしまう。そこでパク・ミスンはソ・ドンピルに向かって、「正直に言いなさいよ。日本軍の手先の娘を妻にして、軽蔑されるのは嫌だと」と返す。しかしソ・ドンピルは、「そうだ。お前と結婚し、白丁である俺は、これ以上、みんなに軽蔑されたくない。二度と会いに来るな。痛い目に遭わせるぞ」と凄んで立ち去ってしまう。結局のところ、ソ・ドンピルとパク・ミスンは結婚するどころか、恨みを残したまま決別することになる。

白丁の末裔という出生の秘密

次の日、急に産気づいたパク・ミスンはチョ・ジェギュンの家の物置で赤ちゃんを生むが、気を失ってしまう。同時刻にチョ・ジェギュンの妻も赤ちゃんを生むが、この赤ちゃんは妻が気付かないまま死んでしまう。そこでチョ・ジェギュンの母はパク・ミスンが気を失っている隙に赤ちゃんを奪い、この赤ちゃんをチョ・ジェギュンの子どもにしてしまう。この赤ちゃんはソ・ドンピルとパク・

ミスンの子どもであったが、チョ・ジェギュンの子どもとして育つことになる。この子どもが白丁の血をひく主人公のチョ・ボンヒであるが、当然に彼女だけでなくチョ・ジェギュンも事実を知らないままストーリーが展開していくことになる。

これこそが韓国ドラマを特徴づける重要なプロットの一つ、出生の秘密である。この出生の秘密の原因として設定されたのが、白丁の末裔《まつえい》である男性と親日派の父をもつ女性が容易に結婚できないという、いわば身分的差別とも言える障壁である。日本ドラマより以上に韓国ドラマでは、第一話にストーリー展開にとっての重要な鍵もしくは謎が埋め込まれていることが絶対条件である。

そうであるが故に、ソ・ドンピルが白丁の末裔であり、パク・ミスンが親日派の父をもち、しかも二人の間の子どもが主人公のチョ・ボンヒであることが、この作品にとって極めて重要な意味をもち、この三人を軸としながら人間関係が複雑に絡んでいくストーリーとなっている。やはり韓国歴史ドラマだけでなく韓国現代ドラマでも、とくに第一話こそ丁寧に観る必要があることをあらためて痛感した。

3　白丁の末裔であることの苦悩

「白丁が、初めて人間らしい扱いを受けた大切な場所なんだ」

テヨン紡績は植民地期には朝鮮総督府によって管理されていたが、解放後になって経営は朝鮮人に任されることになった。そして社長になったのが、正直かつ誠実で周りからも信頼が篤いチョ・ジェギュンであった。第四話では、ソ・ドンピルは社長になったチョ・ジェギュンに向かって、「先輩。俺にとってテヨン紡績は人から馬鹿にされてきた白丁《ペクチョン》が、初めて人間らしい扱いを受けた大切な場所なんだ」と胸の内を明かす。しかし同時に本音ではチョ・ジェギュンを嫉妬するソ・ドンピルは、パク・ミスンが自分の子どもを生み、その子がチョ・ボンヒであることをチョ・ジェギュンに明かしてしまうが、それを知ることになってもチョ・ジェギュンがチョ・ボンヒを可愛がることに変わりない。

程なくしてソ・ドンピルは経営の方針をめぐって対立するようになったチョ・ジェギュンを突き飛ばし、自分がチョ・ジェギュンを殺害してしまったのではないかと思い込むようになる。ソ・ドンピルは平然とテヨン紡績の社長に就くことになるが、白丁の末裔《まつえい》であるという自らの出自に対して強い劣等感をもち、金と成功のためなら何でもするというような強欲な姿に変貌していく。そしてソ・ドンピルは表面では限りなく善良な人間に偽装しつつも、裏面では狡猾《こうかつ》に立ちまわるようにさえなっていく。

ソ・ドンピルは、チョ・ジェギュンの死によって残されたチョ・ボンヒの家族が解放村での生活を余儀なくされても、何ら援助することはない。また自らがチョ・ジェギュンを殺害したことが明るみになるのではないかと恐れて、チョ・ボンヒの家族を監視する。この作品ではソ・ドンピルの強欲かつ狡猾な性格が白丁であることに起因しているかのように描いているのに大いなる疑問を感じないわけではないが、逆に言えば白丁の出自をもつが故に苦悩がいかに大きかったかを表現しているとも言えよう。それにつけても『宮廷女官チャングムの誓い』(MBC、二〇〇三～二〇〇四年、全五六話)では心優しい第一一代王の中宗《チュンジョン》を演じていたイム・ホ(林湖、一九七〇～)が、この作品では強欲かつ狡猾な悪役に徹しているのが面白い。

「あなたのお祖父さんは白丁だから」

やがて一九六六年六月となり、ソ・ドンピルの娘であるソ・モランはファッションデザイナーになるため大学で服飾の勉強をするようになる。ソ・モランは検事正の息子であるヒョンギュと恋愛するようになり、これを知った検事正の妻がソ・モランを喫茶店に呼び出す場面が、第二一話で描かれる。喫茶店でコーヒーを飲みながら検事正の妻はいかにも上品ぶって、「主人は、今はまだ検事正だけど、将来的には国政に転身して、国のために働く人なの。分かる？」とソ・モランに話しかけ、ソ・モランは丁重に「はい」と返事する。しかし検事正の妻が「だから、あなたはヒョンギュの相手にふさわしくないの」と言ったものだから、ソ・モランが「どういう意味ですか」と問う。

そこで検事正の妻は上から目線で、「お父さんは、日本人が作った工場の従業員だったし、お母さんは、どこかの家の使用人だったとか。分かるでしょ？　あなたのお祖父さんは白丁だから、もしあなたが息子の嫁にでもなったら、主人の政界進出を阻むことになるのよ」と言い放つ。これに対してソ・モランが「そうならないよう、頑張りますから」と言っても、検事正の妻は「こういう問題は、頑張ってもどうにもならないのよ。端的に言うと、ヒョンギュと別れてちょうだい」と言い返す。そこで怒ったソ・モランが「今どき、随分と時代遅れな考えですね。本人の能力が重要なのでは？」と言うと、怒り心頭となった検事正の妻はソ・モランの顔にグラスの水をかけ、「目を覚ましてほしくて、水をかけたの。息子から離れて！」ときつい言葉を投げかけ出て行ってしまう。残されたソ・モランは、「正しいかもね。目を覚まさないと」と納得したような表情になる。しかしソ・モランが「本人の能力」を強調したことは、金を稼いで上昇しようとする父のソ・ドンピルと異なって、新しい時代の息吹を感じさせるものであった。

ソ・モランの母であるオ・エスクは、かつてチョ・ボンヒの養母であるイ・ジョンレの実家で下働きをしていた。やがてソ・ドンピルの妻に収まって明洞《ミョンドン》で洋装店を営むようになり、夫であるソ・

ドンピルのためにチョ・ジェギュンを殺害するばかりか、何かとチョ・ボンヒの家族を敵視するようになる。ともかくも検事正の妻は、自らの息子が労働者や下働き、白丁などの血をひく娘と結婚することが、夫の出世にとって決定的な阻害要因になると認識していたのである。これが朝鮮戦争の休戦から一〇年以上も過ぎた、一九六〇年代中頃における韓国社会の一端であったことがうかがわれる。

「俺が白丁であることや貧しさで、見下されるのが悔しかったんだ」

かたや解放村に住むチョ・ボンヒは、実の母とは知らないアメリカから帰って来て著名なファッションデザイナーとして活躍するパク・ミスンの洋装店で明るく健気に働きながら、韓国最高のファッションデザイナーを目指して熱心に勉強していくことになる。またチョ・ボンヒは、ソ・ドンピルが経営するテヨン紡績のライバルとしてのミョンソン紡績の会長であるユン・ギルジュの息子であるユン・ジョンヒョンと相思相愛の仲になる。

しかしソ・ドンピルの娘で傲慢さと利己心の塊であるソ・モランは、チョ・ボンヒの恋人であるユン・ジョンヒョンに失恋して自殺未遂を起こしてしまう。そしてついにソ・ドンピルは、妻のオ・エスクが自らを社長に据えるためにチョ・ジェギュンを殺害したことを知ることになる。いくら強欲で狡猾なソ・ドンピルであっても、これらには大きなショックを受け、自死を図ったソ・モランを助けようとし、また自らに原因があると考えて妻のオ・エスクが犯した罪を被ろうと思うようになる。

第一二三話では、テヨン紡績の経営にも行き詰まってしまったソ・ドンピルが、チョ・ジェギュンの墓の前で酒を飲みながら自らの思いを吐露する場面が描かれる。ソ・ドンピルはチョ・ジェギュンの墓に向かって「先輩、俺はな、俺はただ、見下されたくなかった。俺が白丁であることや貧しさで、見下されるのが悔しかったんだ。だから必死に生きた。でも結局、このザマだ。ボンヒを愛してくれたんだよな。よく分かる、ボンヒを。俺の代わりに、愛してくれて、ありがとう。先輩の話を、ちゃんと聞いていれば、こんなことにはならなかったのに。先輩、俺が悪かった。すまない、すまなかった。許してくれ」と声をかけ、ついには泣き崩れてしまう。

そしてソ・モランの自殺未遂の原因がチョ・ボンヒであると思って逆上したオ・エスクは、夫であるソ・ドンピルの実子として憎んでやまないチョ・ボンヒを車でひき殺そうとする。しかしソ・ドンピルがチョ・ボンヒの身代わりとなって大怪我をすることになり、病院に運ばれる。やがて自らがソ・ドンピルとパク・ミスンとの間に生まれたのを知ることになったチョ・ボンヒは、これを機にようやくソ・ドンピルを理解するようになる。しかしソ・ドンピルは自らの最期が迫っていることを悟り、病院のベッドに横たわってチョ・ボンヒに向かって優しく「おまえを傷つけてしまって、ごめんな」と詫びの言葉をかけ、この世を去ってしまう。

終章　韓国歴史ドラマからの問いかけ

1　白丁をめぐる歴史的リアリティ

白丁に対する差別の克明な描写

いくつかの韓国歴史ドラマで白丁《ペクチョン》が描かれたが、それが歴史的事実そのものであったわけではない。ここで文学論や映画論などを展開するつもりはないが、作品の内容は製作者の構想力によって構成されたフィクションであることは間違いない。そのフィクションのなかには歴史的事実に基づいて歴史的現実が象徴的に表現されているだけに、多くの人びとに共感と感動と与えることになったというリアリズムを理解すべきであろう。その意味において韓国歴史ドラマで描かれた白丁については基本的にフィクションであるが、歴史的事実を消化した製作者の豊かな構想力と俳優の優れた演技によって、あたかも実在したかのようなリアリティが豊かな歴史的現実に迫っていると言えよう。

本書では韓国歴史ドラマの台詞《せりふ》を中心として紹介することになったが、台詞とは基本的に言葉による意識と認識の表現である。したがって白丁に対する差別は端的には言葉によって白丁の人格を否定する蔑視そのものであり、これは白丁に対する差別的な意識と認識の内容を表現するだけでなく、白丁に対する虐待をもたらす暴力的な行為と深く結びつくことにもなる。これらが韓国歴史ドラマでは俳優の演技によって如実に表現されるだけに、その台詞や表情、仕草、態度、行為などは白丁に対する差別を視覚的かつ聴覚的に余すところなく明瞭に示すことになった。

これまで主として白丁が登場する韓国歴史ドラマの作品を紹介してきたが、いずれの作品においても白丁に対する厳しい身分差別が克明に描かれていた。その厳しい身分差別は基本的に白丁が賤民身分の最下層として身分的に位置づけられ、そのように社会も見なしたことに起因していた。まず白丁は北方民族の末裔《まつえい》や盗賊行為を働く者などと偏見を伴う眼差しによって蔑視され、暴力を伴う虐待と社会生活における排除を受けることになった。また白丁は冠婚葬祭において民衆と異なる慣行を強要され、その独自の職業と生活から日常生活の全般において厳しく規制されることになった。これらの蔑視や虐待、排除、そして慣行の強要や厳しい規制などは、相互に深く関係しながら白丁に対する差別の全体像を構成したがゆえに、まさに朝鮮社会における身分差別の代表であり象徴でもあったと言えよう。

このような歴史的事実に基づいてストーリーを構成したのが韓国歴史ドラマであり、白丁に対する厳しい身分差別を努めて批判的に描こうとした。それにつけても白丁に対する身分差別は実に惨酷であり、その様相は韓国歴史ドラマで余すところなく描かれることになった。また身分差別を受けている白丁自身の意識も、韓国歴史ドラマでは克明に描かれることになった。身分制を基本とする朝鮮王朝においては人間が平等であるとの認識は生まれず、それゆえに白丁は基本的に身分差別を自らの宿命として諦めるしかなかった。

ただし白丁に関する差別に関しては、朝鮮王朝の時代と甲午改革による白丁身分の制度的な廃止の後に変化があったのは確かである。甲午改革後の近代朝鮮においても白丁に関する差別は基本的に身分差別として継続したが、近代化に伴って平等意識も生まれてきただけに差別はより深刻さが顕著になり、朝鮮王朝の時代に増して白丁にとって耐えがたいものとして映るようになったと思われる。このことを象徴した作品が、『済衆院《チェジュンウォン》』(SBS、二〇一〇年、全三六話)と『名家《ミョンガ》の娘ソヒ』(SBS、二〇〇四～二〇〇五年、全五二話)であろう。

厳しい身分差別に対する抵抗

とはいえ白丁は、徐々に身分差別に対抗していくことになった。しかし朝鮮王朝時代は前近代社会であったため、白丁が明確に身分差別を批判し、人間としての平等を主張したわけではなかった。白丁の身分差別に対する対抗とは、盗賊行為や反乱などに参加するという意味において、今日から見ると結果的には消極的な対抗と言わざるを得ないものであった。その代表的な事例が『林巨正―快刀イム・コッチョン』(SBS、一九九六～一九九七年、全四四話)で描かれた、群盗集団の指導者として朝鮮王朝を揺るがせた林巨正《イムコッチョン》であろう。

なお白丁が群盗になるという映画は、『群盗《ぐんとう》』（ユン・ジョンビン〈一九七九〜〉監督、二〇一五年）でも描かれた。この作品は朝鮮王朝後期の第二五代王である哲宗《チョルジョン》の治世下に政治の腐敗や民衆の疲弊などが激しくなった時期に、ハ・ジョンウ（河正宇、一九七八〜）が演じる屠畜に携わっていた白丁が義賊となって肉包丁を両手にもつ武芸を鍛えあげ、今やトップスターに登りつめた俳優のカン・ドンウォン（姜棟元、一九八一〜）が演じる武芸の達人に復讐《ふくしゅう》を果たすという痛快なマカロニ・ウェスタン風のストーリーである。

白丁の身分差別に対する対抗という意味で重要な作品は、顔の相を占う観相という観点から第一五代王の光海君《クァンヘグン》を描いた『王の顔』（KBS、二〇一四年、全二三話）である。この作品の第四話で、架空の人物であるキム・ドチは平等な世の中を実現しようとする大同契《テドンゲ》という組織を率いていたチョン・ヨリプ（鄭汝立）の死に直面して、同志の前で「師匠は自決したんじゃない、官軍に殺された。賤民《チョンミン》の子である、このキム・ドチが師匠の夢を継ぐ。両班《ヤンバン》も平民《ピョンミン》もない大同の世を作る夢を。虫けら同然の民が、人間扱いされる世を作る夢を。師匠の夢見た世を、俺が築き上げる。俺と共に進む者はいるか」との演説をぶつ。このキム・ドチの演説は字幕に基づいているが、実際に聞いてみると「賤民」と「虫けら同然の民」は「白丁」と言っている。キム・ドチは紛れもなく白丁として大同契のリーダーとなり、多くの者が従っていくようになったとのストーリーである。

韓国歴史ドラマで白丁とカッパチに共感を示したのが、『林巨正―快刀イム・コッチョン』に登場するイ・ジャンゴン（李長坤）と『王朝の暁―趙光祖伝《チョグァンジョ》』（KBS、一九九六年、全五二話）の主人公であるチョ・グァンジョ（趙光祖）であり、同じ対応は『女人天下』（SBS、二〇〇一～二〇〇二年、全一五〇話）の第一一話でも描かれた。イ・ジャンゴンが白丁の娘と結婚し、チョ・グァンジョがカッパチと親密に交流して尊敬の念さえ示したのは、基本的に野史の記述に基づいている。しかし身分制と身分を肯定する朱子学が朝鮮王朝の支配原理であったとしても、イ・ジャンゴンとチョ・グァンジョは自らの理想を曲げない清廉潔白な両班の政治家として評価が高いので、おそらく白丁とカッパチに対して差別意識を抱くことはなかったのではないかとの期待を込めて描いたと見るべきであろう。

生業としての屠畜に対する注目

白丁が登場する韓国歴史ドラマにおいて、必ずといっていいほど描かれるのが生業《なりわい》としての屠畜である。白丁を主人公とする『林巨正―快刀イム・コッチョン』と『済衆院』はもちろんのこと白丁が登場する多くの作品で屠畜が描かれるが、とりわけ『済衆院』の第一話で描かれる屠畜の場面は圧巻であり、多少とも誇張した描かれ方と言えなくもないであろうが、その真摯な厳粛さと荘厳さを醸し出している。この場面は観る者をして感動さえ与え、そこには屠畜という仕事に対する差別意識は微塵《みじん》も見られず、むしろ差別意識を吹き飛ばすだけの大きな力さえ感じとることができる。

そのように屠畜を描く理由は、『林巨正―快刀イム・コッチョン』と『済衆院』の双方が屠畜場を「天宮《チョングン》」と呼び、屠畜という仕事を「神聖な仕事」として位置づけているからである。長きにわたって屠畜は職業的に差別意識の対象とされてきたが、実際には今日においてさえも人間にとって不可欠な肉を生産するという重要な仕事である。したがって白丁にとって屠畜は差別の原因になっていたとしても、自らが携わる仕事としての誇りであり、アイデンティティの根拠でもあった。この屠畜の重要な側面に光を当てようとしたのが、他ならぬ韓国歴史ドラマであったと言えよう。

このように屠畜は単なる白丁の生業であるという認識から「神聖な仕事」であると位置づけたように、屠畜に対する認識を大きく変えたのは『林巨正―快刀イム・コッチョン』の原作となった洪命《ホンミョン》憙《ヒ》の長篇小説である『林巨正』であろう。『林巨正』を執筆するにあたって洪命憙は白丁に関して綿密な調査を実施したが、とりわけ現在では使われていない多くの語彙を発掘し、それまで知られていなかった屠畜に関わる多くの事実を紹介することになったという。屠畜場を「天宮」と呼び、屠畜を「神聖な仕事」と位置づける認識は、その多くを洪命憙の『林巨正』に負っており、それを反映した作品が『林巨正―快刀イム・コッチョン』と『済衆院』ということになろうが、洪命憙の『林巨正』については日本語訳がいまだに出版されていないのが惜しまれてならない。

ただ注意しておくべきは、白丁の屠畜に対する複雑な意識であろう。『林巨正―快刀イム・コッチョン』では、イム・コッチョンは屠畜が白丁の仕事と見なしていたため、当初は父のイム・ドリから勧められても屠畜に携わることを拒否していた。しかし朝鮮王朝において、白丁が屠畜を拒否することは困難であった。また『済衆院』では、父こそ屠畜に携わるものの、父は息子に対して屠畜を継がせようとはせず、『ミスター・サンシャイン』では、ク・ドンメは父が屠畜に携わっていたので自らが白丁であったと認識していた。

さらに『星になって輝く』では、ソ・ドンピルは父が携わっていた屠畜を継ごうとはせず、屠畜に携わっていない自らは、もはや厳密な意味では白丁でないとの認識をもっていた。これらは甲午改革によって白丁が法制的に廃止されたことと関係しているが、屠畜が白丁の本来的な生業であり、それゆえに差別を受けると白丁自身も考えていたため、白丁は屠畜に携わろうとせず、可能であれば他の職業を選択するようになり、自らに押し寄せる差別から逃れようとしたのであった。

これまで白丁に関する歴史研究において、屠畜に対しては必ずしも深められてきたわけではないように思われる。朝鮮王朝は農業を基本とする農本主義社会であり、牛は農耕にとって欠かせない存在であったので、牛の屠畜に対しては再三にわたって禁令が出された。牛の屠畜については官庁や有力な両班などが必要に応じて白丁に命じたと思われ、決して日常的におこなわれることはなかったようである。それゆえに密《ひそ》かに白丁に対して屠畜をさせる、いわば密屠畜が横行することになり、これがまた白丁に対する差別を増幅させる結果となった。広く牛や豚などの肉を販売する獣肉販売が白丁の主要な職業となったのは、おそらく近代朝鮮になってから、さらに限定すると甲午改革によって白丁身分の法制的廃止からであると思われる

むしろ屠畜の文化誌的な意味を理解するうえでの重要な著書は、鄭棟柱《チョンドンジュ》『神の杖』（根本理恵訳、解放出版社、一九九七年）であろう。これは小説であるにもかかわらず、独自の綿密な調査によって白丁が独自に使用した多数の言葉が挙げられ、何よりも屠畜の手順や白丁の屠畜に対する独自な認識などの具体的な様相について詳しく述べられることになった。興味を惹《ひ》いたのは、屠畜に関する仏教の大きな影響であろう。白丁がいずれの宗教を信仰していたかということについては、調査報告と歴史研究はないと思われる。基本的に仏教は殺生禁断を基本としていたが、少なくとも屠畜をおこなう際に仏教的な読経と呪文があったことは、屠畜と仏教の深いつながりを感じさせてやまない。

『白丁の娘』に描かれた白丁としての誇り

近代朝鮮において白丁の状況を大きく変化させたのは、一八九四年七月の甲午改革によって白丁という身分が法制的に廃止されたことであった。しかし白丁に対する厳しい差別は継続されることになったが、これによって白丁は新しい可能性を手に入れることになった。すなわち近代朝鮮では近代化に伴って人間が平等であるとの認識が広がり、これに影響を受けた白丁自身も自らに強いられた差別を跳ね返そうとする動きをとるようになったのである。これに焦点を当てた代表的な作品が、『済衆

院』であった。

これと関連して触れておくべき重要な韓国歴史ドラマは、白丁の娘を主人公とした『白丁の娘』（SBS、二〇〇〇年、全二話）であろう。この作品は日本ではDVDは製作されず、レンタルショップにも置かれていないが、入手した録画に基づいて紹介することにしよう。タイトルが『白丁の娘』であるように、主人公は白丁の娘であるオンニョンであり、描かれた時期は一八九四年の甲午改革によって白丁という身分が法制的に廃止された約一〇年後であると思われる。

オンニョンの父は屠畜に携わって家族を養うため必死であったが、妻と二人の子どもに対しては厳しい。そのためオンニョンは父を嫌うようになり、白丁であることと屠畜に対しても拒否感が強い。しかし父はと言えば白丁であることに疑問を感じていないわけではなかったが、生業としての屠畜に対しては誇りをもっている。やがて母がコレラに罹《かか》って西洋病院に入院することになり、それが契機となってオンニョンはキリスト教系の女学校に入学し、寄宿舎で生活するようになる。しかしオンニョンを白丁ではないかと疑う同級生が現れ、オンニョンは否が応でも白丁であることを自覚させられる。

しかも女学校に疑いをもった父はオンニョンを自宅に連れ戻し、母や弟とともに屠畜を手伝わせる。オンニョンに好意をもつ青年が自宅に訪ねるが、オンニョンは容易に心を開かない。やがて母が祭りの会場で酷い差別を受けて自死してしまうが、オンニョンは父が実際は母を愛していたことを知る。なお母に対する酷い差別とは、第三章の『新・別巡検《べつじゅんけん》』（ＭＢＣ every-one、二〇〇七年、全二〇話）と同じく、土俵の中央で男の子が母にまたがり口に手ぬぐいを付けて「行け、行け」とせかし、周りの男たちが母の着物をまくって尻を見せるという残酷な場面である。父もオンニョンを理解するようになり、女学校へ戻ることを許す。しかしオンニョンに好意をもつ青年の父は、二人の仲を壊すために父に大きな怪我を負わせてしまう。やがてオンニョンは父を理解するようになり、自分や父、弟が白丁であること、父の生業である屠畜に対しても誇りをもつようになる。父と弟がいる会場でオンニョンは女学校を卒業することになり、答辞を述べようとすると会場の教会に父と弟が入ってくる。

そしてオンニョンは「私は白丁の娘です。今日、初めて告白します」と力強く言ったうえで、「私はこれまでの人生で、父を恥じ憎んできました。父は多くの人から蔑視と差別を受けてきました。その蔑視や差別がどういうものか、皆さんはよくご存知でしょう。しかし父は、自分の仕事に最善を尽くしました。それを恥じることのない強い人です。私は今日の栄光を、父に捧げます」と堂々と力強く述べる。まずオンニョンの答辞に聞き入っていた恩師が立ち上がって拍手し、これに朝鮮人も続くが、なかには仕方なくといった者もいる。オンニョンが駆け寄って微笑む父の手を握り、自らの角帽を父に被せる。父がオンニョンを抱き寄せ、それを見た弟が嬉《うれ》しく微笑む。そして参加者の祝福する拍手が鳴りやまず、ドラマは終わる。

『白丁の娘』は、二〇〇一年に韓国政府内の女性部が主催する二〇〇〇男女平等放送賞の最優秀賞を受賞した。また二〇〇一年には、一九六四年にNHKの呼びかけによって設立されたアジア太平洋放送連合のドラマ部門大賞、翌年にはアメリカで開かれた第三四回ヒューストンフェスティバルでTVスペシャルドラマ部門最優秀作品賞を受賞した。このように国内外で高い評価を獲得したのは、『白丁の娘』が朝鮮の歴史社会で厳しい差別を受けながらも努力を重ねつつ白丁の娘として気高く生きた女性を描き、それによって大きな社会的影響を与えたからであろう。

モデルとなった朴陽斌

オンニョンのモデルは、第五章で説明した『済衆院』の主人公のモデルとなった朴瑞陽《パクソヤン》の妹であり、朴成春《パクソンチュン》の娘である朴陽斌《パクヤンビン》である。残念ながら生没年は不詳であるが、朴陽斌は一八九五年四月に父らとともに洗礼を受け、この名前を名乗ったと思われるが、それ以前の名前も不明である。ともかくも「陽斌」とは、「太陽のように麗しい」との意味であり、現在の梨花女子大学校《イファ》の前身である梨花学堂《ハクダン》を卒業した。『白丁の娘』ではオンニョンが入学したのはキリスト教系の女学校として描かれたが、実際には梨花学堂であった。

梨花学堂は一八八六年にアメリカ人宣教師のメアリー・スクラントンが設立した朝鮮初の女子教育機関であり、学校名は朝鮮王朝の第二六代王である高宗《コジョン》の正妻である閔妃《ミンビ》によって命名された。一九〇〇年頃までの児童数は貧困層を中心に五〇人程度に過ぎず、衣服や食事だけでなく寄宿舎も無料で提供したが、一八九九年からは衣類や食費などを自己負担してまで入学しようとする子どもが現れるようになった。ちなみに閔妃を軸として描いた骨太の韓国歴史ドラマである『明成皇后《ミョンソンファンフ》』（KBS、二〇〇一〜二〇〇二年、全一二四話）の第八九話では、スクラントンが全山《チョンサン》学校と名付けて開校したが容易に学生が集まらず、そこで閔妃が女性の純潔を守るという趣旨によって、朝鮮王朝の象徴する梨の花から「梨花学堂」と名づけたように描かれた。

その後、朴陽斌はアメリカの医療宣教師であるアニー・エラーズによって一八八七年に設立されたプロテスタント系の貞信《チョンシン》女学校で教鞭をとった。この女学校は孤児の女の子を預かるという目的から設立され、現在では貞信女子高等学校として知られている。また朴陽斌は、一九一〇年代には北京に行って協和女子専門学校の保育科で学んだとも言われている。そして朴陽斌は、セブランス医学専門学校を卒業した朝鮮初の産婦人科医である申弼浩《シンピルホ》と結婚することになった。一九二一年になると、朴陽斌は女性有志の三十余人らとともに勝洞《スンドン》教会で京城《けいじょう》女子基督教青年会を設立し、会計を担当することになった。現在のところ、解放後の一九四六年六月に朴陽斌が韓国ＹＭＣＡの再建に携わったということだけが分かっている。

『白丁の娘』でオンニョンが屠畜に携わる父への尊敬の念を表明し、自らが白丁の娘であることを正々堂々と宣言したのは、朴陽斌の博愛主義的なキリスト教への強い信仰と信頼が少なからず作用していたに相違ない。その意味において、近代朝鮮においてキリスト教が白丁の自覚と差別の撤廃だけでなく、教育や医療、社会事業などの発展に関して社会的に果たした役割は極めて重要であろう。

『白丁の娘』が制作された二〇〇〇年は、後に見るように女性の権利向上と社会進出が大きく注目されてピークを迎えた時期であったが、とりわけ女性の地位向上と社会進出に関しては多くのジレンマを抱えることになった時期でもあった。韓国歴史ドラマといえども社会状況を反映せざるを得ず、その意味において『白丁の娘』は他の多くのドラマとともに女性の権利向上と社会進出が問題意識として底流をなしていたと考えられる。その意味において『白丁の娘』は白丁の娘であるオンニョンが教育を受けて立派な自立した女性として成長していく姿を描いたが、これは儒教的原理が今なお根強く残り、女性に関して多様な問題を抱え込んでいる韓国社会において、女性が社会進出を果たすことによって重要な社会活動を推進していくうえで、大きな励ましを与えることになったと言えよう。

『名家の娘ソヒ』に登場する白丁のモデル

私は衡平社《ヒョンピョンサ》創立が描かれた唯一の韓国歴史ドラマとして、『名家の娘ソヒ』を高く評価している。『名家の娘ソヒ』の原題は『土地』であり、その原作は朴景利《パクキョンニ》が一九六九年からの連載を基本として一九九四年に出版した大河小説の『土地』であった。朴景利は『土地』を執筆する過程において、近代朝鮮の最深部も描ききるために白丁と衡平社にも多大な関心を示したが、参考にしたのは一九六〇年代から始められ、一九八〇年代から本格化した衡平運動史研究であろう。

そこで疑問として浮かび上がるのが、白丁を名乗って衡平社創立に参加したソン・グァンスのモデルは誰であるかということである。私はソン・グァンスのモデルを、衡平社の創立地である晋州《チンジュ》に住んでいた白丁の李学賛《イハクチャン》ではないかと考えている。李学賛については朝鮮総督府警務局が一九二四年一二月にまとめた『治安状況』の「衡平運動ノ動機」（部落解放・人権研究所 衡平社史料研究会編『朝鮮衡平運動史料集』金仲燮《キムチュンソプ》・水野直樹監修、解放出版社、二〇一六年）に紹介されているので、それに基づいて説明してみよう。

李学賛は、晋州のなかでは資産家であった。近代朝鮮になって教育の重要性が認識されるにしたがって、李学賛は子弟を公私立学校に入学させようとしたが、学校側は何かと口実を設けて入学を拒否した。一九二二年の春には晋州第三夜学校に一〇〇円を寄付して、ようやく子弟を入学させたが、教師の冷酷な処遇と生徒による虐待によって子弟は退学を余儀なくされた。また京城の私立学校に子弟を入学させたが、白丁であることが分かって退学せざるを得なくなった。さらに一九二三年一月には晋州の私立新一（一新）高等学校が設立されるので、七〇戸余の白丁とともに建設工事に協力したが、創立委員は白丁の子どもを入学させなかった。そこで憤慨した李学賛は白丁に対する差別を撤廃し、子弟を学校に通わせるために衡平社創立に参加することになったという。

ここからは李学賛の子弟を学校に通わせようとする教育に関する意欲が感じられ、これは『名家の娘ソヒ』に登場して息子を学校から退学させようとした学校に抗議したソン・グァンスと実に似ている。しかし実際には李学賛の経歴はそれほど明らかにされたわけではなく、またソン・グァンスの具体的な状況と異なっているのは確かであろう。ともかくも朴景利は、後に衡平社創立に参加する李学賛の教育に関する行動を参考としながら、ソン・グァンスの教育に関する活動のストーリーや人物像などを創作したと考えるのが妥当ではなかろうか。

ソン・グァンスに関して興味深いのは、父が東学を信仰するようになり、その影響を受けてソン・グァンスが独立運動に参加したことを語り、さらに衡平社創立に参加するまでになったという点であろう。事実、すでに第一章では白丁が甲午農民戦争に参加し、反日義兵闘争や一九一九年の三・一独立運動などにも参加したことを述べた。つまりソン・グァンスは、衡平社が創立されたのは、甲午農民戦争や反日義兵闘争、朝鮮独立運動などに参加した白丁の自主的な闘いの結果であると捉えていたことが重要であろう。

白丁の甲午農民戦争への参加

東学と白丁との関係などをも描いた韓国歴史ドラマは『明成皇后』なので、その部分について述べておくことにしよう。第五八話では、一八八二年七月に朝鮮人兵士が閔氏政権と帝国日本に対して起こした壬午軍乱の直前、第二六代王である高宗《コジョン》の父で絶大な権力を行使した興宣大院君《フンソンテウォングン》が自らの陣営に民衆を引き入れるため、自宅の雲峴宮《ウンニョングン》で石坡蘭《ソッパナン》という水墨画を描いて民衆に与える場面が登場する。

興宣大院君が「さて、次の番は誰かな?」と言うと、みすぼらしい姿の者が手を挙げて前に進む。そこで興宣大院君が「見たところ両班ではないな。何を生業としている?」と問うと、後ろの者が「牛殺しの白丁が石坡蘭とは笑わせるぜ」と言ったものだから、彼を興宣大院君が睨《にら》みつける。そこで興宣大院君が「白丁だと?」と問うと、白丁の男はかしこまって「大院君様を一目見たくて無礼を犯しました」と返す。ここで空気は少し凍ってしまうが、興宣大院君は「牛は殺しても、人を殺してはならぬぞ」と冗談を言って一同の笑いを誘い、機嫌よさそうに描き始める。

第五九話の冒頭では、興宣大院君が描いてくれた石坡蘭を持って、白丁の男が雲峴宮から出てくる。そして白丁の男は「見てくれ、大院君様が描いてくれた絵だ。白丁の俺に蘭画を描いてくださった。人間扱いされない賤民に、自ら描いてくださったのだ。この恩は一生かかっても返せない」と喜び、周りに見せびらかして自慢するばかりか号泣までしてしまう。それを見ていた周りの者は冷たい反応であるが、興宣大院君の手下はしてやったりとほくそ笑む。つまり興宣大院君は閔氏政権に対抗しようとして、白丁までをも味方に付けようとしたと描いたのである。

第九二話では一八九四年に甲午農民戦争が起こり、興宣大院君は「力を合わせねば、東学も商人も農民も儒林《ユリム》も士大夫《サデブ》も、皆が力を合わせて、国を正すべきです」と言い、高宗の正室である閔妃を廃位させようと企む。これに対して閔妃は、父である興宣大院君への曖昧な態度に終始する高宗に、

「それこそ謀反でしょう。王を否定する東学徒と手を結んだのです。政権を取れるなら、白丁とも組むでしょう」と批判し、興宣大院君に対する激しい対抗心を露《あら》わにする。また第九三話では、東学農民軍の閔氏政権に対する「弊政改革一二カ条」の要求が紹介され、そのなかの第六項目である「七班賤人の待遇改善、白丁が付ける平涼笠の廃止」については「平涼笠とは賤民が着用した笠の一種」と説明された。

『明成皇后』においては興宣大院君が閔妃に対して優位に立つため白丁をも利用しようとしたように描いたが、東学農民軍が「七班賤人の待遇改善、白丁が付ける平涼笠の廃止」さえも要求に掲げたのを紹介したのは、白丁が甲午農民戦争に参加した歴史的事実をふまえたからであったと思われる。つまり『名家の娘ソヒ』であえてソン・グァンスをして東学について語らせしめたのは、原作の朴景利のみならず脚本家ら制作関係者が衡平社創立に関する一つの淵源《えんげん》として、『明成皇后』において描かれたように白丁が甲午農民戦争に関係した、もしくは参加したと認識していたためではなかろうか。それにつけても、ユ・ドングン（劉東根、一九五六〜）が演じた興宣大院君とイ・ミヨン（李美妍、一九七一〜）が演じた閔妃の対決は、『明成皇后』のなかでも圧巻の場面であった。

苦悩を強いられる白丁の末裔

一九四五年八月一五日の解放を迎えたとはいえ、いまだ白丁に対する偏見と差別は根強く、白丁の末裔が自らの出自を堂々と名乗り、差別を跳ね返しながら誇りある人生を送ることは甚だ困難であった。そこで白丁の末裔であることを自覚する大多数が選択せざるを得なかった生き方は、自らが白丁の出自であることをひたすら隠し通し、経済的な成功を収めて社会的立場を上昇させることであった。このような解放後における白丁の末裔に対する過酷な差別に関する問題をも描いたのが、『星になって輝く』（KBS、二〇一六年、全一二八話）であったと評価することができよう。

解放後から朝鮮戦争を経た一九六〇年代中頃までにおいて、白丁の末裔として生きる者が背負わざるを得なかった苦悩は、今日では計り知れないほど大きく深いものであった。このことが当該期における韓国社会の厳しい現実の一端であったことも、冷静に見つめておく必要があろう。今日の韓国では白丁の集落と住居を確認することは困難であり、誰が白丁の末裔であるかを特定することに至っては不可能であるという。しかし今でも市民社会だけでなく政治家によってさえ、人を攻撃する場合などに「人間《インガン》白丁」という言葉がしばしば使われるように、また白丁の生業の一つであった屠畜に対する忌避意識もうかがわれるように、現在でも白丁に関する偏見と差別が完全に払拭されたわけではないであろう。

解放後における白丁の末裔に関しては、著名な作家である黄順元《ファンスンノン》が一九六五年に著した長篇小説『日月』（『現代韓国文学選集』第一巻〈長篇小説1〉、金素雲《キムソウン》訳、冬樹社、一九七三年）を原作とした映画『日月』（イ・ソング〈李星究、一九二八～〉監督、一九六七年）が参考となる。この作品では往年の映画スターであるシン・ソンイル（申星一、一九三七〜二〇一八）が演じる主人公のキム・インチョルという若者が、白丁の末裔であるという自らの出自を知って深く思い悩む。しかし自分のルーツを探るかのように屠畜場に足を踏み入れて屠畜労働者の従兄に会い、また差別を受けてきた父の苦悩や衡平社を含む白丁の歴史などを知ることによって、自らの出自に対する劣等感を克服しようとする姿が描かれた。この映画の白丁に関するハイライトシーンは、次のようであった。

ソウルの家でキム・インチョルは成功を勝ち得ている父と兄と会話することになり、自らが白丁の末裔であることを知った兄は「俺たちは最下級の身分、白丁の子孫なんだとさ」と憤懣《ふんまん》やるかたない。そこで父は意を決して、「お前がこの数日間受けてきた苦痛を、私は六〇年間も耐えてきた。今も忘れられない。光州《クァンジュ》の兄さんが結婚する時、髷《まげ》も結えず、牛に乗り、花嫁もかんざしも付けず、板に乗って嫁に来たんだ。私は血縁を切ってでも、そこから抜け出そうと決めた。白丁は人間扱いされず、結婚しても髷を結えず、馬にも乗れず、花嫁はかんざしも、駕籠《かご》も許されない。きりのない話だが、死んでさえも、白丁の墓には芝さえも植えられない。子どもたちにはそんな思いをさせたくなかった。戸籍を抜いて家を飛び出し、今日までやってきたんだ」と告白する。

これを密かに聞いていた母は泣くが、これを知らない父は「最初に結婚した女は白丁の家だと知って、何も言わずに出て行った。お前たちの母さんも、嫁いでから知ったんだ。でも変わらず私のことを愛してくれた。だが、ある日のこと、実家の父が知ってしまった。身分を隠して結婚したと私を罵り殴る父親の姿を見て、衝撃で母さんは首をつった。幸い発見が早くて母さんは一命をとりとめたが、その日から夫婦の関係を絶ち、宗教にすがって生きるようになってしまった」とも言い、二人に対して「家庭でも社会でも隠し通すんだ」と厳しく言い聞かせる。

解放後の白丁をめぐる複雑な意識の様相

すでに紹介した鄭棟柱《チョンドンジュ》の長篇小説である『神の杖』でも、白丁の末裔が主人公として描かれた。女性の大学教授であるパク・イジュは自らが白丁の末裔であることを隠して白丁の隠語研究で業績を上げるが、大反響を呼ぶ小説を出版したことによって名誉毀損《きそん》の裁判に巻きこまれる。しかし白丁の末裔であることを強く自覚していた妹の死を契機として、パク・イジュは屠畜に携わる先祖の刃物を意味する「神の杖」を理解するようになり、次第に白丁の末裔に対する差別だけでなく、あらゆる差別と正面から向き合うことの重要性を認識していくというのが大方のストーリーである。鄭棟柱は一九八九年に大河小説である全一〇巻の『白丁』を発表していたが、一九九五年に至っても全二巻の『神の杖』を発表せざるを得なかったのは、いまだ韓国社会において白丁というテーマが過ぎ去らないばかりか、むしろ重要な生命力をもっていることを象徴しているように思えてならない。

近年の韓国では各テレビ局によって一年間に長短を含めて約七〇作品のドラマが制作されるが、そのほとんどは現代ドラマであり、歴史ドラマは一割ほどであるという。日本で一年間に何本のドラマが制作されているかは知らないが、おそらく韓国が圧倒的に多いのは確かであろう。韓国現代ドラマは多過ぎるので必ずしも全てをチェックして観ているわけではないが、そのなかで私が観たかぎりにおいて白丁に触れた作品を紹介しておくことにしよう。

まずは宮廷料理の対決を基本に描いた、『食客《しょっきゃく》』（SBS、二〇〇八年、全二四話）が重要であろう。ちなみに「食客」とは中国の戦国時代に広まった風習であり、君主が才能ある人物を客として遇して養う代わりに、客は君主を助けるという意味であるという。キム・レウォン（金来沅、一九八一～）が演じる〝天才料理人〟のイ・ソンチャンは、宮廷料理の名店である雲岩亭《ウナムジョン》の後継者をめぐって義兄と対決することになる。そこで牛肉の対決となり、イ・ソンチャンはチョ・サング（趙相九、一九五四～）が演じる〝伝説の解体職人〟と呼ばれた切り分け師のカン・ピョンスという男性の協力を得ようとする。

しかしカン・ピョンスは自らの仕事を名乗ったため娘の結婚が破談になったことから、切り分け師を辞めていた。第九話の「伝説の解体職人」では、何とか説得しようとしたイ・ソンチャンに対してカン・ピョンスは「切り分け師と言えば、それなりに聞こえるが、昔じゃ賤民さ。骨をもぎ取り、肉をはぎ取り、血が飛び散る、地獄を絵に描いたような光景だ。大学に行かせ、司法試験まで合格した大事な息子を、切り分け師の娘と結婚させたいか？」と聞くが、イ・ソンチャンは「何です？」としか言えない。ちなみに字幕では「切り分け師」となっているが「解体師」もしくは「解体職人」と表現する方が正確であり、「賤民」となっている部分は実際の作品では「白丁」と発音されている。

そこでカン・ピョンスは「娘には、婚約者がいたんだ。二人は愛し合ってた。結婚させたくて、それでつい自分の職業を偽ってしまった。だが職場の同僚がバラしやがったんだ。わざと、あの野郎。そいつは俺のライバルだった。それも顔合わせの日に」と怒りをぶちまけ、さらに「終わったよ、結婚は破棄だ。闘病中だった女房はショックのあまり……。それから屠畜を辞めた」とも付け加える。しかし母を死に追いやった父に恨みさえ抱いていた娘は、父が携わっていた屠畜を理解するようになり、父の職業を知ったうえで結婚するという男性と婚約することになったため、カン・ピョンスはイ・ソンチャンに協力するようになる。この作品からはカン・ピョンスが白丁の末裔であるかどうかは明確でないが、ともかくも約一〇年前である二〇〇八年の韓国社会においても、かつての白丁をイメージさせる屠畜と解体職人は厳しい職業差別にさらされていたことを明瞭に物語っている。

カッパチに触れた韓国現代ドラマが、ラブコメディが満載されたホームドラマの『お父さんが変』（KBS、二〇一七年、全五二話）である。第三四話で、テレビのクイズ番組を観ていた祖母と母、中学生の孫息子の会話が描かれる。司会者が「約束の期日を頼りに延ばすことを比喩的に表現します」とヒントを出すと、孫息子は「何だろう?」と分からない。そこで昔の言葉をよく知っている祖母がテレビに人差し指をさしながら孫息子の顔を見て「カッパチ、そうでしょう?」と問うが、孫息子は「カッパチ?」と聞き返し、テレビからは回答者の答えをうけて司会者の「カッパチ、正解です」との発言が聞こえる。母が「本当にすごい」と手をたたき、孫息子が「カッパチって?」と問うと、こともなげに祖母は「昔、革靴を作る人を、そう呼んだけど、いつも品物の納期を守らずに、先延ばしにするから、例えに使われるようになったの」と言う。

ここには革靴職人であったカッパチに対する差別意識は表現されず、単に納期を先延ばしする比喩としてカッパチという言葉が使われているに過ぎないかのようである。これに関係して興味深いと思われる韓国現代ドラマが、二〇歳代から六〇歳代の家族関係と恋愛模様をユーモラスに描いた『一緒に暮らしましょうか?!』(KBS、二〇一八年、全五〇話)である。ここではユ・ドングンが演じた主人公である六〇歳代の男性はオーダーメイドの靴屋店長かつ革靴職人であるが、差別的に見なされないばかりかカッパチという名称さえ使われることはない。この作品を観るかぎりにおいては、もはや現在の韓国社会では革靴職人がカッパチとつながっているという認識と意識は存在せず、しかも革靴職人に対する差別意識のかけらさえ感じさせなくなっている一面もうかがわれる。

2　民主化のジレンマと阻害要因

民主化が生み出した白丁が登場する作品

それでは、何故に白丁《ペクチョン》が登場する韓国歴史ドラマの作品が制作されるに至ったかという難問に迫っていくことにしよう。あらためて確認しておくと、白丁を主人公とする『林巨正―快刀イム・コッチョン』（SBS、一九九六～一九九七年、全四四話）は韓国では一九九六年から翌年にかけて放映されることになった。この時期は解放から五〇年も過ぎ、白丁と衡平運動の歴史については研究が進展し、その苦渋に満ちた重い歴史的過程がかなり明らかになっていた。韓国は日本と異なり、自らの歴史に対して自覚的であることで知られているが、その一つとして朝鮮王朝における身分と白丁への関心が高まっていくことになった。

また近代朝鮮において白丁の自覚および教育や医療などに果たした役割に対しても、大きな関心が寄せられることになった。とりわけ解放後に解消したと言われる白丁の末裔《まつえい》に対する意識面での偏見と差別については、いまだ完全には払拭されず多少とも問題を抱えていたと思われる。このような状況が『林巨正―快刀イム・コッチョン』の背景として存在したことを、少なくとも確認しておく必要があろう。

韓国では一九六三年一〇月から朴正熙《パクチョンヒ》、一九八〇年八月から全斗煥《チョンドファン》が大統領となり、長きにわたって軍事独裁政権が続いた。このようなもとで民主化運動が発展し、とりわけ一九八〇年代には民主化運動が大きく高揚し、一九八七年六月には大統領直接選挙制と民主化措置が宣言され、韓国で政治的な民主体制への移行が決定的となった。この年の一二月には軍人政治家の盧泰愚《ノテウ》が大統領に当選したものの、一九九二年一二月に金泳三《キムヨンサム》、一九九七年一二月に金大中《キムデジュン》、二〇〇二年には盧武鉉《ノムヒョン》が相次いで大統領になる、まさに歴然たる本格的な文民政権の成立と継続であった。

そしてなかでも『林巨正―快刀イム・コッチョン』が放映された一九九六年から翌年にかけては、金泳三が大統領に就任して四年目の本格的な文民政権の時期であった。また『白丁の娘』(SBS、二〇〇〇年、全二話)が放映された二〇〇〇年は、一九九七年一二月に大統領に金大中が就任してから三年目にあたる民主化の絶頂期であった。さらに『済衆院《チェジュンウォン》』(SBS、二〇一〇年、全三六話)が放映された二〇一〇年には、二〇〇七年一二月から保守派の李明博《イミョンバク》が大統領に就任していたが、まだ民主化は不可逆的な大きい後退を余儀なくされるまでには至っていなかった。『林巨正―快刀イム・コッチョン』と『白丁の娘』、『済衆院』という白丁を主人公とした三つの作品は、まさに解放後の韓国における民主化と深く結びついて制作されたと見るべきであろう。

国家人権委員会と人権をめぐる状況

韓国歴史ドラマが制作される一つの背景として、民主化に関する一つのバロメーターである韓国における人権をめぐる状況を見ておく必要があろう。その中心となるのは二〇〇一年一一月に発足した国家人権委員会であり、その目的は国家人権委員会法で示されたように「すべての個人が有する不可欠の基本的人権を保護して、その水準を向上させることにより、人間としての尊厳及び価値を具現して民主的基本秩序の確立に寄与する」とされた。この国家人権委員会は金大中が一九九七年に大統領選挙に向けた公約として発表し、その後は法務部の所管にする予定であったが、市民団体の強い要請を受けて司法や立法、行政から独立した権限と機能を有する委員会とされることになった。

国家人権委員会の業務とされたのは、①人権に関する法令、制度、政策、慣行の調査研究と改善に必要な事項に関する勧告または意見の表明、②人権侵害行為に対する調査と救済、③差別行為に対する調査と救済、④人権状況に対する実態調査、⑤人権に対する教育と広報など一〇項目である。このような国家人権委員会の業務は、年度ごとに年間報告書として国会に報告されている。この年間報告書では、人権が脅かされている外国からの移住労働者や障害者などの社会的弱者に対して積極的に施策を講じていこうという記述も見られるように、国家人権委員会の並々ならぬ意欲がうかがわれるという。

国家人権委員会が設立された当初は、人権侵害行為に対する調査と救済において重視されたのは国家権力による被害、とりわけ軍事独裁政権の時期における犠牲であり、それと関連して現在では法を執行する検察と警察による被害が多くを占めていた。しかし時期が経過するにしたがって、差別行為に対する調査と救済に関する事例が増加していった。これが増加したのは、韓国における民主化の進展に伴って女性や障害者、外国人などへの差別が顕在化するという背景があった。

差別行為に対する調査と救済に関しては、韓国社会に生起する差別事象は大きく二つに分類されるという。その一つは、韓国の伝統と文化、とりわけ儒教的な伝統と文化に基づいて歴史的に維持されてきた差別である。両班《ヤンバン》を中心に一族の発祥地を意味する本貫《ポングァン》を基本として姓の同一性に基づく族譜《チョクポ》が維持する身分意識が、今に至るまで韓国社会を広く覆っている。これはまた男性を軸とする戸主制と深く関係していたために女性差別として機能することになり、また白丁に対する差別意識と偏見につながっていくことにもなったと思われる。

もう一つは、韓国社会の民主化と国際化に伴って新しく提起された差別である。その代表的なものは外国人もしくは移住労働者に対する差別であり、とりわけ韓国の経済発展に伴って増加した中国朝鮮族は、さまざまな社会的かつ政治的な差別にさらされているという。これらの差別と関連して、韓国では一九九〇年代から国際人権規約や人種差別撤廃条約、女性差別撤廃条約などに加盟し、スタンダードとしての国際人権の動向を国内に適用するようになった。

韓国における女性の地位向上と社会参加

韓国歴史ドラマに主人公として女性が登場する意味と関係して、韓国における人権の重要な柱の一つである、女性の地位向上と社会参加をめぐる動きも簡単に見ておくことにしよう。解放後はアメリ力の支配から軍事独裁政権へと続いたが、一九八〇年代における民主化運動の進展に伴って女性の権利が注目されるようになった。韓国政府は全斗煥政権下の一九八四年に女性差別撤廃条約を条件付きで批准し、一九八七年には男女雇用平等法が制定されたが問題点も多く、二〇〇一年まで四度にわたって改正されることになった。盧泰愚政権でも女性の地位向上と社会進出に取り組むことになったが、芳しい成果を挙げることはなかった。

本格的な文民政権である金泳三政権下の一九九四年に国会内に常設の女性特別委員会が新設され、同年の性暴力防止法、翌年の女性政策に関する基本法である女性発展基本法などの制定につながっていった。金大中政権下の一九九八年には大統領直属の女性特別委員会が設置され、一九九九年の女性起業支援法など多様な女性の権利に関する法律を制定しつつ、二〇〇二年には日本では中央官庁の省にあたる女性部として再編されて女性政策の全般を統括し、女性の地位向上と社会進出に本格的に取り組むようになり、さらに二〇〇五年には女性家庭部に再編されて現在まで続いている。

このような女性の権利向上と社会進出を支えたのは、民主化運動に連動した女性運動であった。一九八七年に韓国女性民友会、韓国女性労働者会、韓国女性団体連合会が結成され、就職と賃金の差別、不平等な労働条件、性暴力、家父長的な差別などに取り組んだ。一九九〇年代になると、多様な女性団体は民主化の進展とともに女性関連法の制定と改正、女性の政治勢力化、日本軍「慰安婦」などに関する性暴力の問題にも取り組み、女性学の進展に伴ってフェミニズム運動の様相を呈するようになった。二〇〇五年に民法が大きく改正され、二〇〇八年には韓国の女性を長きにわたって苦しめてきた戸主制を基本とした戸籍制度が廃止され、個人を単位とした家族関係登録制度が発足することになった。そして現在ではジェンダーという視点から、韓国の多様な側面において制度や社会などが見直されている。

このようななかで韓国社会では政治的には女性に一定の割合で権利を与えるクオータ制が導入され、高い能力を活かして弁護士や政治家、官僚などとして社会に重要な地位を占める女性も輩出されていった。しかし現在の韓国はグローバル化のなかで大きな経済発展を遂げて先進国の仲間入りを果たしたが、急激な少子化と高齢化などと相まって、女性の社会進出が全体として健全に発展したとは言い難い状況にある。全体として女性は高学歴を獲得したものの就職は必ずしも安定せず、賃金の低さと非正規雇用の拡大においては深刻な問題点を抱え、経済協力開発機構（ＯＥＣＤ）では日本とともに最下位を競っているという状況である。

また現在の韓国では各種のハラスメントや暴力、家事、育児などに関する問題も、新たに顕在化するに至っている。つまり法的には女性の権利は向上したものの、現実的には女性の社会進出において多くの問題を抱えているのが韓国の現実である。このような韓国の厳しい女性の状況をふまえるならば、貧困や暴力、家族、子育て、離婚などに直面した女性の人生に即して韓国現代ドラマを詳しく読み解いた山下英愛《ヨンエ》『女たちの韓流――韓国ドラマを読み解く――』（岩波書店、二〇一三年）は、極めて重要かつユニークな成果と言えるであろう。

民主化の阻害要因としての身分意識

韓国における民主化運動に支えられた文民政権は、当初は基本的に国会議員選挙をはじめとした多様な政治的な制度を改編し、これまで敵視していたソビエト連邦や中国などとの国交の回復、一定の軋轢《あつれき》がありつつも休戦状態にある北朝鮮との友好と交流の促進など、主として政治的な民主化と外交的な国際協調を重視してきた。この政治的な民主化と外交的な国際協調の進展に対して、韓国が直面していたのは経済的、社会的、文化的な民主化を前進させるという課題であった。

韓国では経済的な民主化という意味では、深刻な危機と受けとめられた一九九七年のIMF通貨危機を契機とした経済危機を乗り切った金大中政権のもとで、金融や公企業、労使関係、財閥に関する改革が進み、これらに対する労働組合や市民団体などの発言権も拡大することになった。しかしグローバル化のもとで韓国経済は国際競争力を高めるために新自由主義政策を採用し始めたため、結果として若年層の就職難や非正規雇用などが拡大して経済格差と社会的排除が蔓延《まんえん》することになった。

このような状況のなかで財閥の経済的な優位がより強まってくると、あたかも血縁的かつ世襲的な身分が社会的に継続するばかりか強化されているかのような印象を与え、財閥をはじめとした大企業の社会的な不正も相まって国民から厳しい批判にさらされるようになった。また伝統的に韓国社会では教育における競争がより激しさを増し、これが従来からの学歴主義や経済的格差などをかつてないほど強めることにつながっていった。

このように韓国では政治的な民主化の発展に対して、容易に進まない社会的な民主化を進展させるということが最大の課題として意識されるようになった。韓国では戸主制を基本とする戸籍制度は廃止されたが、いまだ本貫と姓の同一性を基本とする族譜を重視する考えが生き続けている。言い換えれば族譜とは血縁的同一性、つまり血縁意識の所産であり、職業意識や経済的地位などとともに家門という言葉に象徴される家柄という意識を構成し、あたかも生得的な地位としての身分であるかのような観を呈している。

そして韓国においては、社会的な民主化を阻害する要因として朝鮮王朝において形成され、また近代朝鮮において継続した身分的意識の重視が、形態を変化させながら継続されることになった。つまり身分的意識は表立って表現されることは少ないものの、韓国の社会的底流として機能し続けることになったのである。その身分的意識の克服の一つの課題とされたのが、まさに白丁および白丁の末裔に対する偏見と差別という意識であったと思われる。

なお関連して現在の日本においては身分との関係で新しい観点が提出されているので、簡単に紹介しておこう。近世史研究の深谷克己「東アジアの政治文化―身分論をひろげるために―」(大橋幸泰・深谷克己編『身分論をひろげる』〈江戸〉の人と身分 6〉、吉川弘文館、二〇一一年)では、「現代の日本では多くの人びとが「格差」という表現で、自分の位置や状態についての不満や憤りを漏らし、時に訴訟運動にまで展開する。ここでの不平等を「格差身分」と呼んでみよう」（二〇九頁）と述べている。

また経済学研究の森岡孝二『雇用身分社会』（岩波書店、二〇一五年）も、「あたかも企業内の雇用の階層構造を社会全体に押し広げたかのように、働く人びとが総合職正社員、一般職正社員、限定正社員、嘱託社員、契約社員、パート・アルバイト、派遣労働者のいずれかの身分に引き裂かれた「雇用身分社会」が出現した」（一六〜一七頁）と述べている。つまり近年におけるグローバル化に対応した日本の特徴については、身分をキーワードとして解いていこうとする観点が生み出されるようになったが、これは現在の韓国社会を解明するうえでも、重要な示唆を与えるであろう。

さらに現在の日本では日本国憲法が規定する象徴天皇制が機能しているが、天皇とは男系と男性を重視してジェンダー的な観点を考慮にさえ入れない継承を基本とする、まさしく政治的身分と言える存在である。この天皇と皇族の他に政治的身分は存在しないが、身分的意識を不断に呼び起こすことによって、社会的身分を必然的に想定させることになる。とりわけ貴と賤、浄と穢という対をなす不可分の伝統的意識によって、貴と浄の象徴とされる政治的身分としての天皇と皇族に対する肯定的な眼差しを生み出すとともに、その対極に位置するとされる社会的身分に対する否定的な眼差しを呼び覚ます可能性が現れることになる。このような認識をふまえると、日本国憲法の第一四条で国民は社会的身分によって差別されないと規定されているが、象徴天皇制が生み出す身分的意識は、歴史的に賤と穢を負わされてきた社会的身分と見なされる部落に対して、結果的には差別意識として機能する危険性があることを指摘しておくべきであろう。

身分意識と関係した白丁への眼差し

朝鮮王朝および近代朝鮮における身分的意識の今日的な規定性を指摘したが、それがそのままの形態で現在の韓国に存続しているわけではないであろう。高齢者は別として若年層を中心に、いまや王族や両班、中人《チュンイン》、常民《サンミン》、賤民《チョンミン》の区別をあからさまに発言する韓国人はほとんど存在しないという。むしろ現在の韓国には経済的格差や学歴意識、家柄意識、血縁意識など多様な現在的形態が存在し、それに身分的意識が接合されるか、もしくは底流として支えることになったと考えられる。その意味では、現在の韓国では白丁の末裔に対する居住や人物に関しての実態的な差別は存在しないものの、白丁への眼差しが現実に存在する経済的格差や家柄意識、血縁意識などと接合されるか、もしくは底流を形作っていると言えよう。

人は生きる希望が強ければ強いほど、自らに直面する困難を克服しようとすることがある。その困難は時として身分階層秩序を維持する身分的意識であり、さらに言えば身分階層秩序の最たる象徴である白丁および女性に対する差別と偏見であった。したがって白丁が登場する韓国歴史ドラマに多くの韓国人が衝撃を受け、また影響を受けたのは、朝鮮王朝という歴史に存在した白丁に対する厳しい差別に憤慨しただけでなく、まさに過ぎ去らない現在の韓国を象徴する経済的格差や家柄意識、血縁意識を身分的意識と関連づけて、現在も継続する多様な差別と抑圧に関する源泉の重要な一つとして認識したからであったと思われる。

ただし、このような評価は私独自のものであり、韓国歴史ドラマを担当した脚本家と演出家が意図していたかどうかは別問題である。現在の韓国歴史ドラマは娯楽のために制作するということが主たる目的であろうが、韓国現代ドラマを含めて、そこには何らかの形で現在の韓国が直面する政治的かつ社会的な問題に対して批判的な問題意識が盛り込まれている場合は実に多いと言わざるを得ない。

韓国歴史ドラマにおいても韓国現代ドラマと同様の問題意識が底流にあり、多くの作品は過去の歴史的出来事を対象としながらも、現在の政治や社会が直面する多様な問題を照射しようとする批判意識が貫かれているように思えてならない。その意味において、『林巨正―快刀イム・コッチョン』と『白丁の娘』、『済衆院』の三つの作品は白丁という歴史的な存在を主人公とした韓国歴史ドラマの作品であり、朝鮮史と現在の韓国における差別と人権に関する問題意識を広く喚起した、画期的な名作であったと評価することが可能ではなかろうか。

3　ひるがえって日本と私は？

日本での韓国歴史ドラマの受容

二〇〇〇年前後から韓国のドラマがアジアの各国で放映されるようになり、中国をはじめとして台湾や香港など中華圏を中心に広がった韓流ブームは、二〇〇三年頃から日本にも及ぶようになった。この「韓流」という言葉を作り出したメディアは、韓国の大衆文化に熱中している若者を警戒した一九九九年一一月の中国の雑誌であると言われているように、当初は必ずしも好意的な意味をもつものではなかった。しかし韓流という言葉が日本で使われると、それは一種のブームのように好意的な意味で使われるようになった。

すでに述べたように韓国現代ドラマにおける韓流の大きな契機は二〇〇三年四月から日本で放映された『冬のソナタ』（KBS、二〇〇二年、全二〇話）であり、韓国歴史ドラマのそれは二〇〇四年一〇月から日本で放映された『宮廷女官チャングムの誓い』（MBC、二〇〇三〜二〇〇四年、全五四話）であった。『冬のソナタ』と『宮廷女官チャングムの誓い』の二つは日本において好意的に受けとめられ、まさに日本に韓流としての韓国ドラマを根づかせた記念碑的な作品と評価することができよう。

ただし韓国歴史ドラマの日本における受容は、作品によって多少とも異なっていた。『宮廷女官チャングムの誓い』の主人公は女性であり、演じたイ・ヨンエの魅力とともに料理や医療を扱っているという点において、日本では中高年の男性にもあまり抵抗を感じずに受け入れられたと思われる。韓流としての韓国歴史ドラマの不毛地帯と言われた若年男性に大きな影響を与えた作品が、『朱蒙《チュモン》』（MBC、二〇〇六〜二〇〇七年、全八一話）であったと考えられる。この作品は高句麗《コグリョ》の国家としての建国を対象としていただけに派手な戦闘シーンや男同士の絆《きずな》などを描く場面も多く、若年の男性にとっては〝武侠《ぶきょう》〟や〝仁義〟などを軸としたヤクザ映画のように映ったという。ともかくも『宮廷女官チャングムの誓い』と『朱蒙』が、初期においては韓国歴史ドラマを日本に根づかせるために大きな役割を果たしたと言えよう。

このように多くの日本人が韓国歴史ドラマを通じて似て非なる韓国文化の面白さに目覚めることになったが、韓国歴史ドラマが日本で受容されたのは、それだけではなかった。本格的な文民政権の大統領であった金大中は一九九九年に文化産業振興法を制定し、コンテンツ産業に対して集中的に投資する文化産業振興基金を設立して、政府の文化観光部を挙げて大衆文化産品の輸出を促進させようとした。これによってアメリカで映画部門に携わっていた人びとが韓国に戻って優秀な映画をつくるようになり、大学では映像関連に力を注いで俳優や演出家らを育てるようになった。またアニメーションや漫画などサブカルチャーへの関心が高まり、今や韓流の関連商品は国内需要を満たすだけでなく、海外への輸出をも担う主要な産業となっている。これを受けて日本のテレビ局や韓国文化に関するコンテンツ企業やレンタルショップなどは韓国歴史ドラマの受容を見越して多くの作品を買い込み、それによって多大な利益を獲得することになった。

これらの背景には、日本と韓国の良好な関係が進展したことが関連していた。すなわち一九八〇年代後半から韓国は民主化の道を歩むようになって一九八八年にソウル・オリンピックが開かれ、一九九八年に日本大衆文化の開放、二〇〇二年には日本と韓国はサッカー・ワールドカップを共催することになった。そして韓国歴史ドラマは日本のテレビ放送にとって欠かせない要素となり、今や放映されない日はないほどになった。また作品はＤＶＤ化されて販売され、容易にレンタルショップで利用できるようにもなった。さらにムック本やオリジナル・サウンドトラック（ＯＳＴ）も次々と出され、韓国歴史ドラマは一つの大きな市場さえ形成することにもなった。

しかし日本と韓国の間には植民地支配をめぐる歴史認識の対立が長きにわたって横たわり、それに関連して歴史教科書問題や日本軍「慰安婦」問題、竹島《たけしま》もしくは独島《ドクト》をめぐる領有権問題なども存在する。このような状況も反映して、日本では反韓意識もしくは嫌韓意識が声高に叫ばれるようになり、従来からの在日コリアンに対する差別に加えてヘイトスピーチなどの新たな問題も顕在化するようになった。これと軌を一にするように、韓国歴史ドラマを放映するテレビ局に抗議する動きも見られるようにもなった。

二〇一二年に入って、日本と韓国との良好な関係は大きく後退することになった。その一つは八月に李明博《イミョンバク》が韓国の大統領として独島に上陸したことであり、もう一つは一二月に排外主義的なナショナリズムを基本とする右派的な傾向が濃厚な第二次安倍晋三政権が成立したことであった。これによって日本と韓国の関係は冷え込むことになり、また二〇一二年一二月に朴槿恵《パククネ》、二〇一七年に文在寅《ムンジェイン》が相次いで大統領に就任したものの、日本と韓国の関係は好転することなく、最近では韓国人元徴用工に対する賠償問題などをめぐる新たな国家レベルの対立さえも生み出されている。これを反映してか、ムック本の出版が極度に減少するようになったことに象徴されるように、韓国歴史ドラマへの関心は次第に減退しつつあり、いずれ日本と韓国との対立がより以上に激しくなっていくような事態に至れば、テレビでの放映が減少する危険性も懸念される。

日本との関係を描いた韓国歴史ドラマ

日本と韓国は対馬海峡を隔てた隣国であり、古代から現代に至るまで深い関係を築いてきた。しかし時には戦争状態になり、時には支配関係になり、時には親しく交流するなど、時代と時期によって目まぐるしい変化を被り続けたように、地域のみならず国家として存在した日本と朝鮮との関係は複雑な様相を呈することになったのも事実である。このような歴史的経過は韓国人にとって自国の命運を左右するいかにも興味深い問題であっただけに、韓国歴史ドラマにおける格好の素材とならざるを得なかった。全ての作品を取りあげるのは無理なので、特徴的な作品だけを紹介することにしよう。

古代に関しては、『百済の王クンチョゴワン』（KBS、二〇一〇～二〇一一年、全六〇話）が興味深い。百済《ペクチェ》は日本の大和王権とつながりが深く、とりわけ第一三代王の近肖古王《クンチョゴ》が奈良の石上《いそのかみ》神宮に収蔵されている七支刀《しちしとう》を三六九年に鋳造したことで知られている。この作品の終盤には邪馬台国《やまたいこく》の女王であるという設定で神功《じんぐう》皇后が登場するが、これは実在の近肖古王と神話上の神功皇后が交流していたという『日本書紀』のフィクションに基づいたものであり、また『日本書紀』が神功皇后を卑弥《ひみ》呼《こ》と比定していたことも参考にしている。

高句麗、百済、新羅《シルラ》という三国の対抗を描いた『三国記―三国時代の英雄たち―』（KBS、一九九二～一九九三年、全五〇話）と新羅の第二九代王である太宗武烈《テジョンムヨル》王こと金春秋《キムチョンチュ》を描いた『大王の夢』（KBS、二〇一二～二〇一三年、全七〇話）では、日本古代史の大きな画期となった六四五年に起こった大化の改新の場面が、新羅と百済が対立する一つの焦点として登場する。なお六四七年に金春秋が日本に訪れたことが『日本書紀』に記されているが、それは新羅が大和王権に援助を求めたためであったという。

朝鮮王朝の時代では、『大王世宗《テワンセジョン》』（KBS、二〇〇八年、全八六話）で倭寇《わこう》の本拠地となっていた対馬を一四一九年に討伐した場面が描かれた。豊臣秀吉の朝鮮侵略をめぐる動きを描いた代表作は、『不滅の李舜臣《イスンシン》』（KBS、二〇〇四～二〇〇五年、全一〇四話）と『軍師リュ・ソンリョン～懲毖録〈ジンビロク〉～』（KBS、二〇一五年、全五〇話）である。これらの作品では李舜臣はもちろんのこと、朝鮮王朝の第一四代王である宣祖《ソンジョ》や柳成龍《リュソンリョン》ら重臣の対抗と対立だけでなく、豊臣秀吉や宗義智、小西行長、加藤清正らも詳しく描かれた。

また『医心伝心〜脈あり！恋あり？〜』（ｔｖＮ、二〇一七年、全一六話）では、豊臣秀吉の朝鮮侵略にあたって加藤清正の家臣であったが、朝鮮に寝返った沙也加《さやか》が登場する。『火の女神ジョンイ』（ＭＢＣ、二〇一三年、全三二話）は朝鮮侵略の際に日本へ連行され、有田焼の基礎を築いたと言われる女性陶工の百婆仙《パクパソン》をモデルとしているが、その連行される場面が最後に描かれた。朝鮮侵略の一〇年後を描いた『華政《ファジョン》』（ＭＢＣ、二〇一五年、全六五話）でも日本との関係が重視され、宣祖《ソンジョ》の娘である貞《チョン》明公主《ミョンコンジュ》が男装して朝鮮通信使の一員として箱根の関所を越え、江戸に辿り着くという架空のユニークな場面が描かれた。

近代朝鮮と帝国日本の関係を描いた代表的な作品は、何といっても『明成皇后《ミョンソンソン》』（ＫＢＳ、二〇〇一〜二〇〇二年、全一二四話）であろう。これは一八七六年の日朝修好条規（いわゆる「江華島条約」）から一八九五年に起こった閔妃《ミンビ》の暗殺までを、伊藤博文や井上馨《いのうえかおる》、三浦梧楼《みうらごろう》らを登場させて詳しく描いた大作であり、帝国日本との関係において近代朝鮮の歴史を学ぶうえでも大いに参考となる。しかし楽しんで観るうちは良いであろうが、そこはフィクションのストーリーであるだけに、歴史的事実に関しては批判的に観る必要があるのも確かであろう。『朝鮮ガンマン』（ＫＢＳ、二〇一四年、全二二話）では、第二六代王の高宗《コジョン》が統治する近代朝鮮において開化派と守旧派が激しく対立するなかで、日本の商人となった青年が父の復讐《ふくしゅう》を果たすという架空のストーリーが描かれた。

第六章で論じた『名家《ミョンガ》の娘ソヒ』（SBS、二〇〇四～二〇〇五年、全五二話）では、一九二三年の関東大震災における朝鮮人虐殺の場面も描かれた。また『済衆院《チェジュンウォン》』（SBS、二〇一〇年、全三六話）と『ミスター・サンシャイン』（tvN、二〇一八年、全二四話）は、近代朝鮮と帝国日本の関係をも描いた秀作であり、一九三〇年代における帝国日本の植民地支配に対抗する動きを描いた『カクシタル』（KBS、二〇一二年、全二八話）と少女が日本軍「慰安婦」とされることを描いた『雪道』（KBS、二〇一五年、全二話）も注目すべき作品である。しかし『カクシタル』と『雪道』は日本のテレビでは放映されず、DVDも制作されていない。このことは、日本軍「慰安婦」や済州島《チェジュド》四・三事件なども登場する『黎明の鐘』（MBC、一九九一～一九九二年、全三六話）も同様であった。つまり帝国日本の植民地支配や日本軍「慰安婦」などを描いた作品については、これを容易に認めて反省しようとしない日本の政治状況を反映してテレビ局などは及び腰となり、わずかに有料サイトで観ることができる場合があるだけであり、このような状態はこれからも続くであろうことが予想される。

日本時代劇に対する期待

ひるがえって、日本の状況はどうであろうか。ここでは韓国歴史ドラマに対応して日本歴史ドラマと呼ぶべきであろうが、やはり韓国歴史ドラマとは性格が異なるという認識から、基本的に「日本時代劇」を使用することにしよう。日本で最も親しまれた日本時代劇は、一九六九年から始まった『水戸黄門』であろう。最後に印籠を出して「控えおろう」と言い、ひれ伏す悪代官や悪徳商人らを成敗するストーリーの痛快さに幼い私も歓喜したことを思い出す。むしろ私が好んで観ていたのは、一九七二年から放映された『木枯し紋次郎』と一九七九年から今日まで続く『必殺仕事人』である。これらの作品は基本的にシュールなストーリーであり、初期のものは今もって懐かしさが甦《よみがえ》って観直してみたい気持ちになる。

日本時代劇を代表するのは、一九六三年から今日まで五八作品を数えるNHKの大河ドラマであろう。第一作は幕末の大老である井伊直弼《いいなおすけ》を描いた『花の生涯』であり、第五八作となる今年は日本初のオリンピック選手となった金栗四三《かなくりしそう》と一九六四年に開かれた東京オリンピックの招致に尽力した田畑政治の二人を描く『いだてん～東京オリムピック噺～』が放映されている。大河ドラマは古代から近代の日本までを描いているが、とりわけ激動の時代であった戦国期と幕末期を描いた作品が多いのが目立っている。

ただし大河ドラマなど日本時代劇に、内容的な問題点がないわけではない。まだ韓国歴史ドラマは名もなき人物に焦点を当てることは少なくないが、日本時代劇は基本的に権力者や英雄、偉人などと呼ばれる人物にスポットを当てることが多く、名もなき人物に焦点を当てることはほとんどないに等しいと言えよう。また近世幕藩体制は身分制社会でもあったが、日本時代劇では身分を身分として描くことは極めて少なく、その結果として皮多《かわた》（皮田）もしくは長吏《ちょうり》などの被差別身分が登場することは皆無である。さらに述べるならば、韓国歴史ドラマは対外関係も重視しているが、日本時代劇は一国史的に完結してダイナミックさに欠けているようにも感じられる。これらのことは、日本と韓国の自国の歴史に対する意識と認識の大きな差異が如実に表現されていると言えよう。

逆に権力者としての武士は登場するが、権威を代表する天皇が描かれることは多いとは言えず、また描かれていたとしても批判的に描かれることは極めて少ない。これは基本的に日本と韓国の歴史認識と歴史意識の相違に関係していると思われるが、現代の韓国には王制と白丁《ベクチョン》が基本的に存在しないのに対して、現代の日本には国民統合の象徴としての天皇制、皮多もしくは長吏の系譜をひく部落が存在しているため、抗議を恐れて描くことを差し控えていることも関係していると思われる。

そのようななかで注目すべき日本時代劇の作品は、一九世紀末の琉球王朝を舞台として二〇一一年にＮＨＫで放映された『テンペスト』、そして平安時代の初期に蝦夷《えみし》の指導者であった阿弖流為《あてるい》を主人公として二〇一三年にＮＨＫで放映された『火怨・北の英雄 アテルイ伝』であろう。これらは東北と沖縄を描いたことに見られるように、東京や京都など中央から遠く離れた相対的に独自な地方もしくは辺境という視点から日本史を見直した秀作として、高く評価することができる。

しかし先住民族であるアイヌ民族については、いまだ日本時代劇では描かれていない。また皮多もしくは長吏に関係しては、例えば杉田玄白《すぎたげんぱく》が一八一五年に著した『蘭学事始《らんがくことはじめ》』に登場する虎松、最後の長吏頭であった江戸の弾左衛門《だんざえもん》、絶大な経済力を有した大坂の太鼓屋又兵衛《たいこやまたべえ》らに注目すれば、近世幕藩体制の後期から明治維新期までをダイナミックに描くことが可能となるであろう。すでに韓国歴史ドラマが日本との関係を描いたことは見てきたが、これから日本時代劇においても古代の日本と朝鮮との関係、朝鮮通信使と豊臣秀吉の朝鮮侵略、帝国日本の近代朝鮮への植民地支配に至る過程などを描くことは、日本史を東アジア史から見ていくうえで極めて重要なので、ぜひとも挑戦することを期待したい。

私にとっての韓国歴史ドラマ

私が韓国歴史ドラマを初めて観たのは五〇歳となる二〇〇五年であり、それから日常的に観る重要な趣味となり、観ることが可能なほぼ全ての作品を観ることになった。その数は今日まで一四年間で約一八〇作品に及び、時間数にすると約八〇〇〇時間を超えると思われ、平均すると一日に一時間三〇分も観たことになる。ただ勤務の関係もあって毎日を韓国歴史ドラマに費やすわけにはいかず、休日に机に向かう合間をみて集中して観ることになっている。基本的に韓国歴史ドラマを観ているのは楽しいからであって、必ずしも義務感からではない。それでも身分に関係した作品や白丁が登場する重要な場面などについては、記憶に頼ると危険なのでパソコンとノートにメモを記入する習慣も身についている。

観始めた当初は歴史的な意味や背景が分からなかったが、韓国歴史ドラマに関する多くのムック本や解説書、ガイドブックなどが大いに参考となった。とりわけカラー写真が満載されて作品毎に特徴とキャストが説明される大判のムック本の類を読むことは実に楽しく、入手したのは優に一〇〇冊を超えるに至っている。また金井孝利『新版 韓国時代劇カタログ』（学研マーケティング、二〇一三年）をはじめ同『韓国時代劇・歴史用語事典』（学研マーケティング、二〇一三年）、同『韓国時代劇 歴史大事典 最新版』（学研マーケティング、二〇一四年）の三冊は、基本的なデータの整理という意味で必読文献となっている。さらに韓国歴史ドラマを深く理解するため、武田幸男編『朝鮮史』（山川出版社、二〇〇〇年）をはじめとする朝鮮史に関する定評ある通史、そして朴永圭《パクヨンギュ》『朝鮮王朝実録 改訂版』（神田聡・尹淑姫《ユンスクヒ》訳、キネマ旬報社、二〇一二年）などは必要に応じて目を通すことにもなった。

韓国歴史ドラマに関して少しずつ目が肥えてくると、主人公や俳優など人物に関する情報が頭の中で混乱することはなくなり、また同じ歴史上の事実や人物などについては作品によって描き方が異なっていることが理解できるようになり、より楽しんで観ることができるようにもなった。なお素材探しや脚本、キャスティング、撮影、演出、編集、美術、音楽、エキストラなど、どのように韓国歴史ドラマが製作されるかについては、イ・ビョンフン『チャングム、イ・サンの監督が語る 韓流時代劇の魅力』（白井美友紀訳、集英社、二〇一二年）が参考となった。

なんといっても韓国歴史ドラマは音楽が素晴らしく、最も古い『林巨正―快刀イム・コッチョン』

（ＳＢＳ、一九九六～一九九七年、全四四話）から最新の『ミスター・サンシャイン』までオリジナル・サウンドトラック（ＯＳＴ）だけは韓国版も含めてほぼ全てと思われる約九〇作品について集め、しばしば聴いている。私が好むオリジナル・サウンドトラックは、『女人天下』（ＳＢＳ、二〇〇一～二〇〇二年、全一五〇話）と『明成皇后』をはじめ『善徳女王《ソンドク》』（ＭＢＣ、二〇〇九年、全六二話）、『武神《ぶしん》』（ＭＢＣ、二〇一二年、全五六話）、『チュノ～推奴～』（ＫＢＳ、二〇一〇年、全二四話）、『火の女神ジョンイ』、『チョンウチ 田禹治』（ＫＢＳ、二〇一三～二〇一四年、全二四話）、『キム・マンドク～美しき伝説の商人』（ＫＢＳ、二〇一〇年、全三〇話）など多いが、重厚な音楽さえも素晴らしかった『龍の涙』（ＫＢＳ、一九九六～一九九八年、全一五九話）や『王と妃』（ＫＢＳ、一九九八～二〇〇〇年、全一八六話）などのオリジナル・サウンドトラックが出されていないのが誠に残念である。

韓国歴史ドラマへの関心が高まってくると、関係する史跡を確認するために韓国へ足を運ぶようになった。漢城《ハンソン》と呼ばれたソウルの景福宮《キョンボックン》や昌徳宮《チャンドックン》などの王宮はもちろんのこと、新羅の都があった慶州《キョンジュ》、百済の都があった扶余《プヨ》、そして高句麗の都があった平壌《ピョンヤン》、高麗《コリョ》の都があった開京《ケギョン》と呼ばれた開城《ケソン》など北朝鮮にも訪れた。これで朝鮮における歴代の王朝に関する全ての都を駆け足で巡り、わずかではあるが関係した史跡に訪れたことになる。

それだけでなく龍仁《ヨンイン》の大長今《テジャングム》テーマパーク（かつてのＭＢＣドラミア）と韓国民俗村、水原《スウォン》の華城行《ファソンヘン》宮《グン》、聞慶《ムンギョン》ＫＢＳ撮影セット場、ソウルの高句麗鍛冶屋村と南山《ナムサン》コル韓屋村、南楊州《ナミャンジュ》総合撮影所、昌《チャン》原《ウォン》海洋ドラマセット場、慶州《キョンジュ》の新羅ミレニアムパーク、河東《ハドン》の『名家の娘ソヒ』に関するテーマパーク、順天《スンチョン》ドラマロケ地、済州《チェジュ》パークサザンランド（二〇一二年八月に廃止）など、韓国歴史ドラマを撮影したロケ地を訪ねることも楽しみになった。しかしまだ全てのロケ地を訪ねることができていないので、機会を見つけて挑戦してみたいと考えている。

また私が本来的に学芸員であることも関係して韓国の博物館を訪ねるのも楽しいが、朝鮮の歴史と文化を知るにはソウルの国立中央博物館をはじめとして国立古宮博物館、大韓民国歴史博物館、ソウル歴史博物館などが朝鮮の歴史と文化を知るには代表的であろう。また平壌の金日成《キムイルソン》広場に面して建つ、高句麗と高麗を高く評価する朝鮮中央博物館も大いに参考となった。さらにはソウルで韓服《ハンボク》姿を撮影するスタジオに連れ合いや友人と訪れたが、三回とも別のスタジオにおいて王と両班《ヤンバン》の格好で写真を撮って楽しんだこともあった。ここまで趣味が高じてしまうと、多様な楽しみ方も極まり尽くしたのではないかという思いがしてならない。

私の新しい歴史研究への示唆

もともと韓国歴史ドラマを観始めたのは単に楽しいという感覚からであったが、結果として身分や白丁、そして衡平運動などへと関心が及んでいくことになった。近現代部落史研究の延長として朝鮮王朝の身分や白丁、衡平社などにも関心を抱き、少しは勉強もしていたが、逆に韓国歴史ドラマを観ることによって、あらためて朝鮮王朝の身分や白丁、衡平社《ヒョンピョンサ》などに関する関心が高まり、著書や論文などを深く理解するようになった。その意味において韓国歴史ドラマを観なければ、朝鮮王朝の身分や白丁、衡平社などだけでなく、朝鮮史の全般や日本との関係などに対する関心も一般的なものに終始していたことであろう。

言うまでもなく韓国歴史ドラマはドラマであるだけに、朝鮮史における事実や人物はもちろんのこと、朝鮮王朝の身分や白丁、衡平社創立などについても映像として可視化されることになった。もちろん韓国歴史ドラマはドラマであるかぎりストーリーとしてはフィクションであるだけに、必ずしも意図しているわけではないが歴史的事実だけでなく誇張や歪曲《わいきょく》などが観られるのも確かである。しかし歴史的事実を基本とする歴史研究と異なって、韓国歴史ドラマはフィクションを含むストーリーを基本とするだけに、テレビで放映されるという意味における影響力だけでなく、映像として表現される歴史的リアリティと訴求力は、著書と論文としてまとめられる歴史研究に比して大きいと思われる。

韓国歴史ドラマも基本的には脚本、演出、俳優の三要素によって成立していると考えているが、本書では脚本のなかでも台詞に注目することになった。台詞とは言葉と表現であり、それは社会に対する見方や人間関係などを如実に物語っているだけに、端的には社会観や人間観などを表象していると評価することもできる。本書では可能なかぎり白丁をめぐる台詞《せりふ》を紹介するという方法を採用することになったが、このことによって白丁自身の意識や白丁に対する差別を含む意識などを析出することになった。ひるがえって私は、このような方法は部落問題や水平社などに関する歴史研究に何等かの示唆を与えてくれる、すなわち私なりの新しい近現代部落史研究に適用できるのではないかと考えている。

ともあれ私の関心からすれば、韓国歴史ドラマにおける最良の成果は朝鮮王朝の身分や白丁、衡平社創立などを描いたことであろう。つまり朝鮮王朝の身分や白丁、衡平社創立などが可視化されることによって、韓国歴史ドラマを再発見することになったことこそが、最大の意義であると私は考えている。このことを論じた本書も少なからず意味があるのではないかとも考えているので、本書を読まれた皆さんには次なる挑戦として、ぜひとも本書で紹介した朝鮮王朝の身分や白丁、衡平社創立などを描いた作品に少しでも注目しつつ立ち向かっていただくことを期待して、幕を閉じることにしたい。

略年表

1400

中国: 明（1368～1644）

朝鮮:
- ①太祖（1393～1398）
- ②定宗（1398～1400）
- ③太宗（1400～1418）
- （1418～1450）

龍の涙

六龍が飛ぶ

鄭道傳

大王世宗

根の深い木～世宗大王の誓い～

チャン・ヨンシル～朝鮮伝説の科学者～

1392 李成桂《イソンゲ》（太祖《テジョ》）が建国（1393 国号を朝鮮とする）
1394 鄭道伝《チョンドジョン》が『朝鮮経国典』を編纂
開城《ケソン》から漢陽《ハニャン》（現ソウル）に遷都
1395 奴婢《ノビ》の戸籍を管理する奴婢弁正都監設置
1398 李成桂の五男・芳遠《バンウォン》による第一次王子の乱
李成桂、次男芳果《バングァ》（定宗《チョンジョン》）に譲位し隠居
1400 芳遠が芳幹《バンガン》の反乱を鎮圧（第二次王子の乱）し、第三代王（太宗《テジョン》）に即位
1401 申聞鼓《シンムンゴ》を設置、民衆の請願権が認められる
1402 号牌《ホペ》法実施。16歳以上の男性に身分証（牌《ペ》）を携帯させる
1404 景福宮《キョンボックン》完成（1405 昌徳宮《チャンドックン》完成）
1408 李成桂、死去
1413 朝鮮八道の地方行政組織完成。中央集権体制確立
1418 李祹《イド》、第四代王（世宗《セジョン》）に即位
1419 倭寇の被害に対し、対馬を攻撃（応永の外寇）
1420 集賢殿《チッピョンジョン》拡張。学問・文化の振興を図る
1423 薺浦《チェポ》・富山浦《プサンポ》を日本に開港、のち塩浦《ヨンポ》を追加（三浦《サムポ》）。
世宗、才人《チェイン》・禾尺《ファチョク》を白丁《ペクチョン》と改称

1500

④世宗
⑤文宗（1450～1452）
⑥端宗（1452～1455）
⑦世祖（1455～1468）
⑧睿宗（1468～1469）
⑨成宗（1469～1494）
⑩燕山君（1494～1506）

快刀ホン・ギルドン

韓明澮～朝鮮王朝を導いた天才策士～

宮廷女官チャングムの誓い

1428 日本に通信使を派遣
1434 甲寅字《カビンジャ》を鋳造。活版印刷技術が向上
1438 蔣英実《チャンヨンシル》が日時計を製作
1442 世界初の測雨器製作。各地の降雨量を測定
1443 日本（対馬の宗氏）と癸亥条約を締結
1444 朝鮮独自の暦が完成
1446 訓民正音（ハングル）創製し、公布
1450 世宗、死去
1453 首陽大君《スヤンテグン》が大臣らを殺害、政権を掌握（癸酉靖難）
1454 『高麗史』刊行
1455 首陽大君、端宗《タンジョン》を退位させ第七代王（世祖《セジョ》）に即位
1456 成三問《ソンサンムン》ら端宗の復位を図るが失敗、刑死（死六臣《サユクシン》）
1466 現職官吏だけに土地を支給する職田法を実施
1467 李施愛《イシエ》の乱。咸鏡道《ハムギョンド》全体が政府と対峙
1470 朝鮮独自の法典を編纂した『経国大典』公布
1471 巫女《ムニョ》を都城外に追放
1482 廃妃尹《ユン》氏（燕山君《ヨンサングン》の実母）、賜死
1491 成宗《ソンジョン》、日本の将軍足利義材《よしき》に仏典などを贈る
1498 燕山君、士林《サリム》派を粛清（戊午士禍）
1504 燕山君、母尹氏廃妃の関係者を処刑（甲子士禍）
1506 燕山君、廃位され追放（中宗反正《チュンジョンバンジョン》）

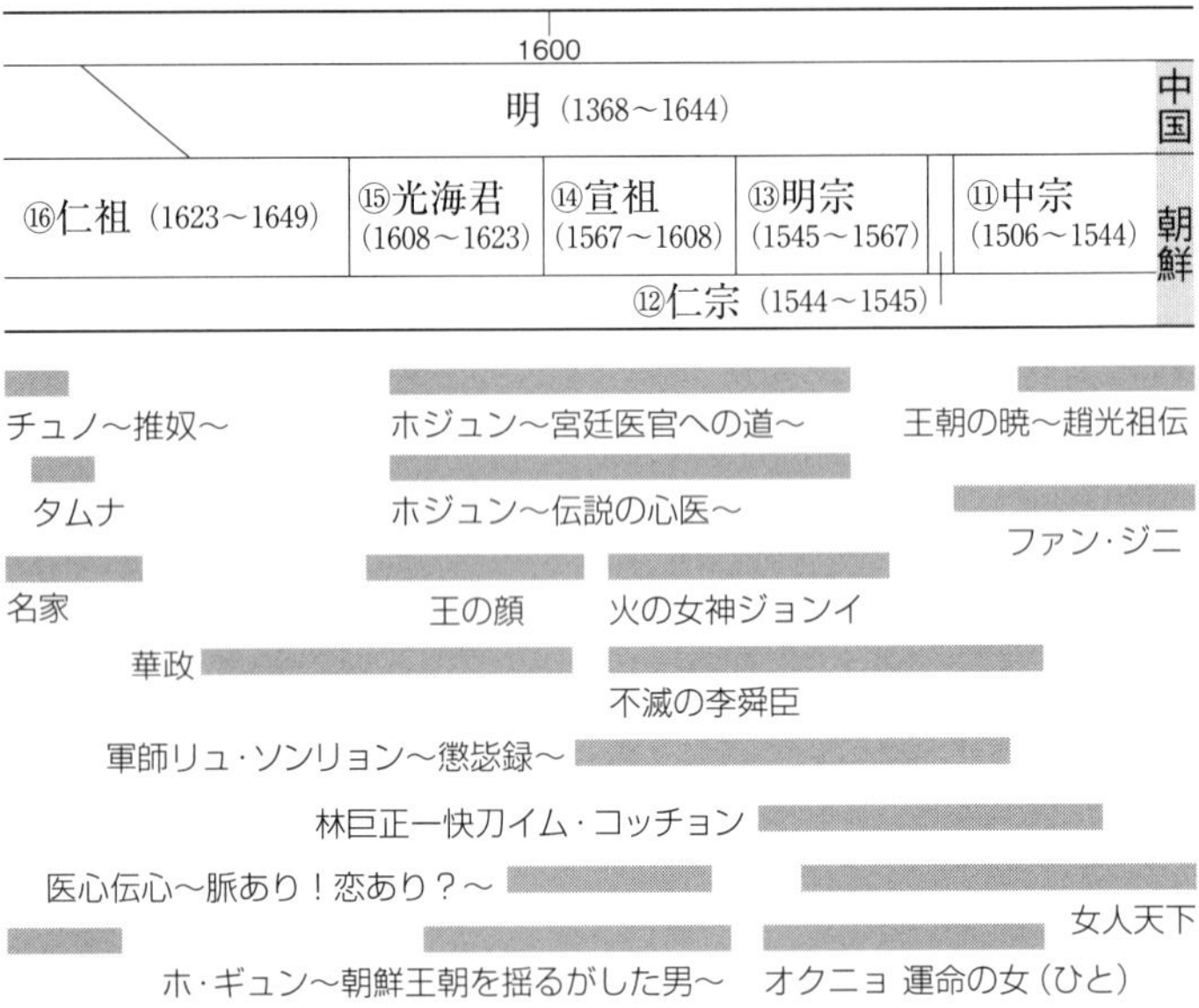

1510 三浦で日本人居留民が暴動（三浦倭乱）、日本との通交が中断
1519 趙光祖《チョグァンジョ》の改革に対して勲旧《フング》勢力がクーデター（己卯士禍）
1545 文定王后《ムンジョンワンフ》、垂簾聴政を行う
1559 林巨正《イムコッチョン》の乱（～1562）
1575 東人《トンイン》・西人《ソイン》の分党対立
1592 豊臣秀吉軍、朝鮮侵略（壬辰倭乱）。漢城陥落
1597 秀吉軍、再侵略（丁酉倭乱）。李舜臣《イスンシン》が日本軍に勝利
1598 秀吉死去。李舜臣、日本軍に大勝するが戦死
1607 回答兼刷還使、日本へ派遣
このころ許筠《ホギュン》が『洪吉童伝』を執筆
1608 京畿道《キョンギド》に大同法《テドンポ》実施
1610 許浚《ホジュン》『東医宝鑑』を完成
1623 光海君《クァンヘグン》追放（仁祖《インジョ》反正）
1627 後金《こうきん》が鴨緑江を越えて侵入（丁卯胡乱）
1636 清《しん》が君臣関係を要求し、侵略（丙子胡乱）
1637 仁祖、清に投降。昭顕世子《ソヒョンセジャ》が清の人質となる
1645 昭顕世子、清から科学、天主教などの洋書を伝える

1700

清（1644～1912）

㉒正祖（1776～1800）	㉑英祖（1724～1776）	⑳景宗（1720～1724）	⑲粛宗（1674～1720）	⑱顕宗（1659～1674）	⑰孝宗（1649～1659）

洪國榮
張禧嬪チャン・ヒビン
イ・サン
チャン・オクチョン
暗行御史パク・ムンス
張吉山チャン・ギルサン
キム・マンドク～美しき伝説の商人
オレンジ・マーマレード
風の絵師
トンイ
馬医

1645 昭顕世子死去（毒殺説あり）
1649 孝宗《ヒョジョン》、即位し、「北伐」（清に対する復讐）を図るが実現せず
1680 南人《ナミン》派が失脚し西人派の一党専制化始まる（庚申換局）
1686 張吉山《チャンギルサン》の乱
1689 粛宗《スクチョン》の侍女オクチョンが張禧嬪《チャンヒビン》に昇格
1694 南人派が少論《ソロン》派除去に失敗、打撃を受ける（甲戌換局）
1701 張禧嬪、賜死
1708 全国的に大同法施行
1725 英祖、蕩平策《タンピョン》実施。党争の弊害をなくし、王権の基盤強化・不偏不党を図る
1727 朴文秀《パクムンス》、暗行御史《アメンオサ》に任命される
1750 均役法実施
1755 少論派官僚粛清、老論《ノロン》派優位に
1762 英祖《ヨンジョ》が思悼世子《サドセジャ》を米櫃《こめびつ》の閉じ込め、餓死させる
1776 正祖《チョンジョ》即位、奎章閣《キュジャンカク》を設置し、学問奨励、人材育成を図る。洪国栄《ホングギョン》、丁若鏞《チョンヤギョン》らを登用
1780 洪国栄が失脚
1784 李承薫《イスンフン》、受洗して帰国（朝鮮で最初の天主教徒）

1800

中国
清（1644～1912）

朝鮮
㉓純祖（1800～1834）
㉔憲宗（1834～1849）
㉕哲宗（1849～1863）
㉖高宗（1863～1907）

明成皇后

済衆院

太陽人イ・ジェマ～韓国医学の父～

ミスター・サンシャイン

1801 天主教徒約五〇〇人が処刑・配流される
1811 洪景来《ホンギョンネ》の乱（最初の大規模な民乱）
1818 丁若鏞《チョンヤギョン》『牧民心書』を著す
1832 イギリス船来航し、通商を求める
1846 フランス軍艦来航し、天主教弾圧を詰問
1847 安東金《アンドンキム》氏、勢道政治を確立
1860 崔済愚《チェジェウ》、東学を創始
1863 興宣大院君《フンソンテウォングン》政権成立
1864 崔済愚、処刑される
1865 壬辰倭乱で焼失した景福宮再建（～1872）
1866 高宗《コジョン》、閔《ミン》氏（明成皇后《ミョンソンファンフ》）を王妃に迎える
1871 米艦隊、江華島《カンファド》に侵入（辛未洋擾）
1873 興宣大院君退陣、閔氏政権成立
1875 日本の軍艦雲揚号、江華島を侵犯（江華島事件）
1876 日朝修好条規（江華島条約）締結
1882 漢城で軍隊の反乱起こる（壬午軍乱）
1884 金玉均《キムオッキュン》ら急進開化派のクーデター（甲申政変）
1885 初の西洋式病院・済衆院《チェジュンウォン》設立
1894 甲午改革。奴婢《ノビ》・白丁などの身分を法的に廃止
全琫準《チョンボンジュン》、全羅道《チョルラド》で蜂起（甲午農民戦争）。日清戦争

略年表

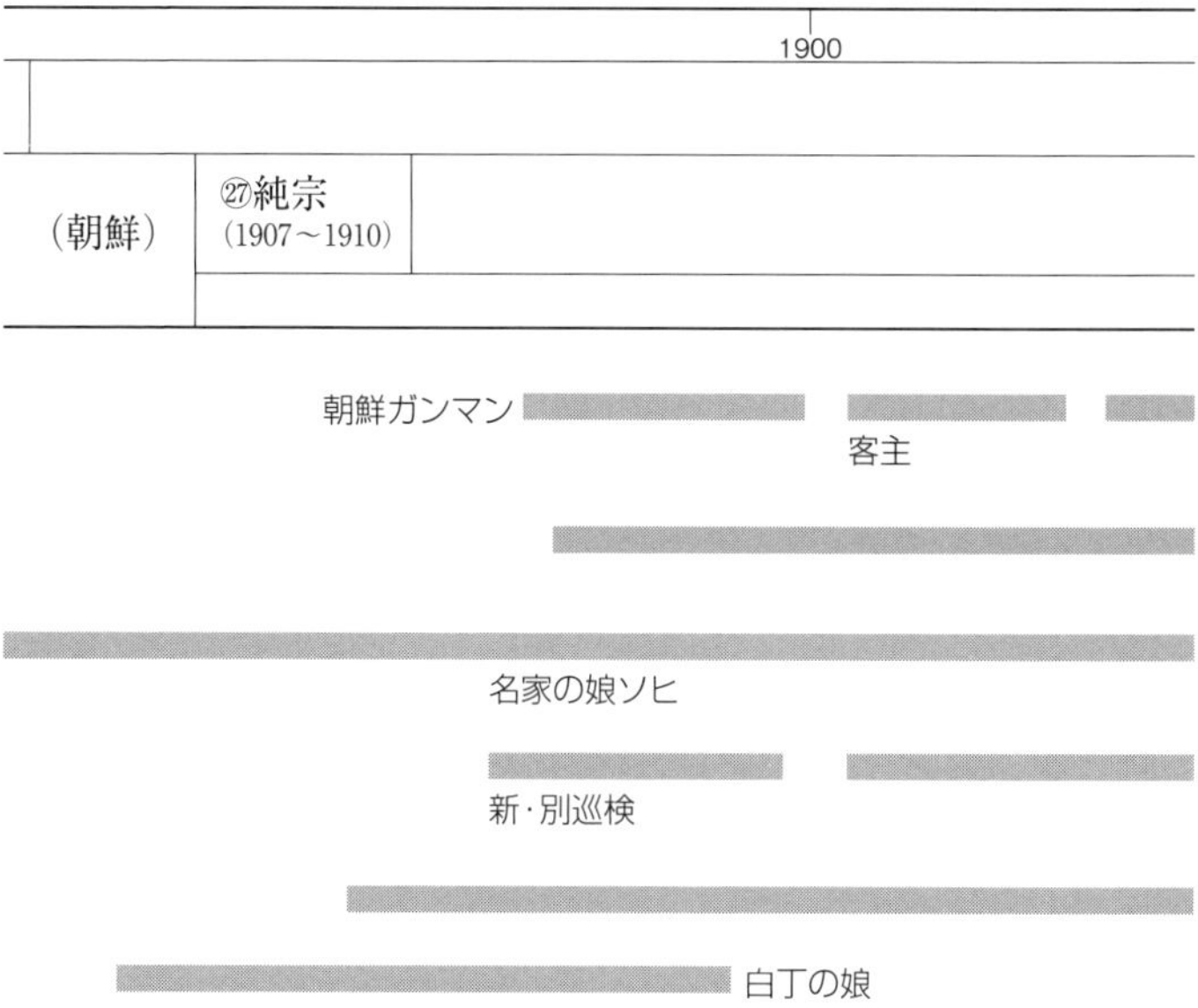

1895	日清講和条約（下関条約）締結。閔妃暗殺事件（乙未事変）
1896	高宗、ロシア公使館に避難（露館播遷）。独立協会設立
1897	国号を大韓帝国と改め、高宗が皇帝に即位
1898	興宣大院君、死去
1900	清で義和団事件
1902	日英同盟成立
1904	日露戦争。日韓議定書調印。第一次日韓協約締結
1905	日露講和条約（ポーツマス条約）締結 第二次日韓協約（乙巳条約）締結
1906	韓国統監府開庁（初代統監・伊藤博文） 反日義兵闘争激化
1907	高宗、ハーグ万国平和会議に密使派遣（ハーグ密使事件）。高宗退位し純宗《スンジョン》が即位。第三次日韓協約締結。韓国軍解散、兵士たち義兵へ合流
1909	安重根《アンジュングン》、伊藤博文を暗殺
1910	日韓併合条約調印、大韓帝国（朝鮮王朝）滅亡 朝鮮総督府設置
1912	土地調査令公布
1919	三・一独立運動。上海で大韓民国臨時政府樹立

1950

中国：中華民国 → 中華人民共和国

朝鮮：（朝鮮） → 朝鮮民主主義人民共和国／大韓民国

名家の娘ソヒ

カクシタル

星になって輝く

1920『東亜日報』『朝鮮日報』創刊
1923 衡平社《ヒョンピョンサ》創立
1924 衡平社革新同盟創立。衡平社統一大会開催
1935 衡平社、名称を大同社《テドンサ》に変更
1939 国民徴用令施行
1940 創氏改名実施
1945 日本、無条件降伏
1948 済州島四・三蜂起。大韓民国樹立。朝鮮民主主義人民共和国樹立
1949 中華人民共和国樹立
1950 朝鮮戦争勃発
1952 韓国、大統領選挙で李承晩《イスンマン》選出
1953 朝鮮戦争休戦協定調印
1960 韓国、学生の大規模デモ（4・19革命）、李承晩退陣。金日成《キムイルソン》、統一への過渡的措置として南北連邦制を提案
1961 韓国で朴正熙《パクチョンヒ》指揮の軍事クーデター
1962 朴正熙、大統領に選出
1965 日韓条約調印
1972 7・4南北共同声明発表
1973 金大中《キムデジュン》拉致事件

2000

食客

お父さんが変

1981 全斗煥《チョンドファン》、大統領就任

1987 大韓航空機爆破事件

大統領直接選挙制へ。盧泰愚《ノテウ》、大統領に選出

1991 南北国連同時加盟

1992 衡平運動七〇周年記念事業会結成

金泳三《キムヨンサム》、大統領に選出

1993 金正日《キムジョンイル》、国防委員長に選出

1994 韓国国会内に女性特別委員会新設

1996 衡平運動記念塔竣工

1997 金大中、大統領に当選

2001 韓国、国家人権委員会発足

2002 日韓共催でサッカーワールドカップ開催

2003 盧武鉉《ノムヒョン》、大統領に選出

2007 李明博《イミョンバク》、大統領に選出

2011 金正日国防委員長、死去。金正恩《キムジョンウン》が最高指導者となる

2012 李明博大統領、独島（竹島）上陸

朴槿恵《パククネ》、大統領に選出

2017 文在寅《ムンジェイン》、大統領に選出

2018 トランプ米大統領と金正恩が会談

参考文献・映像

●史料集

部落解放・人権研究所 衡平社史料研究会編『朝鮮衡平運動史料集』金仲燮《キムチュンソプ》・水野直樹監修、解放出版社、二〇一六年

●著書

秋定嘉和『近代と被差別部落』解放出版社、一九九三年

朝治武『水平社論争の群像』解放出版社、二〇一八年

阿部裕子監修『韓国スター俳優完全データ名鑑 2019年度版』扶桑社、二〇一九年

李成茂《イソンム》『朝鮮王朝史』上・下、李大淳《イデスン》監修、金容権《キムヨングォン》訳、日本評論社、二〇〇六年（原著は、李成茂『朝鮮王朝史』、一九九八年）

伊藤亜人・武田幸男・高崎宗司・大村益夫・吉田光男監修『新版 韓国 朝鮮を知る辞典』平凡社、二〇一四年

イ・ビョンフン（李丙勲）『韓国時代劇のすべて―イ・ビョンフン監督、全自作を語る―』キネマ旬報社、二〇一〇年（原著は、イ・ビョンフン『夢の王国を築け』、二〇〇九年）

――『チャングム、イ・サンの監督が語る 韓流時代劇の魅力』白井美友紀訳、集英社、二〇一二年（原著は、イ・ビョンフン『夢の王国を築け』、二〇〇九年）

上原善広『幻の韓国被差別民―「白丁《ペクチョン》」を探して―』河出書房新社、二〇一九年

海野福寿『韓国併合』岩波書店、一九九五年
大野謙一『朝鮮教育問題管見』朝鮮教育会、一九三一年（渡部学・阿部洋編『日本植民地教育政策史料集成（朝鮮篇）』第二八巻、龍溪書舍、一九八九年）
糟谷憲一『朝鮮の近代』山川出版社、一九九六年
金井孝利『新版 韓国時代劇カタログ』学研マーケティング、二〇一三年
――『韓国時代劇・歴史用語事典』学研マーケティング、二〇一三年
――『韓国時代劇 歴史大事典 最新版』学研マーケティング、二〇一四年
河村啓介『朝鮮王朝秘話―王朝を揺るがす男と女の物語―』学研マーケティング、二〇一二年
韓国教員大学歴史教育科『韓国歴史地図』吉田光男監訳、平凡社、二〇〇六年（原著は、韓国教員大学歴史教育科『アトラス韓国史』第四刷、二〇〇四年）
「韓国時代劇完全ガイド２０１９」政策委員会編『韓国時代劇完全ガイド２０１９』コスミック出版、二〇一九年
韓国ドラマ研究会編『朝鮮王朝五〇〇年の舞台裏 ここが一番おもしろい！』六反田豊解説、青春出版社、二〇一二年
『韓国歴史ドラマ秘話録』ぴあ、二〇一三年
姜在彦《カンジェオン》『朝鮮近代史研究』日本評論社、一九七〇年
康熙奉《カンヒボン》『韓国時代劇でたどる朝鮮王朝五〇〇年』朝日新聞出版、二〇一三年
金成玟《キムソンミン》『戦後韓国と日本文化―「倭色」禁止から「韓流」まで―』岩波書店、二〇一四年
金仲燮『衡平運動―朝鮮の被差別民・白丁（ペクチョン）その歴史とたたかい―』高正子《コォチョンジャ》訳、解放出版社、二〇〇三年（原著は『衡平運動』、二〇〇一年）

木村幹『高宗・閔妃―然らば致し方なし―』ミネルヴァ書房、二〇〇七年
金永大《キムヨンデ》『朝鮮の被差別民衆―「白丁」と衡平運動―』翻訳編集委員会訳、解放出版社、一九八八年（原著は、金永大『実録 衡平―食肉業の由来・人権宣言と衡平運動・独立運動と衡平社―』、一九七八年）
衡平運動記念事業会編刊『衡平の道』、二〇一一年
衡平運動七〇周年記念事業会編『朝鮮の「身分」解放運動』民族教育文化センター訳、解放出版社、一九九四年（原著は衡平運動七〇周年記念事業会編『衡平運動の再認識』、一九九三年）
クォン・ヨンソク（権容奭）『「韓流」と「日流」―文化から読み解く日韓新時代―』日本放送出版協会、二〇一〇年
佐野良一『歴史と人物でわかる―華麗なる朝鮮王朝』角川グループパブリッシング、二〇一一年
関周一編『日朝関係史』吉川弘文館、二〇一七年
武田幸男編『朝鮮史』〈新版 世界各国史2〉、山川出版社、二〇〇〇年
朝鮮史研究会編『新版 朝鮮の歴史』三省堂、一九九五年
――『朝鮮史研究入門』名古屋大学出版会、二〇一一年
趙景達《チョキョンダル》『近代朝鮮と日本』岩波書店、二〇一二年
鄭大成《チョンデソン》『朝鮮王―その虚像と実像』角川グループパブリッシング、二〇一一年
朴永圭《パクヨンギュ》『朝鮮王朝実録 改訂版』神田聡・尹淑姫《ユンスクヒ》訳、キネマ旬報社、二〇一二年（原著は朴永圭『改訂版 一冊で読む朝鮮王朝実録』二〇〇四年）
蓮池薫『私が見た、「韓国歴史ドラマ」の舞台と今』講談社、二〇〇九年

波田野節子『韓国近代文学研究―李光洙・洪命憙・金東仁―』白帝社、二〇一三年
原尻英樹・六反田豊・外村大編『日本と朝鮮 比較・交流史入門―近世、近代そして現代―』明石書店、二〇一一年
黄尚翼《ファンサンイク》『歴史が医学に出会う時―医学史から見る韓国社会―』李恩子《イウンジャ》・李達富《イダルプ》訳、関西学院大学出版会、二〇一七年（原著は黄尚翼『歴史が医学に出会う時』、二〇一五年）
白承鍾《ペクスンジョン》『鄭鑑録―朝鮮王朝を揺るがす予言の書―』松本真輔訳、勉誠出版、二〇一一年（原著は白承鍾『韓国の予言文化史』、二〇〇六年）
水野俊平『庶民たちの朝鮮王朝』角川学芸出版、二〇一三年
宮嶋博史『両班―李朝社会の特権階層―』中央公論社、一九九五年
宮脇淳子『韓流時代劇と朝鮮史の真実―朝鮮半島をめぐる歴史歪曲の舞台裏―』扶桑社、二〇一三年
森岡孝二『雇用身分社会』岩波書店、二〇一五年
山下英愛《ヨンエ》『女たちの韓流―韓国ドラマを読み解く―』岩波書店、二〇一三年
山道襄一『社会状態及階級制度』、一九一〇年（『復刻版 韓国併合史研究資料』１１８、龍渓書舎、二〇一八年）
尹貞蘭《ユンジョンナン》『王妃たちの朝鮮王朝』金容権訳、日本評論社、二〇一〇年（原著は尹貞蘭『王妃たちの朝鮮王朝』、二〇〇八年）
李成市《リソンシ》・宮嶋博史・糟谷憲一編『朝鮮史』１・２〈世界歴史大系〉、山川出版社、二〇一七年
Re：WORKS編『韓国時代劇ソウル歴史めぐり２０１２』角川グループパブリッシング、二〇一二年

●論文・論説

朝治武「韓国歴史ドラマの魅力を探る試論的考察」(『大阪人権博物館紀要』第一三号、二〇一一年三月)

――「韓国歴史ドラマに描かれた身分制と被差別民衆」(『部落解放』第六五五号、二〇一二年一月)

――「韓国歴史ドラマの世界―歴史認識と身分差別の視点から―」(京都市地域・多文化交流ネットワーク編刊『多文化社会を生きる』、二〇一三年)

――「身分制を描かなきゃ韓国時代劇じゃない!!」(『部落解放』第六九九号、二〇一四年一〇月)

――「韓国ドラマに描かれた「白丁」と衡平社」(『部落解放研究』第二〇九号、二〇一八年一一月)

安煕卓《アンヒテク》「韓国の女性労働と雇用政策」(『経営学論集』第二八巻第三号、二〇一八年一月)

李覚鐘《イガクチョン》「朝鮮の特殊部落」(『朝鮮』第一〇四号、一九二三年一二月)

井口和起「朝鮮の衡平運動―衡平社の創立と初期運動―」(部落問題研究所編刊『水平運動史の研究』第六巻、一九七三年)

池川英勝「朝鮮衡平運動の展開過程とその歴史的性格」(西順蔵・小島晋治編『増補 アジアの差別問題』明石書店、一九九三年)

李俊九《イジュング》「大韓帝国期屠漢(白丁)の戸口様相と社会・経済的立場」(『朝鮮史研究』第七輯、一九九八年、風間千秋訳、趙正民《チョジョンミン》校訂、「服部英雄のホームページ」に掲載)

李受美《イスミ》「ポストコロニアル時代における歴史ドラマの文化政治学―韓国歴史ドラマにおける「植民地時代」のイメージ生産とその意味作用―」(『情報学研究』第七三号、二〇〇八年一月)

李善惠《イソヘ》「近代初期における韓国のプロテスタント社会事業に関する一考察」(『社会科学』第九二号、二〇一〇年五月)

井上富貴「朝鮮・賤民「白丁」の系譜」（磯村英一編『世界の差別問題』明石書店、一九八五年）

岩崎継生「白丁階級―半島の特殊部落―」（『法律春秋』第六巻第九号、一九三一年九月）

――「朝鮮の白丁階級―特殊部落の一形態―」（『朝鮮』第二一一号、一九三二年一二月）

康熙奉「韓国時代劇が描く朝鮮王朝」（前掲『部落解放』第六九九号）

北村秀人「朝鮮の身分制」（木村尚三郎・佐々木潤之介・田中正俊・遅塚忠躬・永原慶二・堀敏一・山崎利男編『中世史講座』第四巻、学生社、一九八五年）

金井英樹「朝鮮の被差別民と衡平社運動―水平社との交流ノート―」（『水平社博物館研究紀要』第二号、二〇〇〇年三月）

金仲燮「衡平社と水平社の比較―創立期の類似性と差異―」（髙正子訳、『和歌山人権研究所紀要』第四号、二〇一三年七月）

――「人種の形成―韓国の白丁の事例―」（髙正子訳、斎藤綾子・竹沢泰子編『人種神話を解体する』1、東京大学出版会、二〇一六年）

金靜美《キムチョンミ》「十九世紀末・二十世紀初期における「白丁」」（飯沼二郎・姜在彦編『近代朝鮮の社会と思想』未来社、一九八一年）

――「朝鮮の被差別民「白丁」―日帝下における生活と解放運動―」（『喊声』第五号、一九八三年八月）

――「朝鮮独立・反差別・反天皇制―衡平社と水平社の連帯の基軸とはなにか―」（『思想』第七八六号、一九八九年一二月）

金東勲《キムドンフン》「韓国の国家人権委員会と差別撤廃」（『部落解放研究』第一六七号、二〇〇五年一二月）

高吉美《コキルミ》「なぜ韓国時代劇は被差別民を描くのか―韓流一〇年を振り返りながら―」（前掲『部落解放』六九九号）
高淑和《コウスッカ》「衡平青年前衛同盟事件について」（吉田文茂訳、水野直樹・高正子監修、『部落解放研究』第二〇八号、二〇一八年三月、原著は『國士館論叢』第六四輯、一九九五年）
高正子「「白丁（ペクチョン）」とよばれた人たち―朝鮮の被差別民―」（『歴史読本』編集部編『歴史の中のサンカ・被差別民』新人物往来社、二〇一一年）
――「林巨正（イムコクチョン）の乱とは？」（『部落解放研究』第二〇二号、二〇一五年三月）
白井京「韓国の女性関連法制―男女平等の実現に向けて―」（『外国の立法』第二二六号、二〇〇五年一一月）
徐知延《ソチヨン》「朝鮮「白丁」身分の起源に関する一考察」（『部落解放研究』第一七二・一七三号、二〇〇六年一〇・一二月）
――「朝鮮の「白丁」身分の歴史的分析」桃山学院大学大学院文学研究科学位論文、二〇一〇年度
徐知延・徐知伶《ソチリョン》「現在韓国人の旧「白丁」出身者に対する意識状況について」（『ヒューマンライツ』第二二七号、二〇〇七年二月）
徐知伶「植民地期朝鮮における衡平運動の研究―日本の水平運動の観点から―」桃山学院大学大学院文学研究科学位論文、二〇一〇年度
――「衡平社と水平社の交流について」（前掲『和歌山人権研究所紀要』第四号）
高橋亨「朝鮮の白丁」（『日本社会学院年報』第六年、一九一八年九月）
竹森健二郎「植民地朝鮮における衡平社と大同社の活動―『朝鮮衡平運動史料集』を中心として―」（『佐賀部落解放研究所紀要―部落史研究―』第三四号、二〇一七年三月）

崔保愍《チェボミン》「一九二五年の醴泉事件と社会主義運動勢力の認識」（高正子訳、『部落解放研究』第二一〇号、二〇一九年三月）

チョ・チム「こうして私は韓国時代劇を楽しんでいる」（前掲『部落解放』第六九九号）

鄭榮蘭《チョンヨンナン》「日本における「韓国文化受容」と今後の課題―放送・映画部門での「韓流」受容の過程を中心として―」（『日本国際情報学会誌』第一一巻第一号、二〇一四年一二月）

塚崎昌之「水平社・衡平社との交流を進めた在阪朝鮮人―アナ系の人々の活動を中心に―」（『水平社博物館研究紀要』第九号、二〇〇七年三月）

寺木伸明「日本史研究から見た身分・差別および部落差別のとらえ方」（朝治武・谷元昭信・寺木伸明・友永健三編著『部落解放論の最前線―多角的な視点からの展開―』解放出版社、二〇一八年）

野村伸一「「賤民」の文化史序説―朝鮮半島の被差別民―」（赤坂憲雄・中村生雄・原田信男・三浦佑之編『排除の時空を超えて』〈いくつもの日本5〉、岩波書店、二〇〇三年）

パク・ヒョンウ・ポ・ジョンウァン「朴瑞陽の医療活動と独立運動」（『医史学』第一五巻第二号、二〇〇六年一二月、高吉美訳）

畑中敏之「〈身分〉〈差別〉の歴史研究の意義と課題」（『部落解放研究』第二〇六号、二〇一七年三月）

浜中昇「高麗末期・朝鮮初期の禾尺・才人」（『朝鮮文化研究』第四号、一九九七年三月）

韓嬉淑《ハンヒスク》「明宗時代に起こった林巨正の乱の性格」（高正子訳、前掲『部落解放研究』第二〇二号、原著は「一六世紀林巨正の乱の性格」『韓国史研究』第八九号、一九九五年）

深谷克己「東アジアの政治文化―身分論をひろげるために―」（大橋幸泰・深谷克己編『身分論をひろげる』〈江

戸〉の人と身分6〉、吉川弘文館、二〇一一年）
守安敏司「『食客』の伝説の解体職人―差別のなかで活躍する白丁―」（前掲『部落解放』第六九九号）
水野直樹「朝鮮の被差別民「白丁」と衡平運動―水平運動との交流の意義と問題点―」（『水平社博物館研究紀要』第二〇号、二〇一八年三月）
――「近代朝鮮戸籍における「賤称」記載と衡平社の活動」（前掲『部落解放研究』第二〇八号）
山内民博「屠牛と禁令―一九世紀朝鮮における官令をめぐって―」（關尾史郎編『環東アジア地域の歴史と「情報」』知泉書館、二〇一四年）
――「一九世紀朝鮮における屠漢・白丁集団の役と組織」（『環日本海研究年報』第二二号、二〇一六年三月）
山下英愛「韓国における女性運動の現状と課題」（『和光大学総合文化研究所年報』二〇〇七―東西南北、二〇〇七年三月）
――「『白丁の娘』～近代朝鮮の身分差別を描いたドラマ～」（女性と女性の活動をつなぐポータルサイト、二〇一三年二月）
――「「雪道」～日本軍〝慰安婦〟の記憶～」（女性と女性の活動をつなぐポータルサイト、二〇一五年五月）
梁永厚《ヤンヨンフ》「近世朝鮮の「白丁」と「奴婢」―『経国大典』を基に―」（沖浦和光・寺木伸明・友永健三編著『アジアの身分制と差別』解放出版社、二〇〇四年）
劉多虔《ユタゴン》「NHKとKBS大河ドラマの比較研究―「徳川家康」と「李成柱」の英雄像解釈―」筑波大学博士（学術）学位請求論文、二〇一四年度
吉田光男「朝鮮の身分と社会集団」（『岩波講座 世界歴史』13、岩波書店、一九九八年）

渡辺俊雄「衡平運動史研究の展望―『朝鮮衡平運動史料集』から見えてきた課題―」(『部落解放研究』第二〇六号、二〇一七年三月)

割石忠典「続・朝鮮衡平運動史研究発展のために―全羅南道及び慶尚南道での踏査―」(前掲『部落解放研究』第二〇九号)

●小説・シナリオブック・劇画

イ・ジョンミョン『景福宮《キョンボックン》の秘密コード―ハングルに秘められた世宗大王の誓い―』裵淵弘《ペヨンホン》訳、河出書房新社、二〇一一年(原著はイ・ジョンミョン『根の深い木』、二〇〇六年)

『宮廷女官チャングムの誓い』シナリオ・ブック 全三巻、張銀英《チャンウニョン》訳、キネマ旬報社、二〇〇五年

鄭棟柱《チョンドンジュ》『神の杖』、根本理恵訳、解放出版社、一九九七年(原著は鄭棟柱『神の杖』全二巻、一九九五年)

朴景利《パクキョンニ》『土地』〈青少年ダイジェスト版〉全六巻、金正出《キムジョンチュル》監修、金容権訳、講談社、二〇一一年(原著は朴景利『土地』〈青少年ダイジェスト版〉全六巻、二〇〇三年)

房学基《パンハクキ》『李朝水滸伝―革命児・林巨正の生涯―(新装版)』全九巻、金容権訳、JICC出版局、一九八九年(原著は『林巨正』、一九八五年)

黄順元《ファンスノン》『日月』(金素雲《キムソウン》訳、『現代韓国文学選集』第一巻〈長篇小説1〉、冬樹社、一九七三年、原著は黄順元『日月』、一九六五年)

●映像

「白丁の父と西洋医師の息子」(日本では二〇一二年一一月七日にKBSワールドで「KBSパノラマ」として放送)

『王の顔』（KBS　2014年　全23話）
演出：ユン・ソンシク　脚本：イ・ヒャンヒ
出演：ソ・イングク（光海君）／チョ・ユニ（キム・カヒ）／シン・ソンロク（キム・ドチ）／イ・ソンジェ（宣祖）／キム・ギュリ（仁嬪キム氏）／他

『オレンジ・マーマレード』（KBS　2015年　全12話）
演出：イ・ヒョンミン／チェ・ソンボム　脚本：ムン・ソサン
出演：ヨ・ジング（チョン・ジェミン）／イ・ジョンヒョン（ハン・シフ）／ソリョン（ペク・マリ）／アン・ギルガン（ペギ）／他

『ミスター・サンシャイン』（tvN　2018年　全24話）
演出：イ・ウンボク　脚本：キム・ウンスク
出演：イ・ビョンホン（ユジン・チョイ）／キム・テリ（コ・エシン）／ユ・ヨンソク（ク・ドンメ）／ピョン・ヨンハ（キム・ヒソン）／キム・ミンジョン（工藤陽花）／キム・ガプス（ファン・ウンサン）／他

●韓国現代ドラマ

『食客』（SBS　2008年　全24話）
演出：チェ・ドンス　脚本：チェ・ワンギュ
出演：キム・レウォン（イ・ソンチャン）／クォン・オジュン（オ・ボンジュ）／ナム・サンミ（キム・ジンス）／チェ・ブラム（オ・ソングン）／他

『星になって輝く』（KBS　2016年　全128話）
演出：クォン・ゲボン　脚本：ユ・ウナ／チョ・ソヨン
出演：コ・ウォニ（チェ・ボンヒ）／ソ・ユナ（ソ・モラン）／イム・ホ（ソ・ドンピル）／チョ・ウンスク（オ・エスク）／他

『お父さんが変』（KBS　2017年　全52話）
演出：イ・ジェサン　脚本：イ・ジョンソン
出演：キム・ヨンチョル（ピョン・ハンス）／キム・ヘスク（ナ・ヨンシル）／リュ・スヨン（チャ・ジャンファン）／イ・ユリ（ピョン・ヘヨン）／イ・ジュン（アン・ジュンヒ）／他

●韓国映画

『日月』（1967年　100分）
監督：イ・ソング　脚本：イ・サンヒョン
出演：シン・ソンイル（キム・インチョル）／ナム・ジョンイム（チョ・ナミ）／ムン・ヒ（チ・ダヘ）／パク・ノシク（キム・ギリョン）／チョン・ミン（キム・サンジン）／他

『群盗』（2014年　137分）
監督：ユン・ジョンビン　脚本：チョン・チョルホン
出演：ハ・ジョンウ（トルムチ）／カン・ドンウォン（チョ・ユン）／イ・ギョンヨン（テンチュ）／イ・ソンミン（テホ）／チョ・ジヌン（イ・テギ）／他

白丁関係作品データ

●韓国歴史ドラマ

『王朝の暁 ― 趙光祖伝 ―』（KBS　1996年　全52話）
　演出：オム・ギベク　脚本：チョン・ハヨン
　出演：ユ・ドングン（チョ・グァンジョ）／イ・ジヌ（中宗）／ホン・リナ（イ氏）／イ・ビョンチョル（カッパチ）／キム・ドンス（ドルセ）／他

『林巨正 ― 快刀イム・コッチョン』（SBS　1996～1997年　全44話）
　演出：キム・ハニョン　脚本：キム・ウォンソク
　出演：チョン・フンチェ（イム・コッチョン）／キム・ウォニ（ファン・ウンチョン）／パク・イナン（イム・ドリ）／ユン・ユソン（ソプソプ）／イ・ジョンギル（ヤン・ジュパル）／他

『白丁の娘』（SBS　2000年　全２話）
　演出：イ・ヒョンジク　脚本：パク・チョンラン
　出演：チュ・サンミ（オンニョン）／イ・ジョンギル（父）／イ・フィヒャン（母）／チョン・ミン（弟）／ユ・ジュンサン（ユノ）／他

『明成皇后』（KBS　2001～2002年　全124話）
　演出：ユン・チャンボム／シン・チャンソク　脚本：チョン・ハヨン
　出演：イ・ミヨン（明成皇后）／ユ・ドングン（興宣大院君）／イ・ジヌ（高宗）／キム・ヨンニム（大王大妃チョ氏）／チョン・ソンギョン（永保堂イ氏）／他

『宮廷女官チャングムの誓い』（MBC　2003～2004年　全54話）
　演出：イ・ビョンフン　脚本：キム・ヨンヒョン
　出演：イ・ヨンエ（ソ・ジャングム）／チ・ジニ（ミン・ジョンホ）／ホン・リナ（チェ・グミョン）／イム・ホ（中宗）／ヤン・ミギョン（ハン尚宮）／他

『名家の娘ソヒ』（SBS　2004～2005年　全52話）
　演出：イ・ジョンハン　脚本：イ・ホング／キム・ジョンホ／イ・ヘソン
　出演：キム・ヒョンジュ（チェ・ソヒ）／ユ・ジュンサン（キム・ギルサン）／キム・ユソク（キム・ファン）／キム・ミスク（ユン氏夫人）

『新・別巡検』（MBC evry－one　2007年　全20話）
　演出：イ・スンヨン／キム・ビョンス　脚本：チョン・ユンジョン／ファン・ヘリョン／ヤン・ジナ
　出演：リュ・スンニョン（カン・スンジョ）／パク・ヒョンジュ（ヨ・ジン）／オン・ジュワン（キム・ガウン）／アン・ネサン（ペ・ボックン）／他

『済衆院』（SBS　2010年　全36話）
　演出：ホン・チャンウク　脚本：イ・ギウォン
　出演：パク・ヨンウ（ファン・ジョン）／ヨン・ジョンフン（ペク・ドヤン）／ハン・ヘジン（ユ・ソンナン）／チャン・ハンソン（マダンゲ）／キム・ガプス（ユ・ヒソ）／他

『根の深い木 ― 世宗大王の誓い ―』（SBS　2011年　全24話）
　演出：チャン・テユ／シン・ギョンス　脚本：キム・ヨンヒョン／パク・サンヨン
　出演：ハン・ソッキュ（世宗）／チャン・ヒョク（カン・チェユン）／シン・セギョン（ソイ）／ユン・ジェムン（カリオン）／チョ・ジヌン（ムヒュル）／他

あとがき

そもそも韓国歴史ドラマに関して、私は二〇〇五年に初めて観ることになり、二〇〇八年には観ることが日常化し、五〇歳代からの新たな趣味となった。この趣味が高じて初めて論じたのが「韓国歴史ドラマの魅力を探る試論的考察」(『大阪人権博物館紀要』第一三号、二〇一一年三月)であり、次に発表したのが「韓国歴史ドラマに描かれた身分制と被差別民衆」(『部落解放』第六五五号、二〇一二年一月)であった。この二つは韓国歴史ドラマの魅力について身分と白丁《ペクチョン》の視点からアプローチしたものであったが、問題意識こそ現在にまで引き継がれているものの、今から振り返ると内容的には決して深みをもつものではなかったように思われる。

そして二〇一二年の二月と記憶しているが、後者を読まれた解放出版社の加藤登美子さんから、韓国歴史ドラマに関する著書をまとめてみてはどうかとの提案をいただいた。そこで私は自らの力量を弁えず、嬉《うれ》しさのあまりホイホイと引き受けてしまった。しかし後に味わうことになる大きな苦労を予想できず、この時点で私はまだ韓国歴史ドラマの全てを観ていたわけではなかったので、ひたすら観ることに集中しながら著書の構想を練ることにした。その過程で副産物として生み出されたのが、

「韓国歴史ドラマの世界―歴史認識と身分差別の視点から―」（京都市地域・多文化交流ネットワーク編刊『多文化社会を生きる』、二〇一三年）と「身分制を描かなきゃ韓国時代劇じゃない!!」（『部落解放』六九九号、二〇一四年一〇月）であった。

二〇一五年の春頃には、ようやく韓国歴史ドラマに関して観ることが可能なほぼ全ての作品を観るに至ったので、それから著書の構想を具体化することになった。当然に身分と白丁に関する問題意識から論じることを決めていたが、何をどのように論じたらいいのかというスタンスについては明確に定まらない状態が続いた。そこで台詞を中心としながらストーリーを追えば何かが浮かぶであろうとの漠然とした予測から、ふたたび白丁が登場する作品を観ながら克明なメモをパソコンに入力することにした。今にして思えば、この作業は楽しいばかりか、結果的には実に意味あるものとなった。それでも著書の構想は容易にまとまらず、加藤登美子さんから会うたび毎に優しい口調で催促されることになったが、心苦しくも曖昧な返事で何かと誤魔化さざるを得なかった。

このような停滞した状況を一気に突破しなければならない動きが、二〇一七年の七月に訪れた。それは東京の高麗博物館が、二年後の二〇一九年七月一〇日から一二月一日までの「発見！　韓国ドラマ・映画の中の「日本」―渡来・交流そして軋轢―」として結実する企画展を開催するので、私に協力してほしいとの依頼であった。突然のことで驚いて何故かと尋ねたところ、『女たちの韓流―韓国ドラマを読み解く―』（岩波書店、二〇一三年）を著され、私が韓国歴史ドラマに関心があることを承知されていた、韓国の女性学と文化論を研究されている山下英愛《ヨンエ》さんから紹介されたとのことであった。もちろん私は博物館学芸員を自認し、また韓国歴史ドラマが一つの重要な展示のテーマであることを認識していたので、この依頼を断るはずもなく快く承諾した。

一一月二二日に企画展を準備されていた荻原みどりさんら四人の女性が来阪され、私が勤務する大阪人権博物館で話し合った。その夜には通天閣がそびえ立つ新世界の串カツ店で韓国歴史ドラマに関する著書の計画があることを打ち明けると、ぜひとも企画展の開催に合わせて出版するようにと励まされた。この機会を逃してしまうと著書が実現する可能性が失われると感じた私は、とり急ぎ年末までに無理やりにでも著書の構想を大まかにまとめた。そして二〇一八年五月八日に『水平社論争の群像』（解放出版社、二〇一八年）の原稿を完成させたので、翌日の五月九日から年末までは基本的に本書の執筆だけに集中する決意を固めることになった。

おりしも朝鮮衡平運動史研究会が二〇一八年六月二七日から七月二日まで全羅南道《チョルラナムド》と慶尚南道《キョンサンナムド》の各地を踏査することになり、私は衡平社《ヒョンピョンサ》創立が登場する『名家《ミョンガ》の娘ソヒ』（SBS、二〇〇四〜二〇〇五年、全五二話）とロケ地に関する解説文を参加者のために書くことになった。この踏査の報告については、解放後に白丁の末裔《まつえい》が登場する『星になって輝く』（KBS、二〇一六年、全一二八話）を加えて、「韓国ドラマに描かれた「白丁」と衡平社」（『部落解放研究』第二〇九号、二〇一八年一一月）として発表されることになった。この内容は、「描かれた関東大震災と社会的弱者――記憶・記録・報道―」という企画展が開かれていた高麗博物館で、七月二七日に館長を務められている旧知の新井勝紘さんら関係者に対して報告する機会に恵まれ、大幅な修正を施して本書に盛り込まれることになった。

九月中旬の時点で半分程度の原稿を執筆していたが、突如として九月二二日から韓国歴史ドラマに関する他の原稿に集中する必要が生じ、一二月八日に何とか仕上げることになった。この原稿は残念ながら陽の目を見ることができなかったが、幸いにも半分くらいの原稿は修正して本書に転用できることが判明し、気を取り直して一二月下旬から本書の執筆に立ち戻り、何かと慌ただしい本務や雑務などの合間をぬって今年の二月末までに一応の草稿を作成させることに意を決した。

もともと私は近現代部落史研究の延長として白丁と衡平社に関心を寄せていたが、この関心は韓国歴史ドラマを通じてより高まっていくことになった。しかし白丁と衡平社についての歴史的理解に大きな影響を与えたのは、二〇一三年四月から始まった衡平社に関する共同研究であった。その成果として部落解放・人権研究所　衡平社史料研究会編『朝鮮衡平運動史料集』（金仲燮《キムチュンソプ》・水野直樹監修、解放出版社、二〇一六年）が出版され、現在では韓国側の金仲燮さんと日本側の水野直樹さんを共同代表とする朝鮮衡平運動史研究会に引き継がれ、二冊目の史料集と二〇二三年の衡平社創立一〇〇周年に向けた論文集を準備している。

とりわけ私にとって重要な意味をもったのは、衡平社史料研究会と朝鮮衡平運動史研究会が実施した白丁と衡平社に関する数回の韓国での史料調査と踏査であった。それとは別に韓国歴史ドラマに対する関心から、二〇〇九年から現在まで七回にわたって韓国の史跡やロケ地などを独自にめぐり、二〇一三年には北朝鮮にも訪れていた。しかし明確な問題意識に基づく史料調査と踏査が、韓国歴史ドラマに描かれた白丁と衡平社に関する史料―文献―史跡―ロケ地―作品の関係を深く理解するうえで貴重な経験となったのは確かである。

とはいえ私の朝鮮史をはじめ白丁や衡平社などに関する理解が必ずしも正確で深いというわけではなく、それを十分に承知したうえでの執筆となった。とりわけ韓国語もしくは朝鮮語と朝鮮史についての基本的な理解が乏しく、現在の韓国に関する状況にも甚だ疎いだけに、思わぬ間違いを犯しているのではないかと大いに危惧された。それゆえに多少の弛《ゆる》みがありながらも三月七日に書き上げた草稿の表記や歴史的事実などについては、朝鮮の歴史と文化について詳しいだけでなく韓国歴史ドラマの吹き替えも監修されている高正子《コォチョンジャ》さん、近世部落史研究の立場から身分と白丁について詳しい寺木伸明さん、植民地期を中心として近現代朝鮮史研究に携わられている水野直樹さん、韓国歴史ドラマの同志であるフリー編集者の宮武利正さん、近現代部落史研究を基礎に衡平運動史研究にも情熱を注がれている渡辺俊雄さんと割石忠典さんらから、多くの有益な教示と助言をいただいた。

改元の報道で何かと騒がしかった四月一日にようやく原稿を完成させることになったが、高吉美《コキルミ》さんには重要なハングル論文の日本語訳、原稿の細部にわたって丹念に検討された、韓国歴史ドラマの同志である一文字工房の松原圭さんには編集実務、森本良成さんには朝鮮人の色彩感覚をふまえた装丁、宮武利正さんには関係地図および略年表の作成と校正の協力など、面倒をかけることになった。さらに韓国歴史ドラマについて酒席の雑談で語り合うことが多かった、韓国歴史ドラマの同志である守安敏司さんをはじめとした何人かの友人、初期の頃に作品を一緒に観るだけでなく韓国に四回くらい史跡やロケ地などを共に訪れた連れ合いの石橋友美さん、そして結果的には本書の執筆に対して奮起を促してくれることになった、「何が韓ドラや」と臆面もなく宣《のたま》って憚《はばか》らない、もしくは宣う気配を漂わせる少数の御仁にも、深甚の感謝を申し上げたい。

現在の日本と韓国との間には、帝国日本の近代朝鮮に対する植民地支配をめぐる歴史認識について長きにわたる対立が存在している。これを前提として近年では、日本軍「慰安婦」問題、竹島《たけしま》もしくは独島《ドクト》をめぐる領有権問題、韓国人元徴用工らに対する賠償問題などによって対立がより激しくなっているだけに、国家レベルにおいては決して良好な関係とは言えない状況にある。このような状況であるからこそ、国家レベルの政治的な意図が濃厚なナショナリズム的見解に同調することなく、民間レベルでの日本と韓国の相互理解と交流を深める必要があるが、そのために本書が一定の役割を果たすのではないかと考えている。

くしくも今年の三月一日には三・一独立運動から一〇〇周年を迎え、日本では韓国ほどではないにしても、何かと鋭い棘《とげ》が多いだけでなく深い溝さえも形成している植民地支配という、両国間に横たわる重い歴史と正面から向き合う機運があらためて高まることになった。このような現在の状況をふまえ、本書が白丁を軸とした身分と差別の視点から韓国歴史ドラマを再発見することを通じて、朝鮮史と現在の韓国における差別と人権に関する歴史的な理解を深めるだけでなく、ひるがえって日本における差別と人権に関する諸問題を照らし出すことにもつながれば、これに勝る喜びはない。

それにつけても趣味が高じた本書は渾身《こんしん》の力を込めて難産の末に陽の目を見ることになったが、振り返ってみると背伸びし過ぎた暴挙の何物でもないように思われ、また本来的に論じるべき幅広い対象に関する能力があまりにも乏しい私ごときにふさわしい作業であったのかという、今さらながら自責の念が湧いてこないわけでもない。ともかくも本書の出版をもって七年間にわたって背負い続けた、予想を超えて重く感じられた荷物を降ろすことになったので、これからは初期の頃のように単なる趣味として韓国歴史ドラマを楽しんで観ることに戻りたいと考えている。最後に付言するならば、読者の皆さんが本書で紹介された作品を少しでもご覧になり、韓国歴史ドラマについて私を含む同好の仲間と気楽に批評を交わされることを、ひとえに期待するばかりである。

二〇一九年五月九日

朝治　武

朝治 武（あさじ たけし）
1955年7月8日、兵庫県多紀郡城東町（現在の丹波篠山市）に生まれる。現在、大阪人権博物館館長を務める。著書に、『水平社の原像』（解放出版社、2001年）、『アジア・太平洋戦争と全国水平社』（解放出版社、2008年）、『差別と反逆 ― 平野小剣の生涯』（筑摩書房、2013年）、『水平社論争の群像』（解放出版社、2018年）などがある。

韓国歴史ドラマの再発見 ―― 可視化される身分と白丁《ペクチョン》

2019年8月10日　初版1刷発行
著者　朝治 武
発行　株式会社 解放出版社
大阪市港区波除4-1-37 ＨＲＣビル３階 〒552-0001
電話 06-6581-8542　FAX 06-6581-8552
東京事務所
東京都文京区本郷1-28-36 鳳明ビル102A 〒113-0033
電話 03-5213-4771　FAX 03-5213-4777
ホームページ　http://www.kaihou-s.com/
印刷　萩原印刷株式会社

ISBN978-4-7592-6341-1　NDC361.86　354P　19cm

障害などの理由で印刷媒体による本書のご利用が困難な方へ

本書の内容を、点訳データ、音読データ、拡大写本データなどに複製することを認めます。ただし、営利を目的とする場合はこのかぎりではありません。

また、本書をご購入いただいた方のうち、障害などのために本書を読めない方に、テキストデータを提供いたします。

ご希望の方は、下記のテキストデータ引換券（コピー不可）を同封し、住所、氏名、メールアドレス、電話番号をご記入のうえ、下記までお申し込みください。メールの添付ファイルでテキストデータを送ります。

なお、データはテキストのみで、写真などは含まれません。

第三者への貸与、配信、ネット上での公開などは著作権法で禁止されていますのでご留意をお願いいたします。

あて先

〒552-0001 大阪市港区波除4-1-37 HRCビル3F 解放出版社
『韓国歴史ドラマの再発見』テキストデータ係

テキストデータ引換券
『韓国歴史ドラマの再発見』
6341